臺灣歷史與文化 研究輯刊

十五編

第 3 冊

清代臺灣的軍事與社會
——以武力控制爲核心的討論（第一冊）

許毓良 著

花木蘭文化事業有限公司

國家圖書館出版品預行編目資料

清代臺灣的軍事與社會──以武力控制為核心的討論(第一冊)
／許毓良 著 — 初版 — 新北市：花木蘭文化事業有限公司，
2019〔民108〕
序 6+ 目 2+166 面；19×26 公分
（臺灣歷史與文化研究輯刊十五編；第 3 冊）
ISBN 978-986-485-605-3（精裝）
1. 軍事社會學 2. 清領時期
733.08   108000358

ISBN-978-986-485-605-3
9 789864 856053

臺灣歷史與文化研究輯刊
十五編 第 三 冊   ISBN：978-986-485-605-3

清代臺灣的軍事與社會
──以武力控制爲核心的討論（第一冊）

作　　者　許毓良
總 編 輯　杜潔祥
副總編輯　楊嘉樂
編　　輯　許郁翎、王筑　美術編輯　陳逸婷
出　　版　花木蘭文化事業有限公司
發 行 人　高小娟
聯絡地址　235 新北市中和區中安街七二號十三樓
　　　　　電話：02-2923-1455 ／傳眞：02-2923-1452
網　　址　http://www.huamulan.tw 信箱 hml 810518@gmail.com
印　　刷　普羅文化出版廣告事業
初　　版　2019 年 3 月
全書字數　787723 字
定　　價　十五編 25 冊（精裝）台幣 60,000 元
版權所有・請勿翻印

清代臺灣的軍事與社會
——以武力控制爲核心的討論（第一冊）

許毓良　著

作者簡介

許毓良，輔仁大學進修部歷史學系副教授

1971 年，出生於新北市中和區枋寮老街

1997 年，國立中興大學歷史學系畢業

1999 年，國立政治大學歷史學研究所碩士班畢業

2004 年，國立臺灣師範大學歷史學研究所博士班畢業

2006 年，中國社會科學院近代史研究所博士後

2007 年，任教於輔仁大學進修部歷史學系迄今

會議與期刊論文已著有六十餘篇，主要專長領域爲臺灣史、軍事史、清史、海洋史

相關研究著作之專書：

《清代臺灣的海防》，北京，2003 年

《清代臺灣軍事與社會》，北京，2008 年

《臺灣二二八大慘案華北輿論集（校註）》，臺北，2016 年

《臺灣在民國：1945 ～ 1949 年中國大陸期刊與雜誌的臺灣報導》，臺北，2018 年

提　　要

　　本文嘗試從人口數量與分佈，來討論清廷對於臺灣的治理。其觀點是兵力佈署，有它的考量與合理性存在。特別是在番界以西的地方，有大量的漢人移民拓墾，清廷如何確保統治的秩序？有清一代臺灣駐防的軍隊以綠營爲主，同治七年（1868）以前人數約在 10000 至 14000 人。然而臺灣的人口增長，官方記錄從康熙六十一年（1722）30 萬人，至乾隆四十六年（1781）90 萬人。區區萬餘名的兵力，不可能達成維穩的結果。因此清廷如何選擇武力合作的對象，就是維繫統治的重要前提。乾隆五十三年(1788)林爽文事件結束前，清廷採取的作法──南部爲官、番、民合作，中部是官、番爲主，北部是官兵一支獨大。林案結束以後，臺灣的人口數從乾隆五十五年（1790）106 萬人，激增至道光四年（1824）250 萬人，甚至到光緒元年（1875）已有300 萬人。於是番界以西武力配置，一律採取官、番、民合作模式。然值得注意是東部的發展與之不同，原來嘉慶十五年（1810）清廷延伸北部番界至蘭陽平原，於是武力控制出現迥異的方法。有鑑於當地原住民勢強頑梗不宜拉攏，故改採官、民合作制番。此舉運用得當後，遂在日後「開山撫番」施用於花東、埔里、恆春一帶。所以可以很明確地說，清廷已經認識到臺灣蕞爾小島，各地民番事務的複雜性；但透過武力因地制宜策略，最後仍能達到全島「穩定治臺」的目的。

本論文撰寫期間獲 2001 年度行政院大陸委員會

中華發展基金獎助赴北京短期研究

暨 2003 年度中央研究院臺灣史研究所籌備處訪問期間完成

謹此致謝

序

　　清代兵家之事，已經有相當多的研究成果，八旗、綠營、防軍、新軍都有人做研究，且各擅勝場，但大半集中在軍制的演變、戰爭與軍隊、戰役、戰將、戰備、武器、炮艦等，較少就軍事與社會層面廣爲探析；另方面來看，以省或地方爲地理區劃來探究地方的軍事與社會，除了各地的方志外也不多見。本書作者以清代台灣的軍事與社會爲題完成的鉅著，具有寬廣的視角和綿密的史料爲證，言過去學者所未言，實爲斯界之佳作。

　　過去對於清代臺灣史的研究，較以臺灣去看清朝，較少由清朝來看臺灣，因此對清廷的治臺政策往往有些誤解，以往學界對清朝統治採取消極性的看法，如伊能嘉矩；也有認爲雖看似消極，但若與同時期的四川相較，在臺的統治毋寧是積極的；亦有提出清廷爲防臺而治臺者。近年來邵式伯（J. R. Shepherd）提出清廷理性治臺說，而柯志明則隨後提出族群政治治臺說，皆各自言之成理。許毓良在眾多論述中提出了清代治理臺灣是穩定治臺說的新見解，主要是經由分區討論兵力、人口以及平定亂事的模式的架構而來。

　　在論文中他認爲清代設綠營，其汛塘分佈、兵力派遣與各區域人口分佈和數量有密切的關係。清代的動亂，南、中部多民變，北部多械鬥，清廷平定亂事除了使用武力外，平時也善用司法判決、購線得訊，限制磺、鐵來控制臺灣。由於控制得宜，雖臺灣民變、械鬥不少，但清廷總能運用來自福建的兵力馳援，將動亂控制在一隅，而後平亂，使得移民得以在穩定的環境中從事開墾及商業活動。

　　清代在臺行班兵制度，有其時代背景，其兵力雖比內地一鎮的兵丁爲多，但仍不足。爲了有效控制臺灣，必須尋找其他助力，遂分北、中、南、東採

分地制宜的方式,如南部採行官番民合作的模式,中部採行官番合作模式,北部採行官方獨大模式,東部採行官民合作模式。過去的研究並未細緻的分區討論,本論文則利用堅實的史料來證明其說法,並言及到清末防軍已取代綠營的角色。因此臺灣建省後,在劉銘傳的命令下,臺灣的團練與土勇全面模仿防軍營制,收編了民間武力。不過在面對乙未日軍攻臺,仍必須招募粵勇,而臺灣仍不免淪陷於日人之手。

本論文除了提出穩定治臺說的新看法,也分區分析政府與民間武力如何互動,是相當有創意的論文。其所以能如此,與本論文使用許多臺灣、中國大陸的相關資料有關。臺灣方面以古文書爲多,中國大陸方面以一檔館、北京國家圖書館所藏的爲主,其中《清代兵部處分則例》、《中樞備覽》尤其重要,這些都是前人未曾利用的。此外本文耗盡心力調製許多表,以利學界參考,這是本書的又一貢獻。

本書於 2008 年在中國出版過,但在臺灣流通有限,這次重新出版,表示這本書仍是研究清代軍事、社會史的翹楚。做爲作者的博論指導教授,看這本由博論修改而成的煌煌巨著,一者以喜一者以憂,喜者爲這本書經過了 10 年尚未過時,憂者爲學界對清代台灣史的研究仍然成果有限,迄未有更好的專書出現。進而言之,作者不但青出於藍,且已是中生代重要的學者之一,在此勉勵他百尺竿頭更進一步,早點升等爲教授,謹爲之序。

許雪姬於韓國釜山 2018.11.2

自　序

　　我是在 1996 年考上國立政治大學歷史學研究所碩士班，同年底我爲了準備碩士論文題目，特別到中央研究院中山人文社會科學研究所拜訪我的舅公王世慶教授。王教授與我討論完畢後，即確定「清代臺灣的海防」爲我碩論的題目。隔年我懇請在政大歷史所開課的許雪姬教授擔任我碩士論文的指導教授，這就表示我投入許老師的門下，準備一頭栽進清代臺灣史研究的道路。

　　1999 年我考上國立臺灣師範大學歷史學研究所博士班，我思考清代臺灣史領域還有哪些題目沒有研究？我想起年前在政大歷史所，所上開設的講座課程，邀請中央研究院臺灣史研究所籌備處研究員陳秋坤教授來演講。陳教授在演講完畢後，回應學生們發問時，提到如果要深入探討清代臺灣歷史發展，「武力」是非常重要的研究課題。於是在博士班二年級申報題目時，我就以「清代臺灣的軍事與社會——以武力控制爲核心的討論」做爲我博論的題目。

　　不過當時許雪姬老師並無在臺師大歷史所開課，於是我懇請溫振華老師的同意，以雙指導的方式讓許老師再次擔任我的指導教授。我想我是幸運的，因爲在溫、許二位教授的指導下，兼得二位大家專業之長。溫老師擅長研究臺灣區域史，許老師擅長研究職官制度史。這正是我在博士論文中，探討武力對於清代臺灣史的影響所必需。

　　然而還有一個博論撰寫上的問題亟待解決——史料。2000 年前後臺灣學界公開與使用清代臺灣史料，還不像今日數量如此之多。於是我很早就起心動念前往中國北京尋找博論資料。特別是我的研究大多奠基在人口數目、兵

防數目、清律則例、官員對於民變械鬥的回報，都必須找到相對應的官方檔案，才有辦法深入討論。在我的摯友，當時是臺大歷史所研究生，現爲國立暨南大學歷史系副教授唐立宗告知下，2001 年申請行政院大陸委員會中華發展基金，前往北京進行二個月的資料找尋之旅。結果收穫大出乎我意料之外，隔年再度前往北京，以三個月的時間，把發現到所有清代臺灣史料，全部影印或摘抄帶回臺灣。

2001、2002 年兩次前往北京期間，我要感謝中國社會科學院歷史研究所，現已是榮譽學部委員的郭松義教授與師母，以及東方學術文庫常務委員阮芳紀教授與師母，以及東方學術文庫編輯委員會主任，現爲華東師範大學終身教授沈志華教授與師母熱情接待與照顧。隔年我的碩士論文由東方學術文庫出版，這在當時的臺灣學界中，臺灣史成果在中國出書少見個案，也是臺灣的碩士論文第一次在中國出版成專書。我想這是幸運之神第二次眷顧我。

2004 年我從博士班畢業，旋毛遂自薦式申請中國社會科學院近代史研究所博士後，成爲近史所招收博士後的第一位臺灣人。在二年博士後研究期間，我深受指導教授，現已是學部委員張海鵬教授與師母的照顧，並認識近史所臺灣史研究室全體同仁，如今回想起來誠屬難得的經驗與情誼。遺憾的是那時我在臺灣謀職並不順遂，臺師大臺灣史研究所教授張素玢學姊給我很大的鼓勵。2007 年我申請教職成功，進入天主教輔仁大學進修部歷史系專任，當時日間部歷史系主任雷俊玲教授給予我許多的支持與幫助，我衷心感謝。2008 年在幸運之神第三次眷顧下，得到沈志華教授與師母大力推薦與幫忙，我的博士論文在中國由九州出版社出版。直到今年 2018 年，剛好滿十週年。現又交由花木蘭出版社出版繁體字專書，並列入臺灣歷史與文化研究輯刊第十五編，可算是從碩士班開始，我二十餘年來在清代臺灣史研究的肯定。

最後我要致上十二萬分的敬意與謝意，由於有貴人相助才能讓本書得以在臺灣出版。首先是許雪姬老師，許老師已經在其他專書，幫我寫了不少的序。這一次又懇請她惠賜序言一篇，我想我應該是她的學生中，要求老師寫序最多的人。其次是花木蘭文化事業發行人高小娟女士、總編輯杜潔祥先生。由於二位先進的厚意，才能讓我的博士論文再次出版。最後是編輯許郁翎小姐、王筑小姐，二位極富專業的編輯讓拙作增色不少。

　　事實上進入輔大任教後，我的研究方向已從清代臺灣史轉到戰後臺灣史。可是對於清代臺灣史研究仍有筆耕，特別是對於清末臺灣地圖的討論，累積了一些成果。我想如此的研究還會持續進行，透過光緒時期臺灣古地圖的解讀，研究出臺灣學界對於清代臺灣史最薄弱的一環—建省前後的歷史變遷，為此領域再多做貢獻。

目

次

緒　論

　　在臺灣史的研究中，對於軍事史的討論可說較爲人所漠視。然而軍事發展背後，所反映出國家機器的運作、社會經濟的成長、工藝科技的水平、統治與被統治階級的矛盾等，皆是理解統治之道的重要指標。〔註1〕清代是臺灣史斷代一個關鍵性的階段。除了它的時間長達 212 年（1683～1895）之外，更是從以原住民社會，轉化成漢人社會的分水嶺。如此使得清廷有機會在該島，實行與福建相同的武備。所以可以很確定地說，同一時期臺灣軍事的發展和閩省是分不開。

　　做爲最長時期的統治者，清廷的治理必有獨到之處。對於該問題的探討，則是本文的研究動機。事實上在以往的研究成果中，治臺政策的討論不乏其人，歸納後可分四個觀點：

　　其一，消極治臺說。此觀點能找到最早的首倡者，則是日治時期學者伊能嘉矩。伊能根據康熙二十二年（1683）棄留臺灣的廷議，認爲雖然以福建水師提督施琅爲主的留臺派取得勝利，但受到棄臺意見的影響，使得清廷對臺實施嚴格的移民政策，並造成層出不窮的偷渡案件。〔註2〕日後的研究者抓住這一點再多作發揮，並把例如：劃定番界、民番分治、航運限制、社會動亂等政策與現象的出現，全歸咎於是清廷態度被動導致的結果。於是乎「消極治臺」說的刻板印象形成，它已成爲同治十三年（1874）臺灣執行開山撫

〔註1〕杰弗里・帕克（Geoffery Parker）著，傅景川等譯，《劍橋戰爭史（Cambridge Illustrated History of Warfare）》（吉林：吉林人民出版社，2001 年 3 月二刷）。

〔註2〕伊能嘉矩著，江慶林等譯，《臺灣文化志（中卷）》（臺中：臺灣省文獻委員會，1991 年 6 月），頁 409～419。

番前，清廷治臺的一個註腳。〔註3〕

其二，因防臺而治臺說。此觀點的提倡者，以廈門大學臺灣研究所首任所長陳碧笙爲最著名。陳氏以移民法令、番地劃定、不准臺人當兵、不准臺灣築磚城、正口對渡、實施鐵禁等，認定清廷害怕臺人反抗，所以採取管制方式。〔註4〕該說似乎比較貼近軍事層面，但仔細思考又有二點值得商榷。一爲此說把臺灣與福建分割成兩塊區域。過度強調治臺特殊性的結果，忘記了滿族人以少數民族入主中原，先天就對被統治者保持著疑懼。他們防範的對象應帶有普遍性，不是特殊性。另一爲清廷實施這些政策的當下，所要對付的對象不是「臺人」，正確說法應是帶有濃厚原籍觀念的閩粵移民。其證據是直到咸豐朝以前，大部分豎旗者的口供，多以自己的祖籍別招供。因此以「省」爲對象，來思考清廷對臺統治，有別於昔日以道或府的舊說，則是另一條研究路徑。

其三，理性治臺說。1970年代美國人類學者邵式伯（J. R. Shepherd），利用臺灣銀行文獻叢刊、臺灣研究叢刊、日人整理的資料和國勢調查報告、中譯與英譯的荷蘭文獻。嘗試從戰略、控制成本、歲入潛力的角度出發，說明清廷對臺統治維持著理性的統治。〔註5〕然而批評者從研究方法切入，認爲就史料的性質而言，多數是官方的記錄，所反映的觀點也是以統治者爲主。〔註6〕此外邵氏討論的斷限，基本上是在1600～1800年。由於缺乏對十九世紀的討論，很難藉此推論清末的對臺統治，是否也同樣帶有「理性」，或如何帶有「理性」。

其四，族群政治治臺說。2001年社會學者柯志明利用日治時期臨時臺灣土地調查局、臨時臺灣舊慣調查會、臺灣公私藏古文書、臺北故宮典藏檔案，說明從熟番地權制度的形成與轉變，可以解釋清廷對臺灣統治的特定關切。同時也顯現出清廷與番漢族群互動的結果──族群政治。柯氏從土地地權、漢番關係著眼，認爲清廷以墾地重新配置的方式，讓漢人、熟番、生番

〔註3〕 薛化元，《臺灣開發史》（臺北：三民書局，1999年7月），頁49；黃秀政等，《臺灣史》（臺北：五南圖書出版股份有限公司，2002年2月），頁82。

〔註4〕 陳碧笙，《臺灣人民歷史》（臺北：人間出版社，1996年12月），頁134～138。

〔註5〕 Shepherd J. R., *Statecraft and Political Economy on the Taiwan Frontier 1600~1800* (Taipei: Nan-Tian Bookstore press, 1995).

〔註6〕 潘英海，〈平埔族研究的困惑與意義──從邵式伯的博士論文「十七及十八世紀臺灣拓墾中的漢番關係」談起〉，《臺灣風物》，第37卷第2期，1987年6月，頁157～165。

均有各自的生活領域，達到「三層族群」的最佳分佈，讓人對清代臺灣社會史有更進一步地思考。〔註7〕但他研究的領域僅限於番界以西，未把宜蘭、花東屬於番界以東的地區納入，遂給了後繼者一個再深入探討的機會。

　　方知一種理論的提出，其論點必須可以檢驗歷史的整體面向。上述四種說法，不論從年代與地域審視，均無法達到對應的要求。因此本文的問題意識，則是試圖從武力統治之道，來討論是否有「穩定治臺」說的可能。事實上從統治策略來看，清廷可以選擇的項目實在不少。例如：遵循舊制灌輸社會行為的正統原則（禮），其次是利用獎懲兼施的辦法（司法），最後才是使用武力來維持秩序。〔註8〕可見得武力不是唯一的方法，然而該方法在臺灣卻相對重要。最大的原因是臺灣非屬於海外，但屬於海疆的特性。

　　以中國東南省份來說，福建、廣東素有僑鄉之稱。雖然海外移民非始與清代，但究其移民人數與規模，都非清以前各朝所能比擬。這使得清代成為研究海外移民史、社會經濟史的一個重要階段。〔註9〕臺灣在這一波移民潮下，亦成為閩粵之民考慮的地點。然客觀的環境，讓清廷對這群移民保持謹慎的態度。理由是閩粵原鄉不同於中國其他地方，有三種特殊的社會現象——大規模的宗族組織、反官方的行動、宗族間的世仇，使得官府不得不小心提防，這就是清廷治理臺灣的基本態度。〔註10〕乾隆十年（1745）福建布政使高山的〈陳臺灣事宜疏〉，更透露出清廷統治臺灣的原意。他謂：「……誠以臺陽一島海外孤懸，聊為邊界藩籬，倚作東隅屏障；原非欲驅內地游手之民，而使之就食於彼也……。」〔註11〕由此可知清廷對臺灣是以軍事第一，拓墾為次的心態在治理。

　　既然已經確立武力做為統治之道的首位，就必須深究其中的操作關係為何。換句話說，統治者與被統治者的武力如何合作，才能達到社會秩序的穩

〔註7〕 柯志明，《番頭家——清代臺灣族群政治與熟番地權》（臺北：中央研究院社會學研究所，2001年3月。

〔註8〕 費正清（John King Fairbank）著，張理京譯，《美國與中國（The United States and China）》（北京：世界知識出版社，2000年3月），頁67。

〔註9〕 孫謙，《清代華僑與閩粵社會變遷》（廈門：廈門大學出版社，1999年6月），頁1～16；朱國宏，《中國的海外移民——一項國際遷移的歷史研究》（上海：復旦大學出版社，1994年12月），頁98～227。

〔註10〕 莫里斯·弗里德曼（Maurice Freedman）著，劉曉春譯，《中國東南的宗族組織（Lineage Organization in Southeastern China）》（上海：上海人民出版社，2000年3月），頁177。

〔註11〕 諸家，《清奏疏選彙》，臺灣銀行文獻叢刊第二五六種，1968年11月，頁40。

定。有趣的是本文雖一再強調清廷武力治臺的重要，但熟悉清代臺灣史的人都知道，多動亂是當時社會的現象。如何解釋統治者想要求治，卻又與事實相違的矛盾。按照作者對研究成果的觀察，以往在探討清代臺灣社會動亂的問題上，不脫二大模式：一爲只對單一問題進行編年整理，較少把不同性質的事件，歸納後再按區域排列對照。〔註12〕二爲採取量化分析，以農民起義、游民騷亂、地方豪強騷亂、民間械鬥、土漢衝突進行統計，顧不得這些個案是否有相關連性。〔註13〕

前述的二種討論，均會忽視清廷「挑戰與反應」的過程，有意、無意地排除清廷危機處理的能力。要知道在號稱「三年一反」的臺灣，清廷對於亂事的平定，想必也累積了不少經驗。〔註14〕這種一次教訓、一次學習的過程，終究都能使續發的亂事獲得控制，同時也是進行武力治臺的重要手段。道光十四年（1834）臺灣道劉鴻翔就已提到臺灣社會動亂的禍首，一是豎旗，二是搶劫，三是械鬥，四是因故鬥毆，五是獄訟。〔註15〕扣除最後二者不論，前三者一旦有警，即常有燎原之勢。因此就衍生出二個重要的問題值得討論，一是爲何豎旗、搶劫、械鬥的蔓延區域，每件個案都呈現不同的發展？二是在同一時間點上，爲何有的地區是發生械鬥，有的地區就發生豎旗？作者認爲不管是任何動亂，它代表的意義是各方武力本質的展現；也因爲武力的本質有差異，所以亂事的結果也有所不同。本文嘗試把清代臺灣社會的武力分爲四大類，並依照戰力高低排列──職業式、原住民、契約式、拜盟式，進而解釋以它們爲主體的軍事史發展。

職業式武力顧名思義就是把武力的整編，以職業分工的方式進行。因爲編制、操練、給餉、武器、指揮、後勤、撫卹等業務，都有專人負責與要求，所以能發揮的戰力最強。而有能力統籌如此規模者，基本上只有統治者才有辦法做到，其代表是綠營與防軍。因此也可以說職業式武力就代表官方

〔註12〕 許達然，〈械鬥和清朝臺灣社會〉，《臺灣社會研究》，第23期，1996年7月，頁1～81；許達然，〈清朝臺灣民變探討〉，《史學與國民意識論文集》（臺北：稻鄉出版社，1999年2月），頁41～211。

〔註13〕 林仁川、黃福才，《臺灣社會經濟史研究》（廈門：廈門大學出版社，2001年3月），頁284～286。

〔註14〕 徐宗幹，《斯未信齋文編》，臺灣銀行文獻叢刊第八七種，1960年8月，頁97。

〔註15〕 劉鴻翔，《綠野齋集鈔》：摘自諸家，《清經世文編選錄》，臺灣銀行文獻叢刊第二二九種，1966年7月，頁72。

武力。

　　原住民武力是指生、熟番的武力。他們平常健走於平原、山地，從捕鹿、射魚到出草、馘首，皆已練就一身好功夫。若從單兵作戰的標準評審，他們的戰力不會輸給職業式武力。可惜的是他們沒有像金字塔架構般的軍事組織，戰鬥時難以統合所有的戰力。並且在武器與後勤上遠遠不及官方，亦很難與官方相抗衡。不過清廷看上他們堅實的一面，乾隆五十三年（1788）以後收編部分熟番成為番屯，做為官方武力的輔助力量。番屯的屯丁能得到官方的給餉，表面上也有職業式武力的身影，但卻被本文排除。最主要的原因是從制度面來看，「職業」的標準不是空有發餉的規定而已，還需注意這套制度是否運作流暢。嘉慶朝以後番屯連年欠餉，說明番屯若列為職業式武力是不符標準。

　　契約式武力顧名思義是指武力的整編，以契約的方式進行。雖然它不一定有簽約的動作，但在約定的期限內，首從彼此有權力義務的關係。其代表是以民團、隘與結首為主。當然從「給薪」的動作來看，契約式武力很像雇傭兵，但本文不認為可以把它視為職業式武力的原因。主要是他們的武力，多採旋聚旋散的方式組成；當約定的時間到期，該團體就解散或另行編組。如此臨時性濃厚的特徵，使得該武力的分類以契約式的稱呼為宜。至於把他們列在原住民武力之後，則是以每次戰役的結果而定。尤其是光緒元年至二十年的開山撫番戰爭，契約式武力最具戰力者——土勇營，仍然不敵生番。

　　拜盟式武力專指秘密結社形成的武力，其代表是以會黨為主。清代的會黨分為閩粵天地會與川楚哥老會二大系統。他們在臺灣都有活動的記錄。按照清律會黨為法所不容，因此會黨份子為維繫彼此的向心力，均產生出一套諸如：序齒、歃血、立誓、焚表、鑽刀的儀式。其武力基礎是在拜盟之上產生，故名拜盟式武力。他們的特性是人數少，但反官方的立場明顯。由於經常突然發動豎旗，挑戰清廷治臺的權威，所以也是官方聯合番、民圍剿的對象。

　　本文在史料的運用上，較其他的作品有獨到之處，其特色是能結合海峽兩岸的館藏——臺北故宮博物院與北京中國第一歷史檔案館、臺灣大學圖書館特藏室與北京大學圖書館古籍善本室、中央圖書館臺灣分館與北京國家圖書館（包括北海分館）。

　　首先在清宮檔案的部分，由於臺北故宮博物院已陸續出版宮中檔、月摺

檔、諭旨檔、廷寄檔、洋務始末的臺灣史料匯編，再加上中國第一歷史檔案館所藏軍機處奏摺錄副臺灣史料部分（詳見參考書目），可以很完整勾勒當時皇帝、京官、疆吏對治臺政策的看法。其次是臺灣大學圖書館所藏《淡新檔案》與北京大學圖書館所藏清代官書，剛好可以補充廳、縣級地方行政事務的運作，與前者中央級檔案做一對照，充分還原出清廷國家機器治臺的原貌。其三是北京國家圖書館的館藏資料，這當中最特別的是歷朝福建武鄉試錄的史料，透過它們可以了解清代武科功名者在臺灣的地位，同時這也是清代臺灣史研究長期被人忽視的問題。其四是對臺灣所藏清代古文書的運用。該資料是當時拓墾的第一手文件，重要性當然不可言喻。不過以往對清代臺灣開發史的研究，多是單獨運用它們，少有結合前述三種不同性質的史料配合討論。

至於在章節編排方面，扣除緒論、結論外，本文共分成五章十六節。第一、二、三章論述清代臺灣社會武力的發展，以及配合武力統治的其他方法。第四、五章則是驗證前三章的說法——前者探個案、後者探地區分析。在各章次序與邏輯架構方面，首章開宗明義先討論人口問題，蓋因爲人口是兵防分佈多寡的基礎。其次是討論武力的本質——職業式、原住民、契約式、拜盟式，說明四大類武力個別的發展歷史。再次是探討與武力相關的統治手段，說明武力以外的統治策略。之後接續討論發生戰爭時，各方兵力的人數分析。最後探討武力是否爲維持區域穩定與開拓的重要因素。

在章節內容簡介方面，第一章共分有三節，談的是清代臺灣的人口估量。史學界對於清代人口研究的命題，大致上可分爲五點，包括：人口歷史研究的問題與方法、非眞實水平的人口統計、生育與死亡與婚姻、氣候糧價與人口變化。〔註16〕近年來對於清代人口的討論，焦點集中在支持或反對十九世紀英國經濟學家馬爾薩斯（Thomas Robert Malthus）的中國人口研究。〔註17〕然不管是哪一個層面的研究，對於清代臺灣人口的討論卻很少。事實上要求出清代正確的區域人口數，可說是困難度極高的事情。透過從官方的資料中

〔註16〕 梁榮迅，〈美國首次「清代歷史人口的討論會」綜述〉，《中國史研究動態》，總第85期，1986年1月，頁20～25。

〔註17〕 曹樹基、陳意新，〈馬爾薩斯理論和清代以來的中國人口——評美國學者近年來的相關研究〉，《歷史研究》，總第275期，2002年2月，頁1～54；同前註，李中清、王丰，〈摘調人口決定論的光環——兼談歷史人口研究的思路與方法〉，頁55～61。

去整理這些人口數據，雖然會有誤差值過大的缺點；但它仍有一個重要意義，即是官方對當地施政的重要參考依據。這對本文試圖從國家機器來做控制地方的討論是很重要。作者在北京中國第一歷史檔案館，找尋到內閣大庫漢文黃冊，包括：額派地丁錢糧文冊、正雜錢糧文冊、民數穀數清冊、銷鹽盈餘引目黃冊等。在配合臺灣方志、采訪冊中關於人丁、正供、鹽引的記載，試著計算出官方資料中的臺灣總人口與區域人口。

　　第二章亦分有三節，談的是官番民個別武力整合的類型，這涉及到彼此合作的關係。第一節先討論官方武力佈置的問題。綠營是臺灣官方武力的骨幹，早有專作對此做詳細的研究。〔註 18〕不過本文從另一個角度思考——即班兵的駐臺是否為內地武力的延伸。臺灣動亂時內地再調派大軍援臺，只否可說是讓這一層關係更加鞏固而已。綠營兵的編組雖有分馬兵、戰兵、守兵，但以臺灣多山、多丘陵，又不產馬的環境，基本上以戰兵、守兵的編制為主。少了馬兵的衝鋒陷陣，臺灣綠營野戰的要求降低；著重的是堅守城池、據點的陣地戰，這一點相當符合清廷在增援戰略上的安排。〔註 19〕再者對於清末福建與臺灣綠營改編成練軍的情況為何？他們對戍臺有無影響，也是內容補充的地方。最後是討論防軍的問題。本文按照《清史稿》的稱呼，把湘、淮系的勇營都稱作防軍，有別於臺民自組的土勇營。這些配有洋式武器的防軍，在臺灣建省前後成為官軍的主力。這些部署配合第一章估算出的區域人口，可以討論各地兵防與控制的問題。

　　第二節要討論的是原住民武力類型的問題。首先以番社為單位談起。蓋因於不論生、熟番，番社除了是生產單位外，亦是戰鬥單位；當然官方對其剿撫，亦是以各番社來進行。本文擬整理出百餘個生、熟番社後，將按區域對照綠營的部署。其次是番屯，這批熟番武力的出現，足以說明官、番合作牽制漢人。不過礙於番餉、番大租發放或收取難易有別，各地番屯戰力的維持或有不同，綠營與番屯的合作在第四章中，採個案討論的方式呈現。

　　第三節討論漢人武力類型的問題。首先被提出來是民團。民團之所以重要，是它最常與官方合作平定亂事。溯其演變可從事件中，義民首或頭人的號召開始，從旋聚旋散的暫時性武力，逐漸發展成清莊聯甲體系，最後以團

〔註 18〕許雪姬，《清代臺灣的綠營》（臺北：中央研究院近代史研究所，1987 年 5 月）。

〔註 19〕朱璐，《防守集成》；收錄高體乾等編，《中國兵書集成（46）》（瀋陽：遼瀋書社，1992 年 4 月）。

練或土勇營定形。然而民團在發展的階段中，有無反撲官方的例子？西方學者研究後指出，清末官方常利用團練過當，反而削弱原有統治秩序助長農村的動亂。〔註20〕如此的情況在臺灣也看得到，例如：咸豐朝的林供事件、同治朝的戴潮春事件（見第四章第一節／第五章第三節）。其次是隘的形成。該制雖是全島常見的武力，但以大肚溪以北至宜蘭的數量最多。尤其從管理方式，再細分成全官隘、官四民六隘、屯隘、隘丁團體隘，更可見與官方合作關係之深。其三是結首的出現。源出於宜蘭的結首制是武裝農墾的代表。爾後因為實用性質頗高，又被流傳到臺北、新竹淺山地區，並且有時和隘制結合，成為一種特殊的武力整合方式。其四是會黨的產生。「反清復明」或「互助合作」，哪個才是會黨的組成核心，將會在每個破獲的個案中充分討論。〔註21〕但從清律上看，任何一種形式的結盟拜會，都是條文所禁止。而且多數的會黨，反官方的色彩均相當明顯。這從根本動搖了清廷對臺灣統治的穩定性，屢成為統治者結合番民的武力，所要對付的對象。

　　第三章要談的是臺灣社會穩定的潛在因素。第一節要討論的是官吏權力運作對民番的制約，簡言之就是國家機器的運作對臺灣的控制程度如何。其實除了武力之外，法律也是箝制社會的重要手段。臺灣向稱動亂，「以法制人」成效為何，就是一個很重要的問題。西方學者運用《淡新檔案》研究時發現，北臺灣居民並不畏懼遇有糾紛時採取法律行動；也非如刻板印象中，百姓選擇打官司是件「不得已」的事情。〔註22〕另有研究指出包括臺灣、四川、直隸在內，殘存的 628 件廳縣級民事檔案中，只有 221 件是正式鬧到開廷。其餘約三分之二的案件，均在未開廷前就以合解的方式了結。〔註23〕看樣子司法對於人民的影響有兩極化的呈現。因此還必須探究在背後運作司法

〔註20〕 魏斐德（Frederic Evans Wakeman）著，王小荷譯，《大門口的陌生人：1836～1861 年間華南的社會動亂（Strangers at the Gate: Social Disorder in South China）》（北京：中國社會科學出版社，2002 年 1 月二刷）。

〔註21〕 穆黛安（Dian H. Murray）、秦寶琦，〈西方學者有關天地會研究述略〉，《清史研究通訊》，總第 34 期，1990 年 12 月，頁 54～58、62。

〔註22〕 艾馬克（Mark a. Allee）著，王興安譯，《晚清中國的法律與地方社會──十九世紀的北部臺灣（Law and Local Society in Late Imperial China: Northern Taiwan in the Nineteenth Century）》（臺北：播種者文化有限公司，2003 年 9 月），頁 261～171。

〔註23〕 黃宗智，〈中國的「公共領域」與「市民社會」──國家與社會間的第三領域〉，《國家與市民社會──一種社會理論的研究路徑》（北京：中央編譯出版社，1999 年 3 月），頁 420～443。

的人——訟師、訟棍、胥役，試圖探討在行政、司法控制上，有無出現波段性的強弱。〔註24〕

　　第二節是討論軍功、武科功名者出現的問題。刻板印象總以文科科考上榜人數多寡，來衡量地方文風興盛與否，同樣的道理能適用於武科科考嗎？形式上是可以肯定。臺灣當時共取中 10 名武進士、297 位武舉人；其中包括 1 名武探花，3 名武解元，代表該地確有尚武之風。〔註25〕至於軍功，簡言之就是隨軍出力，而被朝廷獎賞者。〔註26〕他們不管在地方武力上的號召，或是被獎賞後出任官職，其表現不亞於武科功名者，爲不能小覷的一批人物。這些人在動亂時，常以「義民首」的姿態出現，遂成爲官府在平亂時重要倚靠的對象。

　　第三節是討論鐵器、硝磺的掌握。臺灣與中國西南邊省一樣，亦被嚴格禁止鐵、硝磺的流通。即便是道光二十三年（1843）鴉片戰爭後開放五口通商，硝磺仍屬禁出洋的貨品。〔註27〕但臺灣走私活動猖獗，亦禁不勝禁；使得合法持有武器的綠營、熟番屯丁時而受到挑戰。它們是影響臺灣官民番武力平衡的因素，亦是清廷執行「以物制人」成敗的關鍵。整體來說官方對臺灣管制磺鐵的政策是失敗，因每次民變、械鬥、鬥毆，均能找到「持械」的記錄可以證明。〔註28〕然而對火器的管制卻相當成功，尤其是不同口徑的大礮。所以即便在亂初，官軍無法有效彈壓，但在調集佔有絕對優勢的火器後，皆能迅速平定亂事。〔註29〕

〔註24〕張仲禮著，費成康、王寅通譯，《中國紳士的收入——「中國紳士」續篇》（上海：上海社會科學出版社，2001 年 1 月），頁 63。

〔註25〕清代臺灣歷史上取中文進士 29 人，文舉人 251 人，沒有出現解元。文進士人數是武進士近三倍，文舉人人數與武舉人伯仲之間，表面上看文科略勝一籌。不過要知道文科，除了科考還有貢舉一途，使得求得功名機會增多。參閱莊明水等，《臺灣教育簡史》（福州：福建教育出版社，1994 年 7 月），頁 95～96。

〔註26〕謝金鑾，《續修臺灣縣志》，臺灣銀行文獻叢刊第一四〇種，1962 年 6 月，頁 224；周璽，《彰化縣志》，臺灣銀行文獻叢刊第一五六種，1962 年 11 月，頁 252。

〔註27〕故宮博物院明清檔案部編，《第二次鴉片戰爭（一）》（上海：上海人民出版社，1978 年 7 月），頁 24。

〔註28〕中國第一歷史檔案館、中國社會科學院歷史研究所，《乾隆刑科題本租佃關係史料之一——清代地租剝削形態》（北京：中華書局，1982 年 11 月），頁 59～60、421、421、572～573。

〔註29〕福格，《聽雨叢談》（北京：中華書局，1997 年 12 月三刷），頁 121～124。

　　第四章要談的是官番民武力合作的檢驗——從個案中舉證。第一節要討論清代臺灣的三大亂事。從清史的角度來看，在臺灣發生的亂事，哪些夠資格被稱爲「國朝」之亂。清末革命黨人胡蘊玉所撰《二百六十年漢人不服滿人表》，提到四則：康熙朝的朱一貴事件、雍正朝的大甲番事件、乾隆朝的林爽文事件、嘉慶朝的蔡牽事件。〔註30〕這可以當作是時論，但不是官方認定的版本。光緒二十九年（1903）清廷編訂的初等小學課本——《皇朝事略》，其內容最具代表性。清代臺灣亂事被列爲事功者也有四則：朱一貴事件、林爽文事件、蔡牽事件、道光朝鴉片戰爭臺灣鎮道冤獄。〔註31〕由此可知朱案、林案、蔡案是被公認的巨案。不過蔡牽是行蹤飄忽不定的海盜，不宜以臺灣民變的標準視之。所以本文另換成清代臺灣史上最後一次跨廳縣的民變——戴潮春事件，而把蔡案調整到第五章討論。

　　第二節要討論的是族群對抗下的衝突，以械鬥與對番用武爲主。械鬥牽涉到治安的維持。康熙二十三年（1684）臺灣被併入清版圖之初，就有鄭氏新附將領不嚴約束，縱容官兵剿劫的記錄。〔註32〕直到康熙五十年（1711）臺廈道陳璸觀察臺灣的治安狀況，還是以難治稱之；尤其是官莊窩賊、窩賭，以及官莊的管事、甲頭武斷鄉曲最爲棘手。〔註33〕爲什麼會有如此的情況？原來臺灣社會潛藏的流動人口——羅漢腳太多。〔註34〕這些游民不一定在臺灣定居，有可能只是在本地賺食後即返回原鄉，更有一大部分的人採偷渡的方式抵臺。然而他們在臺灣都有一個共同的現象——未落籍。在臺未落籍的結果，只有四處流徙游食；再加上他們多是青壯男子，遂成爲治安不穩定的因素。這些游民危害治安的代表作，包括流向非正規的軍隊——民變軍，更多的例子是成爲械鬥燎原的散播者。〔註35〕道光以後整個清帝國盜風

〔註30〕胡蘊玉，《二百六十年漢人不服滿人表》；摘自胡寄塵，《清季野史》（長沙：岳麓書社，1985年12月），頁164～165。

〔註31〕直隸學校司編譯處纂，《皇朝事略（初等小學課本）》，光緒二十九年山東印書局石印本，北京國家圖書館分館藏。

〔註32〕施琅，《靖海紀事》，臺灣銀行文獻叢刊第一三種，1958年2月，頁54。

〔註33〕陳璸，《陳清端公文選》，臺灣銀行文獻叢刊第一一六種，1961年11月，頁19～20。

〔註34〕朱景英，《海東札記》，臺灣銀行文獻叢刊第一九種，1958年10月，頁29～30；連橫，《臺灣語典》，臺灣銀行文獻叢刊第一六一種，1963年3月，頁68～69。

〔註35〕池子華，《中國近代流民》（杭州：浙江人民出版社，1996年3月），頁122～134。

轉熾，體現社會危機的嚴重。〔註 36〕而臺灣「三年一小反、五年一大反」的
俗諺，也正是在這個時候才見於史籍。〔註 37〕至於在對番用武方面，以同治
十三年（1874）做一歷史分野；之前是官民被動的防禦，之後是官民主動的
攻擊。不過整體來說清末對生番的作戰，官方是勝少敗多，其詳細過程會在
本節詳述。

　　第三節要討論列強的叩關。所謂列強叩關，其標準是需動員到臺灣社會
武力合作的機制才算數。至於像同治六年（1867）的美船羅妹號事件、七年
（1868）英商樟腦事件，以及同年英、德合謀侵墾大南澳事件，均屬於涉外
糾紛個案，本節不準備討論。雖然這三小節議題以往都有研究成果展現，但
透過上文指出的重點──區域人口、駐軍佈防、民番的徵調、火器的使用等，
可以再做更細緻的分析。

　　第五章要談的是武力控制下的拓墾問題。如前所述，以往的研究多著重
於族群互動、移民墾殖、土地經濟等的角度。這些議題固然重要，但也不能
輕忽統治者能以武力控制社會的事實；或採取與被統治者合作的方式，促其
區域秩序穩定的企圖。這些條件都是在儘量講求和平的開發過程中所需要。
方知對於清代臺灣治安的危害，除了豎旗、械鬥、番害之外，搶劫也具有極
大威脅，而始作俑者即是土匪。光緒朝鹿港文人洪繻的〈綠林豪〉描述十分
生動，他云：「北風蕭蕭暮色黃，綠林豪客結成行；腰橫寶劍手長鎗，明火殺
人膽氣強。來往跳梁何所忌，入室肱篋又探囊；縣令聞之無所問，此輩出入
已尋常……今日作賊勝作官，坐收物力不知艱；不稼不穡無所事，財帛貨賄
高於山。」〔註 38〕西方學者在討論土匪問題時，喜歡從「俠盜」的角度視
之。〔註 39〕臺灣有無找到類似的例子？其實是有的，乾隆朝臺灣縣的黃教、
同治朝彰化縣的廖有富、光緒朝嘉義縣的莊芋可以相互對照。不過要了解的
是讓土匪感到興趣，主要是自身生存的問題。在此原則下，土匪們以武亂紀
的作風始終都與官府呈現對立。〔註 40〕而臺灣一般民居為應付突如其來的土

〔註 36〕宓汝成，〈嘉道年間（1796～1850）的中國──太平天國革命歷史背景淺析〉，
　　　　《太平天國學刊（第五輯）》（北京：中華書局，1987 年 7 月），頁 349～360。
〔註 37〕陳孔立，〈清代臺灣社會動亂原因與性質的分析〉，《臺灣研究集刊》，總第 54
　　　　期，1996 年 11 月，頁 46～59。
〔註 38〕洪棄生，《寄鶴齋選集》，臺灣銀行文獻叢刊第三〇四種，1972 年 8 月，頁 238。
〔註 39〕埃瑞克‧霍布斯鮑姆（Eric Hobsbawm）著，李立瑋、谷曉靜譯，《匪徒
　　　　（BANDITS）》（北京：中國友誼出版公司，2001 年 1 月）。
〔註 40〕貝思飛（Phil Billingsley）著，徐有威等譯，《民國時期的土匪（Bandits in

匪,建築架構多有防衛的功能,銃眼與莿竹是普遍的要求,反映出武力與拓墾的關係。〔註41〕

　　另外本文也要重建一個事實——即臺灣某地區發生動亂時,清廷可以運用堵禦的方式,限制亂事的蔓延,讓其他地區仍能穩定開墾。分區驗證是本章的重點。並且再按各區域,補充發生在該地的盜亂、小型民變、涉外糾紛,藉以說明施政因地制宜的不同。再者,雖然以自然地理做為分區的依據,但也兼顧到清代行政地理的劃界。至於為什麼要先從北部先討論起,這也標示著清末臺灣行政中心,漸從南轉移到北的趨勢。至於研究方法是以古文書中的招耕契、招佃契、招墾契、贌耕契等,做為土地投資者主觀認知風險的標準。蓋因為進行土地投資,通常都會選擇在平和的地區與時間進行,藉此說明該區域社會秩序的穩定。最後會呈現出一種圖像,即南部發生動亂時,中、北部在進行拓墾;中部發生動亂時,南、北部在進行拓墾。以此類推其他地方,修正以往刻板印象中,臺灣無十年不反,等同於民不聊生的錯誤認知。

　　最後在研究目的方面,重新闡釋清廷治臺之道是本文的目的;而從官番民武力合作的角度切入,正是有別於舊說的一種嘗試。作者認為所謂治臺的積極性,是反映在清廷對現況掌握與危機處理,並非政策的前瞻性。由於之前臺灣史的研究,多偏縱向的探討,也就是說透過歷史分期,彰顯臺灣一地的獨特性。但現在換一個觀點,採橫向的探討,除強調臺閩在軍政上的一體性外,更凸顯清廷在治理屬於海疆中的臺灣,存在其策略但一直都不明顯的彈性。

Republican China)》(上海:上海人民出版社,1996年1月二刷),頁1~18。

〔註41〕國分直一著,邱夢蕾譯,《臺灣的歷史與民俗》(臺北:武陵出版有限公司,1998年9月二版),頁35~37。

第一章　武力配置的基礎——人口估量

第一節　康雍時期的人口

　　對於清代中國人口數目的討論，一直是學術界感到興趣的議題。十八世紀到二十世紀初，歐美傳教士、學者在這方面表現凸出。〔註1〕近年來受惠於清代官方檔案的開放與流通，使得該議題的研究有了極大的進展。清初的「滋生人丁永不加賦」與「攤丁入地」，算是 1970 年代以後，大陸學界注意與研究的二大主題。〔註2〕在此基礎之上，除了澄清早在康熙初年，中國人口即已突破一億的事實外，又對清代的人口成長，分別做出不同的分期。〔註3〕不過在 1950 年代，由美國學者何炳棣提出的新看法——戶役中的「丁」，只不過是勞役轉化為代納銀兩的數目。即便到了今天，仍受到部分學者的支持。〔註4〕如果該說法可以成立，那麼之前利用人丁數目，推估乾隆中葉以前

〔註1〕　參閱王士達，《近代中國人口的估計（初稿）》（北平：北平社會調查所，1931年 8 月）。

〔註2〕　李華，〈清代前期賦役制度的改革——從「盛世滋生人丁永不加賦」到「攤丁入畝」〉，《清史論叢》，第 1 輯，1979 年 8 月，頁 100～109；郭松義，〈論「攤丁入地」〉，《清史論叢》，第 3 輯，1982 年 2 月，頁 1～60；陳樺，〈釋「滋生人丁」〉，《清史研究通訊》，總 14 期，1985 年 12 月，頁 18～22。

〔註3〕　周源和，〈清代人口研究〉，《中國社會科學》，總 14 期，1982 年 3 月，頁 161～189；胡果文，〈論清代的人口膨脹〉，《華東師範大學學報（哲學社會科學版）》，總 52 期，1984 年 4 月，頁 75～79；楊其昌，〈清代人口問題及其歷史教訓〉，《雲南教育學院學報》，總 10 期，1987 年 3 月，頁 89～95。

〔註4〕　何炳棣著，葛劍雄譯，《明初以降人口及其相關問題 1368～1953》（北京：三聯書店，2000 年 11 月）；姜濤，《人口與歷史——中國傳統人口結構研究》（北

的人口數字，將受到嚴峻的挑戰。因為他們都掉入丁額的迷思當中，忽略此數目有可能是賦役制度下，事先「預定的」。〔註5〕

本文所探討的也是人口問題。但不準備有如人口學般，精算出清代的臺灣人口。作者關心的焦點是如何讓官方資料說話──透過對資料的解讀，反映出清廷眼中的臺灣人口。當然對於官方資料所記載人口數的準確性，或許已有人提出質疑〔註6〕；但必須注意到的是，這些資料仍然是官方主要的施政依據。尤其是在討論軍事部署時，據點與兵額數目的分配，決不是行政官僚，神來一筆所能定案。追溯其源頭，武力統治之道的重點，就分藏於這些官方資料當中。

臺灣史學界對於清代臺灣人口的討論不多，早期的學者以陳紹馨為代表。雖然陳氏對於當時臺灣人口的數量，只是呈現出一個輪廓式的估算；但他已經點出一個重點，那就是人口數與民變、械鬥頻繁的關係。〔註7〕再者對於清代臺灣人口成長的分期，透過先前中、港、臺的學者，對臺閩千百種族譜做過的研究。了解到清代閩粵移民臺灣，基本上是以康雍、乾嘉做數量多寡的分期；而乾嘉、道咸同光時期，因隨著臺灣與海外移民政策的調整，可以再劃分成二期。〔註8〕至於關鍵的人口估算，本文擬以五種方法為為主，包括：採用檔案與方志記載的丁口數目、檔案與方志記載的正供數目、檔案與方志記載的開墾面積、檔案與官書記載的食鹽數目、檔案與方志記載的倉貯數目。當然從康熙到光緒朝，不一定都能盡如作者之意，均可用這五種方法

京：人民出版社，1998 年 7 月）；曹樹基，《中國人口史──第五卷清時期》（上海：復旦大學出版社，2001 年 5 月）。

〔註 5〕 馬小鶴，〈清代前期人口數字勘誤〉，《復旦學報》，1980 年第 1 期，1984 年 1 月，頁 78～82；程賢敏，〈論清代人口增長率及「過剩」問題〉，《中國史研究》，總 15 期，1982 年 9 月，頁 48～60；趙文林、謝淑君，《中國人口史》（北京：人民出版社，1991 年 12 月）；路遇、滕澤之，《中國人口通史（下）》（濟南：山東人民出版社，2000 年 1 月）。

〔註 6〕 其實不止現在的學者質疑，就是清代來臺的文人，對部分方志的記載也抱持疑問。參閱蔣師轍，《臺游日記》，臺灣銀行文獻叢刊第六種，1957 年 12 月，頁 41。

〔註 7〕 陳紹馨，〈臺灣人口史的幾個問題（座談會）〉，《臺灣文獻》，第 13 卷第 2 期，1962 年 6 月，頁 110～119。

〔註 8〕 參閱莊為璣、王連茂編，《閩臺關係族譜資料選編》（福州：福建人民出版社，1984 年 8 月）；劉光濤，《敦厚堂文史論叢》（臺北：天工書局，1990 年 12 月）；陳亦榮，《清代漢人在臺灣地區遷徙之研究》（臺北：東吳大學中國學術著作獎助委員會，1991 年 5 月）。

估算。因爲還需看史料的有無而定。但是透過至少三種以上的方法，應可估算出當時全島總人口數與區域人口數。

康熙二十二年（1683）清軍攻臺成功，福建總督姚啓聖、靖海將軍施琅同時建議設置府縣治理。〔註9〕期間雖然經過一番棄留的爭辯，但是在施琅與保和殿大學士李霨的力主下，聖祖最後採納其意見。〔註10〕臺灣遂成爲清帝國版圖的一府，開啓了長達二百餘年（1684～1895）的統治。領臺之初人口數有多少？透過陳紹馨的研究得知，明鄭時代臺灣漢人在十二萬左右。〔註11〕鄧孔昭雖贊同陳氏的看法，但他提醒由於清廷曾經把佔總人口約半數的文武官員、兵丁安插回內地，所以康熙二十三、四年（1684～85），臺灣漢人有可能降至七萬人左右。〔註12〕七萬的人口數目，是一個可以讓人接受的數字嗎？康熙二十三年李霨與聖祖的對話，前者根據施琅的奏報，提到鄭氏治理下的人民有十萬之衆。〔註13〕看來清初臺灣的漢人人口，或許從五～七萬估算起，是一個比較適宜的數目。

康熙朝的官方資料，除了食鹽的數據作者無法掌握之外，其餘的資料均可以蒐集得到。在方志記載的人口數方面，康熙二十八年（1689）成書的《臺灣府志》，首先記載當時臺灣府、縣的人口數目（原書記爲民口，參閱表一）。從表一的數據來看，發現臺灣府的總人口數 30,229，比起臺灣、鳳山、嘉義縣的人口總合 30,228，還多出一人。另外諸羅縣的人口數，與該縣男、女數的總合也有出入。但是該志所編審的人口，頗具參考價值，因爲康熙三十四、五十一年（1695、1712）重修的《臺灣府志》，其人口數的額編就略顯粗糙。按清之人口調查，腹民以丁口計，邊民以戶計。〔註14〕臺灣屬於海疆，因此編審就以「戶」計。重修的《府志》則以五年爲期，對「戶」與「口」進行編審（參閱表二）。透過表二內容得知，康熙二十八年後，戶的編審已經固定，

〔註9〕 李光地著，陳祖武點校，《榕村語錄／榕村續語錄（下）》（北京：中華書局，1995 年 6 月），頁 709。

〔註10〕 李桓編，《國朝耆獻類徵（136）》（臺北：明文書局，1985 年 5 月），頁 671～675。

〔註11〕 方家慧、林崇智監修，陳紹馨纂修，《臺灣省通志稿・卷二人民志人口篇》（臺北：臺灣省文獻委員會，1964 年 6 月），頁 117。

〔註12〕 鄧孔昭，《臺灣通史辨誤》（臺北：自立晚報社文化出版部，1991 年 7 月臺版一刷），頁 116～117。

〔註13〕 王先謙，《東華錄》（濟南：齊魯書社，2000 年 5 月），頁 189。

〔註14〕 徐珂著，孫安邦、路建宏點校，《康居筆記匯函（一）》（太原：山西古籍出版社，1997 年 7 月），頁 108。

更動的僅是「口」。然此處的「口」並非指婦女與未滿十六歲的小孩。因為原書的〈陸餉〉篇中，已經說明它是代表成年男子的人丁。〔註15〕

值得一提的是根據康熙三十七、五十八年（1698、1719）漢文黃冊所載的內容，在丁銀數額上有完全不同的記錄。事實上臺灣每年額丁除繳納丁銀之外，還須繳納丁米；但繳納丁米的數量為方志所不載，而《黃冊》是以「人丁兵餉銀」之名囊括二者（參閱表三）。從表三得知康熙三十七、五十八年，丁銀數額分別為 8459 兩 9 錢、8961 兩 6 錢；若以每丁納銀 4 錢計算（實際上為 4 錢 7 分 6 釐），二年的額丁人數分別為 21,149、22,402。

在史料記載的正供數目方面，為何要以正供做為人口估算的基準，那是因為正供穀數，理論上可以提供該區域糧食所需。並且也是官方對該區域了解與控制的參考之一。至於一人一天的食米數量為何？參酌《則例》對出洋船員攜米的規定，確定一人一天食用一升的米。〔註16〕該數字在清初文人的記載中亦得到驗證。〔註17〕確定了一人一天的食米量後，可以累計一年的食米總數，再除以一年的正供穀數，就不難估算出區域米穀產量，到底可以養活多少人口（參閱表四）。從表四的內容來看，從康熙二十八到六十一年（1689～1722）當中，每年正供數所供養的人口最少有一萬二千人左右，至多有二萬人。

在史料記載的開墾面積方面，這是與正供數目相類似的人口估算方法。臺灣的田園開墾，有如內地一般，科則分有許多等級。不過在乾隆朝官員洪亮吉的看法中，差不多四畝地即可養活一個人。〔註18〕當然從以後的研究顯示，低於四畝地的產量，也能勉能維持生計。〔註19〕洪的看法受到當代學者的支持，證明確實是可以被接受。〔註20〕只是臺灣耕地面積的計算單位，是沿用荷蘭人殖民時期的習慣；以「甲」為單位，有別於內地省份以「畝」為單位。按照度量衡的換算，一甲差不多等於 11.3 畝。由此可以對康熙朝臺灣的墾地，大概能供養多少人口進行估算（參閱表五）。從表五的內容得知康熙 28

〔註15〕 高拱乾，《臺灣府志》，臺灣銀行文獻叢刊第六五種，1960 年 9 月，頁 132。
〔註16〕 不著編人，《兵部則例□□卷‧海禁》，清乾隆內（務）府抄本，北京國家圖書館藏。
〔註17〕 藍鼎元，《平臺紀略》，臺灣銀行文獻叢刊第一四種，1958 年 4 月，頁 59。
〔註18〕 羅爾綱，《太平天國史》（北京：中華書局，2000 年 11 月二刷），頁 18。
〔註19〕 行龍，《人口問題與近代社會》（臺北：南天書局，1998 年 1 月），頁 51。
〔註20〕 閔宗殿，〈清代的人口問題及其農業對策〉，《清史研究通訊》，總 31 期，1990 年 3 月，頁 1～8。

～58 年（1689～1719），臺灣墾地面積可能養活的人口，從 59,379 人成長到
85,718 人。該數字估算的結果，比前述用人丁編審、正供的方法，求得的數
目更多。如果與康熙二十八年《臺灣府志》記載的總人口——30,229 人比較，
這一連串數字讓人接受的程度應稍高些。所以有必要再以墾地面積的估算法，
計算出臺灣、鳳山、諸羅縣的供養人口（參閱表六）。若從表六來看，可得出以
下三個現象。首先是康熙二十八、三十四、三十七年，三縣合計的人口數
52,132、73,005、78,050；這與表五同年度臺灣府墾地面積養活的人口數對照，
有些許的出入。其次是諸羅縣的人口，成長的最快，康熙五十一年（1712）時
已比二十三年前增長二倍。最後是三縣人口中，以臺灣縣的可能人口最多；
再加上臺灣縣的面積是三縣中最小，所以該縣的人口密度也最大。

　　在史料記載的倉貯數目方面，清制各府、縣、廳依規定，都要興建常平
倉儲存米穀，其目的最主要是平糴與賑災。〔註 21〕因此倉貯米穀的數量，應
該與當地官員設想統治下的百姓人數有關。當然按照清末傳教士的觀察，暗
諷中國人烹調技術高超，即使「饑饉三年，每天不足一文半的定額，也足以
讓成千上萬的人苟全性命。」〔註 22〕不過這畢竟不在官方的規劃當中。這種
區域設想人口的估算，比較困難的是倉貯米穀存量期限。幸好這個問題在資
料上亦有記載。對於此《則例》有清楚的規定：

> 直省州縣採買常平倉穀石，領價後勒限六箇月買補。逾限不買，即
> 由藩司查取職名咨參，罰俸一年。再限三箇月買完。償限滿仍有未
> 完，革職留任。如查有虧缺，即行嚴參。〔註 23〕

　　由此可知採買的期限是限定九個月要完成，所以不妨就視為倉貯的存量
期限，也以九個月為準。康熙朝臺灣府所屬倉貯，初設於何年史料不載；四
十一年（1702）臺灣知縣陳璸提到該縣存倉之粟二萬有餘，歲積一歲存倉之
粟不下十餘萬石。〔註 24〕「不下十餘萬石」是多少呢？再根據《會典》所
記，康熙四十三年（1704）臺灣一府三縣現存捐輸穀八千六百餘石，常平倉

〔註 21〕 張岩，〈試論清代的常平倉制度〉，《清史研究》，總 12 期，1993 年 12 月，頁
　　　　 28～39。
〔註 22〕 明恩溥（Arthur Henderson Smith, 1845～1942）著，林欣譯，《中國人的素質
　　　　 （Chinese Characteristics）》（北京：京華出版社，2002 年 6 月），頁 6。
〔註 23〕 載齡等纂，《欽定戶部則例・卷十七倉庚》，同治十三年刻本，北京國家圖書
　　　　 館分館藏。
〔註 24〕 陳璸，《陳清端公文選》，臺灣銀行文獻叢刊第一一六種，1961 年 11 月，頁
　　　　 4、8。

穀十一萬石。〔註 25〕康熙五十二年（1712）閩浙總督范時崇，在疏言中提到經過十年的累積，臺灣屬三縣見存穀六十六萬三千餘石。〔註 26〕不過隔年范時崇似乎覺得沒有儲存那麼多穀的必要，因此奏准只要保留四十餘萬石即可，其餘分頭平糶。〔註 27〕康熙六十一年（1722）朱一貴舉事，此役臺灣被搶失二十五萬餘石，由於世宗諭令概行豁免，所以閩省官員幸運地不用賠補。〔註 28〕按照前述的計算方式，得知康熙四十一年（1702）臺灣縣存倉養活的人口可能有 3,703 人，康熙四十三年（1703）臺灣府存倉養活的人口可能有 21,962 人。康熙五十二年（1712）臺灣府存倉養活的人口可能有 122,777 人。康熙六十一年（1722）臺灣府存倉養活的人口可能有 74,074 人（計算方式參閱表七）。

　　透過上文的討論，已對康熙朝官方眼中的的臺灣人口做一整理。從表八內容來看，所列共有六種計算人口的方式。其中以正供估算臺灣府撫養人口的數字，由於數字偏低，參考價值較低。另外《文冊》與周元文所編《府志》估算出的結果，僅是男丁的數字，參考價值亦不高。不過值得注意的是蔣編《府志》、開墾面積、倉貯的估算結果，尤其是後兩者的內容。康熙五十二年（1712）臺灣府存倉養活的人口可能有 122,777 人，但因貯穀存量減少，所以康熙六十一年（1722）臺灣府存倉養活的人口降至 74,074 人。這個數字與康熙五十八年（1718）開墾面積可能的養活人口 85,718 人差距不大。或許可以解釋康熙朝，清廷對臺灣人口的了解，可能就是七～八萬人之間。但是該數字，絕對不是「真正的」人口總數。因為它估算方法的基礎，大前題都是以在臺灣有冊籍的人爲準，不包括那些偷渡的「流寓」。然而這就真的無法推測當時臺灣的人口總數嗎？其實也不盡然。因為在同一時期的私家記載，仍可找到一些蛛絲馬跡。康熙六十年（1721）隨軍來臺平定朱一貴舉事的藍鼎元，在他的著作中提到「賊眾至三十萬」。〔註 29〕作者以爲這個數字極具參考價值。原因有四，其一，以當時候人的看法來說，該記錄是最接近歷史描述

〔註 25〕臺灣銀行經濟研究室編，《清會典臺灣事例》，臺灣銀行文獻叢刊第二二六種，1965 年 5 月，頁 51。

〔註 26〕李桓編，《國朝耆獻類徵（141）》（臺北：明文書局，1985 年 5 月），頁 699～706。

〔註 27〕中國第一歷史檔案館編，《康熙朝漢文硃批奏摺彙編（第五冊）》，頁 858。

〔註 28〕允祿等編，《清雍正上諭內閣》，雍正九年、乾隆八年兩次內府刻本，北京國家圖書館分館藏。

〔註 29〕藍鼎元，《東征集》，臺灣銀行文獻叢刊第一二種，1958 年 2 月，頁 3。

的。其二，該數字在往後文人的論述中，仍一再被提到。〔註30〕其三，康熙五十四年（1715）福建巡撫陳璸在與聖祖對話時，提到臺灣有數十萬戶口。〔註31〕其四，三十萬的數字與下一節將要討論乾隆朝的人口數字相比，是可以讓人接受的。

　　如果康熙六十年臺灣的總人口數，真有如藍鼎元所講至三十萬人，那麼與官方冊籍所列而推算出的可能人口，就有一段不小的差距。如此恐不太容易估算出區域人口數。表六的內容是說明臺灣、鳳山、諸羅三縣的可能人口，按照總人口比例的分佈，分別為40%、29%、31%。這三個百分比是參考的概數，因為它是官方帳面記錄所求得的結果。至於到了雍正朝，雖然臺灣在這一階段並沒有方志的編纂，但對於人口的推估，卻有奏摺、官書與私家著作的記載。

　　雍正朝臺灣的米穀供需有了極大的變革，那就是出現平糶米與臺運的規定。

　　何謂平糶米？就是平抑米價的米。不過臺灣的平糶米，不是平抑本島的米價，而是運赴漳泉，平抑二府的米價。考其實施的年代，最早是在雍正二年（1724）；並且規定平糶米是從倉貯直接碾放，每年數額是五萬石米。〔註32〕雍正四年（1726）再規定，可經動用正項錢糧運米十萬石存邊海地方，若遇臺灣豐收之年，再酌量加增運儲。〔註33〕不過這十萬石米雖存儲於邊海，但不一定每年運送至福建。〔註34〕何謂臺運？那就是臺灣額徵的米穀，照船隻大小配運到福建，充作各縣廳的兵穀、兵米，謂之臺運。〔註35〕考其臺運最早運作的時間，應該是在雍正八年（1730）；並且規定每年春、冬撥臺粟十六萬六千餘石赴廈門發放。〔註36〕

　　不管是平糶米或臺運，都對臺灣米穀的存量有著極嚴重的削奪。按理此

〔註30〕龍顧山人纂，汀孝萱、姚松點校，《十朝詩乘》（福州：福建人民出版社，2000年8月），頁184。

〔註31〕丁宗洛，《陳清端公年譜》，臺灣銀行文獻叢刊第二○七種，1964年11月，頁85。

〔註32〕不著編人，《清實錄──世宗憲皇帝實錄（七）》（北京：中華書局，1985年10月），頁688。

〔註33〕《清會典臺灣事例》，頁51。

〔註34〕中國第一歷史檔案館編，《雍正朝漢文硃批奏摺彙編（第六冊）》，頁767；同前註，第九冊，頁45～46。

〔註35〕周凱，《廈門志》，臺灣銀行文獻叢刊第九五種，1961年10月，頁185。

〔註36〕《清實錄──世宗憲皇帝實錄（八）》，頁233。

時臺灣人口的估算，好像不宜再用前述的幾種方法推敲。但如果逆向思考一下，清廷欲大規模地把臺灣的米穀搬運至閩，其數量一定早在計算之中。也就是說，官方削奪臺灣的米穀數額，是在產量的容許範圍內。〔註 37〕此數額以臺運的十六萬六千餘石為例，該數字要到雍正十一年（1733），臺灣的正供才有辦法達到這個要求（雍正八～十年推測應先由倉貯支放）。〔註 38〕所以可以判斷臺灣運往福建的平糶米或臺運數額，本島的米穀生產量至少也有對等的數字回應，不然不足以應付龐大的索求。如果此邏輯可以成立，那麼運用正供、墾地面積、倉貯，去估算可能的養活人口才有意義。

在正供數目方面，從表九的內容得知，雍正朝臺灣可能的養活人口已突破二萬人。但這樣的數字從康熙朝一路觀察下來，仍覺得成長相當「緩慢」。不過若從墾地面積的增加來估算，會有著不一樣的結果。表十的內容分別是登錄雍正五、七年（1727、1729）的數據。如果以康熙五十八年（1719）的墾地面積 30,342.8 甲（表五‧編號 5），與雍正五年的 30,618.9 甲比較，兩者其實相差無多。然而關鍵就在於雍正七年，墾地面積突然暴增至四萬甲以上。原來這一年世宗諭令各省加強清查隱田，並鼓勵自行首報者悉免欺隱之罪。〔註 39〕也許是如此，臺灣當年即首報 17,170 甲的田園。於是乎同年的可能養活人口，也突破了十萬，達到 135,003 人。至於在倉貯數目方面，雍正四年（1726）臺灣的倉貯穀數，一度下降到三十餘萬石的存量。〔註 40〕但到了雍正十一年（1733），臺灣的倉貯穀數回升至七十餘萬石。〔註 41〕這樣的數額大概可以養活 129,629 人（參閱表十一）。

綜合上述，有一個極為有趣的現象，就是臺灣倉貯的數額增減的問題，雍正朝官方對於臺灣的可能人口掌握，極「可能」也沒什麼把握。雍正四年（1726）臺灣倉貯穀數三十餘萬石的存量，如果換算成養活的人口，也只不

〔註 37〕 至於臺灣不同時期所產生的缺米、缺穀風潮，作者認為是臺閩產銷與供需失調的結果，尤其是透過「短擺」造成的米荒。不能就此歸咎是平糶米、臺運，因搬運臺灣米穀太多所致。

〔註 38〕 臺灣銀行經濟研究室選編，《臺案彙錄丙集》，臺灣銀行文獻叢刊第一七六種，1963 年 11 月，頁 1。

〔註 39〕 中國第一歷史檔案館編，《雍正朝漢文硃批奏摺彙編（第十八冊）》（上海：江蘇古籍出版社，1991 年 3 月），頁 116。

〔註 40〕 《臺案彙錄丙集》，頁 173。

〔註 41〕 中國第一歷史檔案館編，《雍正朝漢文硃批奏摺彙編（第二十四冊）》（上海：江蘇古籍出版社，1991 年 3 月），頁 85。

過 55,555 人（參閱表十一）。但到了雍正十一年（1733），即刻變成 129,629 人。十二萬人的帳面數字或許還嫌保守一點，但是可以被理解；因為從墾地面積來估算養活的人口，時至雍正七年（1729）就已達 135,003 人（參閱表十二）。至於從正供的數額來估算養活的人口，從康熙到雍正朝一直很穩定。當然它持續偏低的數字，也讓人懷疑是否有參考價值。再者往後的發展，臺灣所徵收的正供，幾乎全數用做支應兵眷米穀，這使得它的代表性又降低。〔註 42〕然而基於二個理由，本文覺得還是有詳列的必要：其一，即便被視為聊備一格的數字，也代表著區域人口估算的底線。其二，也是最重要的，需要把正供的數目與臺閩民間米穀貿易的數目做一比較。誠如上文所提到，兩者的比例至少是 1：1，或者比例的差距會更大，此點也會在下一節中被證實。

在討論那麼多制度面的問題時，也不得不提到關於政策執行面的問題。首先是倉貯。常平倉的設立在世宗的眼中是民命所關，據他表示自己還曾「宵旰焦勞，諄諄訓戒」一番。無奈福建官員不能體查上意，竟然膽敢在倉貯上虧空。〔註 43〕以當時的臺灣為例：雍正三年（1725）臺灣倉貯積穀五十三萬石，但經盤點只存 289,831 石。其虧空的數額，就在閩浙總督覺羅滿保的奏准下，以沒收臺灣文武官員充做的官庄租穀來賠補。〔註 44〕其次是墾地面積的清查。前文提到雍正七年（1729）做的那一次首報，其實是為稍後田園賦則改定鋪路。這一次改定的構想，是以較輕額的稅則，鼓勵隱田現形。不過清廷對於受到較重科則的舊田園，並沒有一體均霑跟著減輕稅則的打算。因為在它的考量中，維持社會的穩定，比重新清丈舊有陞科田引起的不安還來的重要。〔註 45〕最後是臺閩米穀的貿易。清初臺灣強大的米穀產能，已在上一段內容介紹。然雍正四年（1726）閩浙總督高其倬所稱「臺灣地廣民稀，所出之米，一年豐收，足供四、五年之用」，誠屬話中有話的重點。高氏這一次的奏請，目地是為了解除從康熙六十一年（1722）年以來，臺灣米穀不得再

〔註 42〕 李國榮，〈論雍正時期對臺灣的開發〉，《歷史檔案》，總 48 期，1992 年 11 月，頁 97。

〔註 43〕 中國第一歷史檔案館編，《雍正朝漢文諭旨匯編（十）》（桂林：廣西師範大學出版社，1999 年 3 月），頁 18～19。

〔註 44〕 柯志明，《番頭家──清代臺灣族群政治與熟番地權》（臺北：中央研究院社會學研究所，2001 年 3 月），頁 72。

〔註 45〕 李祖基，〈清代前期臺灣的田園賦則〉，《臺灣研究集刊》，總 32 期，1991 年 5 月，頁 62。

販售至福建的規定。〔註46〕但他的一句「足供四、五年之用」，遂成為估算當時臺灣米穀總產量的線索。按照雍正三、五年正供的數額約七萬石推估（參閱表九），未被徵收儲存於民間的穀可能就有三十萬石之多。三十萬石穀可能的養活人口，約有九萬人之眾。所以應該可以判斷，當時清廷對臺灣人口的了解，已從康熙朝的七～八萬人，躍升到雍正朝的九～十三萬人。

不過雍正朝與康熙朝相比，卻留下極具參考價值的「流寓」記錄。雍正十三年（1735）擔任臺灣道的尹士俍，留下了對臺灣府屬各廳縣的人口資料（參閱表十三）。從表十三來看有二點值得注意：其一，臺灣府的總人口從康熙朝的三十萬人，增加到現在的 440,686 人。其二，各廳縣的人口比較，若與康熙朝對照，其消長結果驚人。例如：臺灣縣從康熙的 40%，下降到24.67%。鳳山縣從康熙的 29%，下降到20.79%。諸羅縣從康熙的31%，上漲到54.54%。然而雍正元年（1723），因為清廷析分諸羅縣，別置彰化縣與淡水廳。〔註47〕所以 54.54%還要細分出彰化縣的 7.86%，以及淡水廳的 0.74%。再從表十四觀察，透過乾隆初年記載雍正朝彰化縣、淡水廳的村莊數目，估算出臺北可能人口為 2,326，桃竹苗可能人口為 931，臺中可能人口為 8,786，彰化可能人口為 25,867。

臺灣人口經康熙、雍正朝半個世紀（1684～1735）的成長，與明鄭時代的十二萬漢人相比，顯然有所上揚。不過仍有一個老問題，有必要重複討論──康雍朝對臺灣移民政策的問題。康熙二十三年（1684）清廷取得臺灣以後，到底有沒有隨即禁止閩粵百姓攜眷入臺？傳統的看法越來越受到挑戰，並有學者提出禁止攜眷最早也只能從康熙四十一年（1702）算起。〔註48〕此觀點頗具參考的價值，因為如果屬實就可以解釋康雍朝，福建人口向臺灣的流動是採「春時往耕，西成回籍；隻身去來，習以為常」的現象。〔註49〕還要附帶說明的是，如果上文所估算的臺灣人口──康熙朝的七～八萬人，雍

〔註46〕 仁和琴川居士，《皇清奏議（五）》（臺北：文海出版社，1967 年 10 月），頁 2401～2405。

〔註47〕 張勝彥，《清代臺灣廳縣制度之研究》（臺北：華世出版社，1993 年 3 月），頁 10～18。

〔註48〕 鄧孔昭，〈清政府禁止沿海人民偷渡臺灣和禁止赴臺者攜眷的政策及其對臺灣人口的影響〉，《臺灣研究十年》（臺北：博遠出版社，1991 年 11 月），頁 351。

〔註49〕 林仁川、王蒲華，〈清代福建人口向臺灣的流動〉，《歷史研究》，總 162 期，1983 年 4 月，頁 132。

正朝的九～十三萬人，都是清廷可以掌握的數字，並且是可以讓人所接受的話。那麼再對照流寓人口可能達到的三、四十萬，就只能說清廷想用給照來管制合法移民其實還算成功，但查緝非法的偷渡就執行不力了。

康雍之後就步入乾嘉朝，閩粵移民臺灣的方式，也漸漸從季節性移民轉變爲定居性移民。這樣的發展最大的差異，就是官方對其人口數字的掌握，亦趨向明朗與直接。同時這代表著它對該島的控制力也漸漸增強。

第二節　乾嘉時期的人口

乾隆六年（1741）清廷對人口的編審，有一新的措施──從過去只注重丁的編審，到以後注重人口的編審。〔註 50〕透過學者們的研究，確定人丁與人口之間並無必然的關係。〔註 51〕即便如此，本文還是認爲人丁多少是官方對區域人口的「想像」。日治學者伊能嘉矩，在所著《臺灣文化志》裏，曾提到當時有所謂寄籍與入籍的問題。按乾隆三十八年（1773）部議：寄籍二十年，經地方官查明屬實，准其入籍。〔註 52〕步入乾嘉時期的臺灣，正處於移民大量湧入的階段；現存留有相當多的官方資料，有助於估算當時的人口。不過康熙五十二年（1713）有著「續生人丁，永不加賦」的規定。由於人丁銀成爲定額的事實，使得爾後想用此來推估清廷對區域的想像人口也不可得。因此本文欲從正供、墾地面積、食鹽數額、倉貯數額、直接人口記錄，來估算清廷眼中的臺灣人口。

在史料記載正供方面，表十五爲乾隆朝徵粟數額。整體來看，除了乾隆三年（1738）之外，每年的數額都已經超過臺運的十六萬六千餘石。再者不同的年度，正供多寡的差距也頗大。例如：乾隆二十一年（1756）的 196,179 石是整個乾隆朝高峰，但與前後年度數額就存有落差。另外從乾隆二十二年（1757）以後，正供原本應逐年遞增，但到乾隆四十五年（1780）又滑落至 160,000 石。而正供所可能養活人口仍持續低迷，其人口估算的底線約在二萬

〔註 50〕 蔣德學，〈試論清代人口編審的幾個問題〉，《貴州社會科學》，總 25 期，1984年 7 月，頁 73～77。

〔註 51〕 潘喆、陳樺，〈論清代的人丁〉，《中國經濟史研究》，總 5 期，1987 年 3 月，頁 95～110。

〔註 52〕 伊能嘉矩，《臺灣文化志（中譯本‧中卷）》（臺中：臺灣省文獻委員會，1991年 6 月），頁 123。

五千人左右。至於在正供之外，民間米穀貿易流通的數額有多少呢？雖然這是一個概數，但不乏記錄。乾隆七年（1742）高宗提到，扣除官方所需米穀，單單是商船所帶，每年就不下四、五十萬石之數。〔註53〕同年巡臺御史書山、張湄更奏稱：「臺灣有兵米、眷米及撥運福興泉漳平糶之穀，以及商船定例所帶之米，通計不下八、九十萬」。〔註54〕

　　這四、五十萬到八、九十萬石，到底是米還是穀其實語焉不詳。不過衡量上下文之意，應是指穀的可能性較高。爲了解決積壓問題，整個臺運與平糶米的規定，在乾隆朝有一調整。乾隆六年（1741）閩浙總督德沛奏准，由於壓欠未運穀達二十萬石之譜，所以每年出運的五萬石平糶穀，暫行停運。〔註55〕乾隆十一年（1746）福建巡撫周學健再奏准，一改原先臺運十六萬六千餘石的定額，裁減爲每年運穀 85,297 石，遇閏年再加運穀 89,595 石。〔註56〕臺運數額大規模的削減，不管是從產量或是配運來說，都大幅度地減輕臺灣人民的負擔。不過這些數額日後還是有變。例如：乾隆十六年（1751）臺灣運閩的平糶米恢復到 35,144 石。〔註57〕乾隆三十八年（1773）臺運小幅增加到 94,488 石。〔註58〕然而臺閩流通的八、九十萬石穀，就是臺灣米穀的總生產量嗎？當然不是，因爲還沒包括留在臺灣充做民食的數額。莊吉發認爲，由於福建所需米穀都仰臺灣接濟，所以清廷欲限制渡臺的人數，深恐當地人口增加，不利兩岸米穀供需。〔註59〕該說法提供一種思考，那就是臺灣人口到底成長到多少數目，才會妨礙運作有年的臺運或平糶穀供給呢？這個問題還要繼續討論。

　　另外值得注意的是，乍看起來乾隆朝是清代臺灣方志多產的一個階段，但審視記載內容，卻不是那麼回事。原因是有不少的重複與抄襲。例如：乾隆十七年（1752）刊刻的《重修臺灣縣志》，以及乾隆二十九年（1764）刊刻

〔註53〕佚名，《乾隆諭摺》，清抄本，北京國家圖書館分館藏。

〔註54〕六十七，《使署閒情》，臺灣銀行文獻叢刊第一二二種，1961 年 10 月，頁 82。

〔註55〕不著編人，《清實錄——高宗純皇帝實錄（一〇）》（北京：中華書局，1985 年 11 月），頁 1030。

〔註56〕周凱，《廈門志》，臺灣銀行文獻叢刊第九五種，1961 年 1 月，頁 185。

〔註57〕董天工，《臺海見聞錄》，臺灣銀行文獻叢刊第一二六種，1961 年 10 月，頁 23。

〔註58〕朱景英，《海東札記》，臺灣銀行文獻叢刊第一九種，1958 年 10 月，頁 18。

〔註59〕莊吉發，《清史論集（五）》（臺北：文史哲出版社，2000 年 3 月），頁 92～93。

的《重修鳳山縣志》，書中〈田賦〉的記載僅止於乾隆七年（1742）、乾隆二十四年（1759）。這與府志有諸多重疊之處。〔註60〕然而就算是三種重修的府志，其資料亦未能盡用。第一，乾隆七年（1742）刊刻的《臺灣府志・田賦》，其臺、鳳、諸、彰四縣的墾地記錄僅到雍正十二年（1734）。所以不能再仔細計算乾隆初年，廳縣的墾地面積。〔註61〕第二，乾隆三十九年（1774）刊刻的《臺灣府志・田賦》，其縣廳內容全部重抄乾隆十二年（1747）的，如此亦無法計算乾隆中葉，廳縣的墾地面積。〔註62〕這樣對欲從墾地面積來估算養活的人口，不啻造成一不小的阻力。幸而方志資料的缺乏，可從《賦役總冊》裏得到補充。從表十六的內容得知三點。其一，臺灣田園開闢的面積，比起雍正朝已突破五萬甲大關（參閱表十）。其二，由於天災等的關係，使得田園面積各年度差異頗多。然而再對照正供的數額，則會發現田園積減少，不一定會使正供也隨著減少（參閱表十五）。其三，從墾地面積來估算可能的養活人口，其數目約在十四、五萬之眾。該數目與臺閩流通的八、九十萬石穀，所可能養活的人口數十二萬人接近。〔註63〕如果再加上留臺充做民食的部分，或許十四、五萬是一個可以讓人接受的數字。

　　至於對區域人口的估算，那就必須從臺灣府屬各廳縣的墾地面積估算起。從表十七內容來看，雖然僅反映乾隆朝六十年中，三分之一階段的記錄而已，但已經有不同於康雍時期的發展出現。首先，彰化縣與淡水廳的墾地面積逐年增加。尤其是淡水廳在乾隆三、九年（1738、1744）的開墾成果，後者的甲數是前者的四倍之多。其次，相較於彰、淡開墾面積的迅增，臺、鳳、諸三縣的情況彼此不同。例如：臺灣縣逐年呈下降之勢，但鳳山、諸羅縣呈緩增之勢。其三，如果按每個年度區分，諸羅縣墾地面積的甲數為全島之冠，淡水廳則為全島之末。然有趣是中間名次的排名。乾隆三年是臺灣

〔註60〕 王必昌，《重修臺灣縣志》，臺灣銀行文獻叢刊第一一三種，1961 年 11 月，頁115；王瑛曾，《重修鳳山縣志》，臺灣銀行文獻叢刊第一四六種，1962 年 12月，頁103。

〔註61〕 劉良璧，《重修福建臺灣府志》，臺灣銀行文獻叢刊第七四種，1961 年 3 月，頁 138～162。

〔註62〕 范咸，《重修臺灣府志》，臺灣銀行文獻叢刊第一○五種，1961 年 11 月，頁169～181；余文儀，《續修臺灣府志》，臺灣銀行文獻叢刊第一二一種，1962年 4 月，頁224～240。

〔註63〕 900,000（穀）石÷2＝450,000（米）石＝45,000,000（米）升／45,000,000÷365＝123,287（人）。

縣勝過彰化縣的最後一年，之後的墾地面積甲數排名，遂排成爲彰化縣、臺灣縣、鳳山縣。其四，墾地面積的多寡關係到所能養活人口數。按照前述越到後來，則諸羅縣、彰化縣、臺灣縣、鳳山縣、淡水廳的排名大致確定；人口比例若以乾隆二十一年（1756）爲準，亦是 28.56%、24.18%、22.56%、21.06%、3.64%。該數據與雍正十三年（1735）所記比較──45.94%、7.86%、24.67%、20.79%、0.74%，則會發現當時臺灣人口流動有逐漸向北移的事實（參閱表十三）。

上述討論的田園開墾實指民田而言，至於文官管理的官庄，以及武官管理的隆恩庄，由於收取的息租全供官員與弁兵養廉、卹賞、花紅等之用，所以不列入估算。〔註64〕然不管是民田、官庄、隆恩庄，對其土地開墾都是地方官責無旁貸的事情。《則例》規定：一省荒地，一年之內開墾一千一百頃（約 9,734.5 甲）以上，記錄一次。但墾地後有復荒者，將開墾之級削去，督撫與布政使罰俸一年，道府降一級，州縣降三級。如果地方官隱漏地畝不報，只要隱漏一畝以上者，就降四級調用。隱漏十畝以上，革職。隱漏一百畝以上，革職治罪。〔註65〕此規定若眞的嚴格執行，恐臺閩官員爲了清查隱田之事就要忙的焦頭爛額。乾隆十二年（1747）高宗突然收回成命，諭令之前放寬在福建海島拓墾的政策，藉口爲恐紳士霸踞墾地爲由，停止持續的墾業。〔註66〕或許是這份諭旨收效，乾隆二十一年（1756）臺灣府的田園甲數，竟然比乾隆九年（1744）還少了許多（參閱表十六）。

在史料記載倉貯方面，一改雍正朝舉棋不定的數額，到了乾隆朝臺灣倉貯開始出現定額。不過事情的發展有一段經過。臺灣雖然以福建的米倉自居，但自雍正十年（1732）以後卻連年歉收。時至乾隆四年（1739）臺灣終於大豐收，然而每石需四、五錢的價格，仍比福建每石只要三錢還貴。〔註67〕這樣的情況非常不利於官府採買米穀存倉。乾隆八年（1743）巡臺御史書山、張湄奏准，臺灣府貯穀四十萬石，恐怕不能一時買足，特請寬限三年分批採

〔註64〕中國第一歷史檔案館，〈清代查勘臺灣官庄民地佃租史料〉，《歷史檔案》，總25期，1987年2月，頁28～35。

〔註65〕沈書城，《則例便覽》；摘自四庫未收書輯刊編纂委員會編，《四庫未收書輯刊（貳輯·貳拾柒冊）》（北京：北京出版社，2000年1月），頁182～183。

〔註66〕中國第一歷史檔案館編，《乾隆朝上諭檔（第二冊）》（北京：檔案出版社，1991年6月），頁197。

〔註67〕乾隆朝漢文錄副奏摺，檔號：0740，微縮號：049-1853，中國第一歷史檔案館藏。

買。〔註68〕四十萬石正是康熙五十三年（1713）臺灣府存倉數目，時過境遷三十年後，清廷漸漸有以該數字做為定額的跡象。不過書山、張湄在期限內仍未買足。因為乾隆十一年三月（1746.3）福建巡撫周學健又奏稱，想於秋成後向民間買粟二十萬石，並等到民欠及應買穀石徵完，再湊足四十萬石做為定額。〔註69〕這項任務就由同年年底，接替周職位的陳大受完成。同時在陳的奏准下，臺灣倉貯存額四十萬石已告確定。〔註70〕

　　若按《則例》規定，臺灣府存倉的四十萬石穀，主要是用來接濟福、興、漳、泉四府的民食。〔註71〕不過有理由相信，該常平倉的積貯也有考慮到臺灣的民食。乾隆二十年（1955）福建巡撫鐘音提到該倉貯的分配，據他奏稱：

> ……臺屬額貯穀四十萬石，必須酌量地方之大小，均勻分貯，庶各
> 處積貯有備。查臺灣府兵民輻輳，積貯宜廣，應撥貯二十萬石。臺
> 灣一縣，與府同城，不須多貯，應撥貯三萬石。鳳山、諸羅、彰化
> 三縣，距府遠近不一，民人眾多，道路袤延，應各撥貯五萬石。淡
> 防廳離郡最遠，僻處一隅，出產尚易，毋庸多貯，應撥貯二萬石，
> 即可備用等語……。〔註72〕

　　依照清廷常平倉的分配，官方對臺灣府總人口的估算約在 74,074 人，臺灣縣為 42,592 人，鳳山、諸羅、彰化三縣為 9,259 人，淡水廳為 3,703 人（參閱表十八）。此數據與表十七內容對照，則會發現一有趣的事實；即臺灣縣可能養活人口 33,748 人（表十七・編號3），剛好是臺灣縣常平倉貯穀可負擔的數目。但在總人口與鳳山、諸羅、彰化三縣的人口估算上，彼此的差距就很大。這或許能說明一件事，清廷對於臺灣區域人口的掌握，還是以臺灣縣與府城為主。

〔註68〕乾隆朝漢文錄副奏摺，檔號：0741，微縮號：049-2079，中國第一歷史檔案館藏。

〔註69〕《清實錄——高宗純皇帝實錄（一二）》，頁 366～367。

〔註70〕臺灣銀行經濟研究室編，《清會典臺灣事例》，臺灣銀行文獻叢刊第二二六種，1965 年 5 月，頁 51；《清實錄——高宗純皇帝實錄（一二）》，頁 774～775。

〔註71〕不著編人，《戶部則例□□卷存二十卷・積貯》，清乾隆內（務）府抄本，北京國家圖書館藏。

〔註72〕臺灣銀行經濟研究室選編，《臺案彙錄丙集》，臺灣銀行文獻叢刊第一七六種，1963 年 11 月，頁 78。

　　然而臺灣府的四十萬倉貯雖是定額，但在執行上也不是一成不變。例如：乾隆三十二年（1767）臺灣府府倉貯穀降至十八萬石。〔註73〕乾隆四十七年（1782）臺灣府屬倉貯升至七十萬餘石。〔註74〕乾隆五十一年（1786）扣除臺灣縣，臺灣府屬倉貯爲五十六萬餘石。〔註75〕再者官員實際地操作也是一問題。乾隆十一年（1746）閩撫周學建在奏言中，就曾提到臺灣地方官員常趁採買之機射利爲己。〔註76〕這些積弊往後還是難以杜絕，而且還有變本加厲之勢。乾隆十九年（1754）福建巡撫陳宏謀提到當時臺灣採買米穀的情況，以「節年撥運，大半空虛；應買之穀，虛懸未補」，來形容該政策的難行。〔註77〕不得已清廷只能用更嚴格的行政法來約束這些地方官。乾隆二十四年（1759）在彰化縣管岸裡社附近（今臺中市神岡區），就設立了一塊〈勒買番穀示禁碑〉，保護熟番不受吏役私買短收的騷擾。〔註78〕另外直接把規定條文化載入省例也是一個好方法。從乾隆二十至五十年代，《省例》就詳載諸多關於採糶交倉、給照買米、採買倉穀的條文。〔註79〕

　　在史料記載食鹽數額方面，現今能找到最早的記錄，可說是乾隆三年（1738）刊刻的《臺灣志略》。該書記載乾隆元年（1736）臺灣銷鹽數額約在九至十一萬石不等。〔註80〕不過現在有一個問題是，如何能知道每人每天，或者每人每年銷鹽量是多少呢？該答案在方志裏有解。道光二十年（1840）成稿的《噶瑪蘭廳志・賦役》，就在其〈鹽課〉項下提到：「一口日食鹽三錢，一年應六觔（斤）十二兩」。〔註81〕雖然《廳志》與《志略》成書的年代相距

〔註73〕乾隆朝漢文錄副奏摺（財政），檔號：0754，微縮號：051，中國第一歷史檔案館藏。

〔註74〕乾隆朝漢文錄副奏摺（財政），檔號：0761，微縮號：051，中國第一歷史檔案館藏。

〔註75〕乾隆朝漢文錄副奏摺（財政），檔號：0799-056，微縮號：054-1204，中國第一歷史檔案館藏。

〔註76〕《乾隆朝上諭檔（第二冊）》，頁146～147。

〔註77〕諸家，《臺灣關係文獻集零》，臺灣銀行文獻叢刊第三〇九種，1972年12月，頁52。

〔註78〕臺灣銀行經濟研究室編，《臺灣中部碑文集成》，臺灣銀行文獻叢刊第一五一種，1962年9月，頁67。

〔註79〕佚名，《福建省例》，臺灣銀行文獻叢刊第一九九種，1964年6月，頁30～68。

〔註80〕尹士俍，《臺灣志略上卷・收銷鹽課》，清乾隆三年刻本，北京國家圖書館藏。

〔註81〕陳淑均，《噶瑪蘭廳志》，臺灣銀行文獻叢刊第一六〇種，1963年3月，頁77～78。

已一百年，但每人每天的食鹽量，其實改變不大。因此該數據的參考價值相當高。按照這樣的公式換算，九至十一萬石的鹽額約可供養 1,315,060 到 1,607,300 人（參閱表十九）。

　　乾隆二十四年（1759）清廷終於把臺灣銷鹽數額定在每年十一萬石。乾隆五十五年（1790）又在定額之外，每年追加二萬石。〔註 82〕這十三萬石的鹽額，約可供養 1,899,540 人（參閱表十九）。伊能嘉矩研究清代臺灣的鹽務，認為在同治六年（1867）以前皆歸臺灣知府掌管，之後由臺灣道接手。此說法與歷年《黃冊》記載吻合。按清代臺灣的鹽課有二種：一為鹽場課，另一為鹽引課。〔註 83〕鹽引課由於都是向販戶徵銀，且都是以預定銷鹽額來定引數，所以定額的十一、十三萬石應屬鹽引課。至於鹽場課部分，本文透過乾隆四十一、五十七年（1776、1792）的《黃冊》，得知當時徵銀為 16,864.8 兩、12,528 兩。它們換算成的鹽額分別為 140,540 石、104,400 石，再換算成供養的人口則為 2,053,550 人、1,525,470 人（參閱表二十）。從鹽額估算出 130～200 萬的養活人口，與米穀、墾地面積估算的 14～15 萬差距很大。該如何解釋其間的落差呢？本文認為由於鹽額屬於「定額」，它在經制運作下不得任意改變。因此不排除清廷在設定定額時，也跟賦役一樣都是事先「預定的」。這樣的看法會在下文被證明。當然或許已有人注意到，鹽場課與鹽引課彼此數額的不同。這其實就是總產量與定額銷鹽量的差別而已。兩者雖有出入，但並不牴觸。因為它們都是官方帳面人口的高低值。

　　綜合前述可以對正供、臺穀、倉貯所估算的人數做一小結。在乾隆初年，官方帳面的臺灣人口約在十四、五萬左右。然該數字算是保守的，因為仍有許多「流寓」未被算入。乾隆三十四年（1769）閩浙總督崔應階在奏言提到：「臺灣流寓內，閩人約數十萬、粵人約十餘萬，而渡臺者仍源源不絕。」〔註 84〕這一段記錄頗為珍貴，因為它把當時臺灣人口的現狀，做一輪廓式的描述。然這些流寓還是受到官方的掌控，現存乾隆二十一至五十五年（1756～1790）的人口編審，把這些資料都保留下來。從表二十來看，乾隆三十四年臺灣人口約在六十八、九萬。前面提到過十四、五萬的數字，如果

〔註 82〕 丁紹儀，《東瀛識略》，臺灣銀行文獻叢刊第二種，1957 年 9 月，頁 17；《清會典臺灣事例》，頁 56。

〔註 83〕 《臺灣文化志（中譯本・中卷）》，頁 399。

〔註 84〕 洪安全主編，《清宮廷寄檔臺灣史料（一）》（臺北：故宮博物院，1998 年 10 月），頁 115。

與崔應階的描述相對照。說明本文對清廷的人口估算，大致上還能讓人接受。再者從乾隆三十四年（1769）以後，臺灣人口突破七十萬；乾隆四十二年（1777）躍升至八十餘萬，乾隆四十六年（1781）增至九十餘萬。〔註85〕當臺灣人口到達八十萬時，其實已經開始對臺閩的米穀供需產生壓力。北京中國第一歷史檔案館典藏一份清單，記載著乾隆四十四、四十五、四十六年（1779～1781），臺閩貿易的船隻航次、數目與運穀統計。這三年運穀分別爲77,280、82,160、75,200 石（不屬於臺運），這與乾隆六、七年（1741～1742），動輒四、五十萬到八、九十萬的數目不可同日而語。〔註86〕

　　另外還有一個問題是清代的臺灣人口，什麼時候突破一百萬人？〔註87〕按照表二十一的數據，「有可能」在乾隆五十九年（1794）臺灣人口才到達百萬。不過根據《黃冊》的記錄，年代應可提前幾年。乾隆五十四年（1789）《黃冊》記載福建省人口，不算臺灣府的人數是 12,234,872〔註88〕；乾隆五十六年（1791）《黃冊》提到前一年通省人口爲 13,298,394。〔註89〕這兩個數字相減所得爲 1,063,522，應就是乾隆五十五年（1790）臺灣的人口數。但此時又有一個疑問？因爲該數目與表二十一所列，乾隆五十五年臺灣人口 943,414 不符。這又如何解釋呢？作者推測只有一個可能，即《黃冊》的資料是戶部官員根據閩省的冊報後，自己再重新計算過呈送給皇帝過目。而奏摺上面記載的數目，則是閩省督撫直接計算後上奏給皇帝的。這麼一來一往之間，就造成差距。可惜乾隆朝關於臺灣的《黃冊》人口資料，就只有這二份。無法再繼續追索下去。不過應該可以肯定的是，時至乾隆末年臺灣帳面上的人口加上流寓，使得總人口數已突破一百萬人。

　　至於在區域人口的估算上，這是另一個困難度較高的問題。當時的官方

〔註85〕 大陸學者曹樹基檢證乾隆四十七年臺灣人口數九十一萬，認爲大致可信。參閱曹樹基，《中國人口史——第五卷清時期》（上海：復旦大學出版社，2001年 5 月），頁 188。

〔註86〕 乾隆朝漢文錄副奏摺（軍機處錄副），檔號：1459-1417，微縮號：099，中國第一歷史檔案館藏。

〔註87〕 根據大陸學者陳孔立以人口增長率計算，他認爲在乾隆四十七年臺灣人口就突破百萬，此論點和曹樹基顯然有別。參閱陳孔立，《清代臺灣移民社會研究》（廈門：廈門大學出版社，1990 年 10 月），頁 97。

〔註88〕 不著編人，《乾隆五十四年彙奏各省民數穀數清冊》，內閣大庫現存清代漢文黃冊編號：966，中國第一歷史檔案館藏。

〔註89〕 不著編人，《乾隆五十六年彙奏各省民數穀數清冊》，內閣大庫現存清代漢文黃冊編號：967，中國第一歷史檔案館藏。

資料並沒有對此特別做一調查，所以只能靠有限的數據推測。乾隆十四年
（1749）巡臺御史伊靈阿、白瀛奏請在臺灣北部淡水地方添設一縣；而所謂
的淡水地方，又專指何處呢？原來就是西至八里坌，東至蛤仔難山，北至大
雞籠山，南至桃仔園之地，亦為今天的臺北盆地。據當時記載此處有不下「數
萬人」。〔註90〕乾隆五十二年十一月（1787.12）正值林爽文舉事方熾之際，根
據湖廣總督兼欽差大臣常青奏報，有南路鳳山縣粵民約一萬餘人，赴府城請
給腰牌以為識別。〔註91〕然最有趣史料是一位洋人留下的記錄。也是同年，
一位法國的旅人 La Pérouse 來臺的觀察。據他表示，他們一行人是在 1787 年
4 月 21 日抵臺。當然一上岸就遇上林案的發生。在這兵荒馬亂之時，他估計
臺灣府城有五萬居民。〔註92〕

　　歸納出這些記錄，再參酌表十七：乾隆二十一年（1756）臺灣府屬各廳
縣墾地面積的比例，得自如表二十二的結果。當然從面積比例來估算區域人
口，大前題已假設流寓都是按照區域開墾的速度，前往當地謀食或雇工。表
中編號 1 的數據，即是所謂帳面人口的分佈；編號 2 則是帳面與流寓人口的
分佈。這當中的數據，跟前述提到臺灣人口逐漸向北移動吻合，不過讓人比
較感到好奇的是，臺北與桃竹苗的人口分佈。前者的數量在十八世紀中葉稍
微高過後者，這個發展還值得在下一節中持續探討。再者乾隆朝的臺灣區域
人口估算，充其量也只能以二十一年為討論對象。因為往後雖還有乾隆三十
九年（1774）刊刻的《府志》為依據，但如果用書中的廳縣村莊比例做為人
口分佈的依據，所得的結果參考價值更低。關鍵在於各縣聽的里堡街庄吸納
的人口數目不一。以臺灣縣與淡水廳為例，前者的坊里堡莊總合才二十七，
後者已達一百三十二莊。如果真的按照百分比加乘，那淡水廳的人口一定超
過臺灣縣許多，但實情並非如此。

　　至於在人口結構方面，乾隆朝方志很少再提到男女比例失衡的問題。或
許該情況已有所改善也說不定。不過從季節式移民漸漸轉變成定居式移民，

〔註90〕　國學文獻館主編，《臺灣研究資料彙編（第一輯‧第二十七冊）》（臺北：聯經
　　　　　出版社，1993 年 9 月），頁 11791～11792。

〔註91〕　洪安全主編，《清宮諭旨檔臺灣史料（一）》（臺北：故宮博物院，1996 年 10
　　　　　月），頁 597。

〔註92〕　La Pérouse, Jean-Francois de Galaup, comte de, The Voyage of La Pérouse round
　　　　　the world in the years 1785, 1786, 1787 and 1788 with nautical tables. Translated
　　　　　from the French Illustrated with fifty-one plates in two volumes. London: Printed
　　　　　for John Stockdate, Piccadilly, 1798.

則是本階段的特色。有幾點理由可以說明這一波移民朝。在耕地面積上，清
初福建的平均耕地面積還多至 17.11 畝，但到了乾隆三十一年（1766）已降
至 1.71 畝。〔註 93〕福建每畝地的產量約 3.49 石（349 升），如果以每人每年食
用 365 升計算，這個數字剛好令他溫飽。〔註 94〕但是耕種者還要上繳正供，
而且還不包括無操持農事的人，那他們怎麼辦呢？無怪乎臺灣的米穀供應，
爲什麼會對福建那麼重要。在福建人口增加上，康熙二十四年（1685）閩省
約有 1,395,102 人，但到了乾隆十八年（1753）增至 4,710,339 人，乾隆三十
二年（1767）再增至 8,094,294 人。〔註 95〕迅增出來的人口在原鄉謀食維艱，
而移民同屬一省的臺灣府是很自然的事。在福建家族的發展上，刻版印象
認爲家族是安土重遷、自給自足的團體，現在也有所改變。由於族眾的繁
衍已超出地域應有的容量，部分家族成員不得不另覓他鄉發展。〔註 96〕臺灣
有如四川、南洋都是當時選擇的地方之一。〔註 97〕在適婚年齡上，王躍生運
用刑科題本研究發現，乾隆四十六至五十六年（1781～1791）沿海男性初婚
歲數爲 21 歲，女性初婚歲數爲 18.96 歲。這數字比當時全國的平均數，男子
爲 22.15 歲與女子爲 17.41 略有不同。〔註 98〕同一時期的自耕農、佃農和傭
工，絕大多數都是生活在核心家庭中，而父母同住的直系家庭尚可勉強爲
之，但複合家庭就很難維持。〔註 99〕這可以做爲同一時期臺灣移民結構的
參考。

　　先前的研究成果認爲，臺灣縣、諸羅縣在雍正朝開墾似已飽和，從表十
七來看證明是如此。不過雍正以後，臺灣府土地開墾及人口增加也出現飽

〔註 93〕 秦寶琦，《洪門眞史》（福州：福建人民出版社，2000 年 8 月二刷），頁 17～
　　　　 18。

〔註 94〕 趙岡等，《清代糧食畝產量研究》（北京：中國農業出版社，1995 年 5 月），頁
　　　　 15。

〔註 95〕 蘇鑫鴻，〈略論清代福建佃農鬥爭挫折的社會原因〉，《明清福建社會與鄉村經
　　　　 濟》（廈門：廈門大學出版社，1987 年 10 月），頁 254～255。

〔註 96〕 陳支平，〈明清福建家族與人口變遷〉，《中國社會經濟史研究》，總 30 期，1989
　　　　 年 8 月，頁 54～55。

〔註 97〕 參閱孫曉芬，《四川的客家人與客家文化》（成都：四川大學出版社，2000 年
　　　　 5 月）；曾少聰，《東洋航路移民——明清海洋移民臺灣與菲律賓的比較研究》
　　　　 （南昌：江西高校出版社，1998 年 11 月）。

〔註 98〕 王躍生，《十八世紀中國婚姻家庭研究——建立在 1781～1791 年個案基礎上
　　　　 的分析》（北京：法律出版社，2000 年 4 月），頁 24～53。

〔註 99〕 王躍生，〈18 世紀中國家庭結構分析——立足於 1782～1791 年的考察〉，《婚
　　　　 姻家庭與人口行爲》（北京：北京大學出版社，2000 年 1 月），頁 140。

和，顯然就有點問題。〔註100〕蓋因於「飽和」是指區域耕地面積無法負擔過多的人口，但是從臺閩的米穀供需，以及彰化縣、淡水廳的開墾來看。「飽和」現象的出現也是在嘉慶以後的事。事實上在乾隆朝談臺灣土地開墾已趨飽和，眞的還是太早。乾隆五十三年（1788）林案之後，清廷清查出多達五千餘甲的未墾埔地，它讓隨後而至的嘉慶朝，提升不少米穀的生產力。〔註101〕

　　嘉慶朝臺灣行政區域最大的變革就是多了噶瑪蘭廳，該廳在嘉慶十五年四月（1810.5）被納入版圖，但要二年之後才設官理民。〔註102〕蘭地的併入，理應在正供、食鹽的統計上，要歸入臺灣府整體的數額中。然從方志、官書來看，卻不是如此。嘉慶元年（1796）臺灣正供穀小增爲 190,933 石，這當中需存留臺灣、澎湖的的兵粟爲 96,422 石，臺運爲 84,689 石。〔註103〕嘉慶二十四、五年（1819～1820）編纂的《臺灣府賦役冊》、《大清一統志》，在未登錄噶瑪蘭廳賦額之下，臺灣府的正供記爲 188,484 石。〔註104〕如果再加上嘉慶十七年（1812）蘭廳的定額 14,063 石，則臺灣府的正供總數增至 202,547 石。〔註105〕增至二十萬餘石的臺穀，並無改變臺運多大的數額。因爲嘉慶十五年閩浙總督方維甸仍奏稱：「臺灣每年額運官穀八萬五千餘石，遇閏加增四千餘石」。〔註106〕

　　假若僅從臺灣正供的數額估算當時的人口，那求得 27,746 人肯定與實際數目有落差。〔註107〕不過多增的正供並沒有解決一個問題，那就是臺運又出現壅塞的窘境。可以想見臺灣的人口成長，一定是呈現大幅度的增加。現在

〔註100〕陳鴻圖，《水利開發與清代嘉南平原的發展》（臺北：國史館，1996 年 6 月），頁 43～49。

〔註101〕陳秋坤，《清代臺灣土著地權——官僚、漢佃與岸裡社人的土地變遷 1700～1895》（臺北：中央研究院近代史研究所，1994 年 12 月），頁 52。

〔註102〕《噶瑪蘭廳志》，頁 3。

〔註103〕臺灣銀行經濟研究室編，《臺案彙錄丁集》，臺灣銀行文獻叢刊第一七八種，1963 年 9 月，頁 266。

〔註104〕佚名，《臺灣府賦役冊》，臺灣銀行文獻叢刊第一三九種，1962 年 2 月，頁 14～15；臺灣銀行經濟研究室編，《清一統志臺灣府》，臺灣銀行文獻叢刊第六八種，1960 年 2 月，頁 6。

〔註105〕柯培元，《噶瑪蘭志略》，臺灣銀行文獻叢刊第九二種，1961 年 1 月，頁 45。

〔註106〕不著編人，《清實錄——仁宗睿皇帝實錄（三一）》（北京：中華書局，1986 年 6 月），頁 84～85。

〔註107〕202,547（穀）石÷2＝101,274（米）石＝10,127,400（米）升／10,127,400÷365＝27,746（人）。

有幾個記錄觸及到此議題。其一，嘉慶末年編纂的《福建通志》記載臺灣人口為 1,944,737。〔註108〕其二，嘉慶十六年（1811）《大清一統志》記載臺灣府人口為 1,786,883 人。〔註109〕其三，陳孔立以未標明出處的資料，說明嘉慶十六年臺灣人口為 1,901,833。〔註110〕其四，金梁使用據信是《清史稿》稿本的資料，說明嘉慶十六年臺灣人口為 2,003,861。〔註111〕其五，陳紹馨認為嘉慶十五年臺灣人口已增至二百萬人。〔註112〕前述不管是哪一個數據，都是一個相當驚人的數目。但卻是可以理解。按前文時至乾隆末年（1790's）臺灣人口才突破百萬，結果僅花了二十年的時間，臺灣人口就激增七十八萬、九十萬，甚至一百萬人。這個原因只有一種可能，那就是臺灣歷經乾隆五十一～五十三年林爽文事件，嘉慶十一年（1806）蔡牽侵擾南路，二次重大兵燹造成龐大的死傷，使得勞動力嚴重不足。唯有大量移民，才能在短時間內恢復生產。從正供增加的數額來看，此目標是達到了；但也因人口增加迅速，影響了臺閩的米穀供需。

不過現在要問的是，上面五種數據到底哪一個比較能讓人接受呢？本文傾向接受第二種的說法，原因有二：其一，除了《大清一統志》、《福建通志》之外，另外三種史料的來源都還待考。其二，或許有人會問道，第一種說法也是官方的數據為何不用呢？因為本文認為該數據從分縣人口總合得出，但細看分縣人口之後，覺得可能還有再討論的必要。此點還會再下段繼續討論。既然已經認為嘉慶十六年（1811）臺灣人口為 1,786,883，那麼可以估算出各廳縣的人口數目嗎？此答案是肯定的。表二十三的內容是嘉慶朝臺灣府屬開墾面積。然比較美中不足的是，《賦役冊》記載的田園甲數各廳縣詳略有別，簡略的部分本來可以用方志補充。無奈《方志》也是詳略有別。不過這當中仍有三項重點可以討論。首先，臺灣府的墾地面積已超過六萬甲，這是噶瑪蘭廳、淡水廳開墾成果的反映。其次，跟乾隆朝相比，臺、鳳、嘉、彰四縣墾地面積，佔臺灣府總額比例全部下降；只有噶瑪蘭廳、淡水廳的提高，顯

〔註108〕陳壽祺，《福建通志臺灣府》，臺灣銀行文獻叢刊第八四種，1960 年 8 月，頁 149～152。

〔註109〕《清一統志臺灣府》，頁 6。

〔註110〕《清代臺灣移民社會研究》，頁 8。

〔註111〕金梁，《臺灣史料（油印本）》，1955 年，北京國家圖書館分館藏，頁 22～24。

〔註112〕陳紹馨，《臺灣的人口變遷與社會變遷》（臺北：聯經出版事業，1997 年 9 月五刷），頁 18。

示臺灣人口繼續北移（參閱表十七）。其三，如果各廳縣田園甲數比例是人口分佈的假設，還能讓人接受的話，則臺灣人口 1,786,883 加乘後估算所得：噶瑪蘭廳參考人數約為 159,747，淡水廳參考人數約為 211,030（包括：桃竹苗 115,364 ／ 臺北 95,666），臺灣縣參考人數約為 339,865，鳳山縣參考人數約為 353,624，嘉義縣參考人數約為 416,522，彰化縣參考人數約為 306,093（包括：彰化 153,047 ／ 臺中 153,046 ／ 參閱表二十四）

　　上述的數據可以跟《臺灣省通志稿》的內容做一比較（參閱表二十四）。通志稿的作者陳紹馨是利用《福建通志》的資料，算得全臺戶數為 246,695，總人口數 1,944,737；這當中噶瑪蘭廳人口為 42,904，淡水廳人口為 214,833，臺灣縣人口為 300,622，鳳山縣人口為 184,551，嘉義縣人口為 818,659，彰化縣人口為 342,166。本文與陳氏估算出的數據以淡水廳的人口差別最小──同為二十一萬餘人。美國學者藍厚理（Harry J. Lamley ／ 或譯拉姆利）還在陳氏的基礎上，推測嘉慶末期（1820's）淡水廳治竹塹城約有 8,000 居民。〔註 113〕至於臺灣縣、彰化縣的人口差別不大──兩者都是超過三十萬；但是嘉義縣、鳳山縣、噶瑪蘭廳，本文與《通志》的記錄差距頗大。對此只能說研究方法與採用史料迥異，所導致的結論也不同。不過若細看《通志》的數據，當時臺灣人口以嘉義縣做最高額的集中，此點恐有二點疑問。其一，前述提到過臺灣剛歷經林、蔡二案，如果以勞動人口流向推測，應是臺、鳳、嘉、彰四縣都急需招徠，嘉義縣應不大可能一時聚居相當於三縣總合的人數。其二，噶瑪蘭廳雖是嘉慶十五年（1810）才被納入版圖，但在元年早有漢移民入蘭開墾。期間蘭地雖屬番界，但卻是移民拓墾的新天地。同年閩浙總督方維甸調查該地，聲稱約有漢移民四萬餘人，表面上跟本文估算的數目相差很大。〔註 114〕然而從蘭地西勢至嘉慶十五年已開墾殆盡，東勢在嘉慶十一、十四年即湧入開墾的速度來看〔註 115〕；本文認為決不可能區區「四萬人」之功就能達成。這一點可以對照康熙二十八年（1689）鳳山縣的開墾面積 5,048.6 甲，

〔註 113〕哈雷 J.拉姆利（Harry J. Lamley），〈修築臺灣三城的發軔與動力〉，《中華帝國晚期的城市（The City in Late Imperial China）》（北京：中華書局，2000 年 12 月），頁 183、233。

〔註 114〕洪安全主編，《清宮諭旨檔臺灣史料（四）》（臺北：故宮博物院，1997 年 10 月），頁 3047。

〔註 115〕廖風德，《清代之噶瑪蘭》（臺北：正中書局，1994 年 11 月二刷），頁 79、101～105。

以及嘉慶十六年（1811）噶瑪蘭廳的 5,708.7 甲而可見一般（參閱表六、二十三）。

　　嘉慶十七年（1812）福建人口增爲 14,777,410。〔註 116〕如果前述乾隆朝因福建人口增長迅速，致使移民大量流入臺灣的說法能爲人所接受。現在福建人口已突破一千萬，將導致更多人移民入臺。這也足已解釋臺灣人口，從乾隆末到嘉慶末年趨近二百萬的原因。先前的研究成果認爲，道光以前由於中國人口增加快速，以致於影響經濟層面形成人口危機。〔註 117〕對臺灣來說，由於增加的人口可從持續拓墾得到撫養，至少在嘉慶朝「危機」還沒那麼快出現。但步入道光以後，是否還能保持原樣，則是下文討論的重點。

第三節　道咸同光時期的人口

　　十九世紀初英國經濟學家馬爾薩斯（Thomas Robert Malthus, 1766～1834），在其著作《人口原理（Principle of Population）》中認爲，土地肥沃、對農業與婚姻的鼓勵是中國人口大幅成長的要素。〔註 118〕然當今的美國學者李中清、王丰卻對此抱著不同的看法。簡言之二位對「中國人口過剩」的印象提出挑戰，並論述在乾隆中葉至道光初期，中國人的生活水平不因人口增長而有所下降。〔註 119〕同樣的問題反映在臺灣，必須試問該島人口的成長，到底有無對生活空間產生壓力？由於史料並無直接記載人民的感受，所以只能從一些字裏行間中找尋線索。不過本文認爲時至清末，臺灣人口成長的數量，還不致於對清廷造成統治上的危機。理由是臺灣還有一塊被稱爲「後山」的地區尚待開發，不管它能不能夠提供島內移民所需的條件，至少在同、光朝它還是部分「前山」住民嚮往的地方。

　　其次清廷對移民政策的調整，亦是清末時務重大改變之一。現今臺灣史學者一致認定光緒元年（1875），爲官方解除移民來臺限制的一年。此看法固

〔註 116〕龍思泰（Anders Ljubgstedt, 1759～1835）著，吳義雄等譯，《早期澳門史》（北京：東方出版社，1997 年 10 月），頁 321。

〔註 117〕田彤，〈清代（1840 年前）的人口危機及對近代社會經濟的影響〉，《史學月刊》，總 209 期，1994 年 5 月，頁 52～57。

〔註 118〕何兆武、柳卸林主編，《中國印象──世界名人論中國文化（下冊）》（桂林：廣西師範大學出版社，2001 年 4 月），頁 21～35。

〔註 119〕參閱李中清、王丰，《人類的四分之一：馬爾薩斯的神話與中國的現實（1700～2000）》（北京：三聯書店，2000 年 3 月）。

然沒錯，但是需要配合從道光以來海外移民發展一併討論。其中最重要的是從道光二十七年（1847）開始的苦力貿易。苦力貿易的出口港原先設在廈門，咸豐九年（1859）後逐漸轉移到南澳、汕頭、澳門、香港。然而不管是在福建或是廣東，在咸豐九年之前因與《清律》禁止人民無照出洋有牴觸，所以苦力們即使是被詐騙、誘拐、脅迫，仍屬於非法的海外移民。〔註120〕但是這一切，在咸豐十年（1860）中英、中法北京條約簽訂後有了改變。因為清廷同意英、法在華招募華工。爾後同治五年（1866）再簽定〈中英法續定招工章程條約〉，使得華人海外移民的合法性更得保障。〔註121〕當然不管是先前的苦力，之後的契約勞工，還是契約期滿後在海外變成的自由勞工，總有說不完的血淚史。〔註122〕不過同治朝國人可以在放寬的政策下出洋，已是不爭的事實；此點對照光緒元年以前，有條件的管制渡臺也變得沒什麼意義。無怪乎同治十三年（1874）牡丹社事件一結束，欽差大臣沈葆楨以海防為由，奏請清廷廢除舊令，立即獲得正面的回應。〔註123〕

以官方的資料而言，本階段的人口記錄不若之前廣泛，但有一個特色就是多增西方傳教士、外交官等的人口估計。咸豐八年（1858）的天津條約、咸豐十年（1860）的北京條約確定臺灣對外開港，使得該島在同、光朝湧入不少洋人，連帶也留下一些觀察。前面二節提到用正供、倉貯、鹽額的估算方式，將持續被討論。不過這些數據並非四朝皆有，或許還要搭配洋人筆下的人口記錄，才能拼湊出清末的臺灣人口。

道光朝臺灣正供的徵收有一重大的變革，就是全部從正色改成折色。這項措施從道光二十三年（1843）開始，隔年臺運也半改折色。〔註124〕根據日治學者東嘉生的研究，穀納制變成銀納制的源頭可以上溯至乾隆末葉，但由於推行不易僅在官斗上多做更張。道光二十三年的改制，除了涉及正供之外，也衝擊到大、小租，並使得後者也從納租轉為納銀。依照官方訂立的標

〔註120〕Irick Robert L., Ch'ing Policy Toward the Coolie 1847~1878 (Taipei: Chinese Materials Center, 1982), pp 15~151.

〔註121〕朱寰、王恆偉主編，《中國對外條約辭典 1689～1949》（長春：吉林教育出版社，1994 年 6 月），頁 190、232、291。

〔註122〕孔立，《廈門史話》（上海：人民出版社，1979 年 9 月），頁 70～83。

〔註123〕沈葆楨，《福建臺灣奏摺》，臺灣銀行文獻叢刊第二九種，1959 年 2 月，頁 11～13。

〔註124〕上海社會科學院經濟研究所編，《晚清經濟史事編年》（上海：上海古籍出版社，2000 年 5 月），頁 46、53。

準，穀一石換算「六八番銀」二元。〔註125〕道光五年（1825）臺灣正供徵粟爲 197,693 石〔註126〕，該粟額至道光三十年（1850）期間，增漲至 205,600 石。〔註127〕有趣的是全臺正供數額在咸豐、同治、光緒初年均無記錄。直到光緒十二年（1886）因應臺灣建省所需，首任巡撫劉銘傳在奏摺裏提到：「全臺額徵銀 85,746 兩，洋銀 18,669 元，穀 198,057 石」，才又得知原來這三十餘年中，全臺清賦前正供數額增加了多少。〔註128〕經過計算，它增加成爲 268,638 石（參閱表二十五）。該數字在清賦後更有著大幅度的成長。北京國家圖書館分館典藏一份珍貴的史料，其內容爲光緒十四年（1888）臺灣省會計年表，當中地糧的記載爲 512,979 兩。〔註129〕經過計算它再增加成爲 366,413 石（參閱表二十五）。不過本文認爲該數目可能還是太少。日本據臺隔年──明治二十九年（1896），彰化捒東堡總理林振芳向日本殖民政府申報當地米穀產銷情形，提及土葛窟（臺中市龍井區）、水裡港（臺中市龍井區）、梧棲（臺中市梧棲區）、新港（彰化縣伸港鄉）每年出口米穀達七十至五十餘萬石不等。〔註130〕金梁認爲光緒年臺灣建省清丈以後，該島有年產米 150 萬石的實力。雖然他沒有清楚說明史料出處，但此數字與 1896 年臺中、彰化米穀產量對照，有一定的參考價值。〔註131〕

在知道清末臺灣正供或米穀產量後，可以進一步討論各廳、縣的正供數額。這當中以淡水廳，以及光緒元年（1875）新設的臺北府、淡水縣、新竹縣資料最多。從表二十六來看，首先編號1、2 與編號 7 關於淡水廳正供數額是差不多的，可知未清丈前該廳年正供額是一萬三千餘石。不過清丈以後新

〔註125〕東嘉生（？～1943）著、周憲文譯，《臺灣經濟史概說》（臺北：海峽學術出版社，2000 年 5 月），頁 52～53。

〔註126〕陳壽祺，《福建通志臺灣府》，臺灣銀行文獻叢刊第八四種，1960 年 8 月，頁 154。

〔註127〕洪安全主編，《清宮月摺檔臺灣史料（六）》（臺北：故宮博物院，1995 年 8 月），頁 4736～4737。

〔註128〕劉銘傳，《劉壯肅公奏議》，臺灣銀行文獻叢刊第二七種，1958 年 9 月，頁 303。

〔註129〕劉嶽雲，《光緒會計表》，光緒二十七年教育世界社石印本，北京國家圖書館分館藏。

〔註130〕臺灣銀行經濟研究室編，《劉銘傳撫臺前後檔案》，臺灣銀行文獻叢刊第二七六種，1968 年 6 月，頁 245。

〔註131〕金梁，《臺灣史料（油印本）》，1955 年，頁 22～24，北京國家圖書館分館藏。

竹縣以七倍的新額，比舊額多出許多。其次編號 4 是臺北府與中南部各縣正供的總合，也就當時臺灣正供的總額——186,000 餘石。該數字接近乾隆三十三年（1768）臺灣正供數額（參閱表十五），與上文算得二十六萬餘石差太多了。考其原因有二：一爲《申報》把福建巡撫丁日昌的奏文數字誤編，另一爲丁日昌所接收到的訊息是過時（這是非常有可能，參閱註 156）。

這些各廳、縣正供的資料有何用呢？它們可以跟各廳、縣的倉貯數額做一比較。康雍、乾嘉時期提到的常平倉制，在清末已不能繼續維持。道光中葉掌四川道監察御史林士傅奏言，指出臺灣地方官不善預備積貯；並認爲眼前解決之道是設法勸諭民間多建義倉，而不是再整頓常平倉。〔註 132〕林的建言有了具體的回應。道光十八年（1838）臺灣道沈汝瀚開始創設義倉，官紳捐穀共二萬餘石。咸豐元年（1851）大概是清廷最後一次清查臺灣常平倉的積粟，文宗在上諭中指出自從乾隆六十年（1795）後，臺灣的倉貯就沒再清查過。〔註 133〕然或許是積弊已深，之後就不見常平倉的記錄。同治五年（1866）臺灣道丁日健繼續勸捐義倉，共得穀一萬六千餘石，加上先前數額共三萬六千餘石。同治十二年（1873）臺灣道夏獻綸連同舊額再籌穀五萬石。〔註 134〕表二十七是臺灣建省前後各廳、縣的倉貯數目，該內容與表二十六對照可發現幾個重點：第一在淡水廳方面，貯穀五萬六千餘石比每年的正供額還要多，可以想見該廳歷年來積貯之豐。第二，除了淡水廳之外，其他廳、縣的積貯都在正供數額之內；尤其在臺灣建省以後，有記錄的各縣貯穀都偏低。第三，上述的義倉穀數，都是道臺設在臺灣府的存穀，不包括各廳、縣的存穀。此數字與康雍、乾嘉時期動輒四十至七十餘萬的數目，差距以倍數增。爲什麼會變成這樣呢？它佐證了臺灣人口增加迅速的事實，同時也影響到臺閩米穀的供需。

道光二年（1822）臺灣知縣姚瑩提及當時泛海之舟日漸稀少。他歸咎於是水災、械鬥、海盜的因素。〔註 135〕道光十二年（1832）興泉永道周凱把船隻稀少的原因擴大解釋，認爲是臺地物價漸昂、臺灣正口開放至五個、鹿耳

〔註 132〕臺灣銀行經濟研究室編，《臺案彙錄甲集》，臺灣銀行文獻叢刊第三一種，1959 年 1 月，頁 192～193。
〔註 133〕中國第一歷史檔案館編，《咸豐同治兩朝上諭檔（一）》（桂林：廣西師範大學出版社，1998 年 8 月），頁 30～34。
〔註 134〕唐贊袞，《臺陽見聞錄》，臺灣銀行文獻叢刊第三〇種，1958 年 11 月，頁 60。
〔註 135〕姚瑩，《東槎紀略》，臺灣銀行文獻叢刊第七種，1957 年 11 月，頁 22～30。

門沙線堵港、前一年襲浙的颶風造成重大損失、船家故意規避配運的結果。
〔註136〕不過臺運、平糶米畢竟還是一項政策。雖然臺閩米穀供需吃緊的徵兆
已經出現，但地方官責無旁貸要執行它。道光七年（1827）宣宗諭令閩浙總
督孫爾準，必須把積壓至該年共十六萬餘石的穀、一萬餘石的兵米，同該年
兵穀七萬餘石、兵米七千餘石全數運竣。〔註137〕閩督孫爾準接到諭旨後，深
知窒礙難行，就於同年底偕同閩撫韓克均建議朝廷，不如把所有的兵眷米穀
改爲折色。這樣就可以應付商船日漸稀少，所帶來運輸上的不便。〔註138〕
孫、韓二位的建議，朝廷並未採行。其實臺灣米穀積壓的問題，雖大部分都
是前一任官員留給下一任的燙手山芋，但不是不能解決。例如：道光十五年
（1835）閩浙總督程祖洛、福建巡撫魏元烺在奏言中，提到該年臺灣運至福
建的米穀達二十萬石，該數字也是清廷認爲臺灣餘穀的數目。〔註139〕而之前
的積壓，也在道光十七年（1837）由閩督鍾祥、閩撫魏元烺清運完畢。〔註140〕
前文提到道光二十三年（1843）臺灣正供全改折色，現也影響到臺運的改制。
孫、韓的建議終於在道光二十四年（1844）部分得到實現。由於閩浙總督劉
韻珂的奏准，臺運一半數額改爲折色。〔註141〕

　　臺運的積壓除了證明臺灣米穀生產餘額已大不如前之外，另一個因素是
行政管轄權限的問題。咸豐九年（1859）閩浙總督慶端有一觀察，蓋因爲米
穀的徵收是各知縣的責任，米穀的配運卻是各廳同知的責任。臺灣道、府雖
有監督之權，但遇上疲頑的廳、縣，也很難在第一時間解決問題。因循苟且
的結果很容易形成積壓。〔註142〕同治四年（1865）臺灣再度禁止米穀出口。

〔註136〕周凱，《廈門志》，臺灣銀行文獻叢刊第九五種，1961 年 10 月，頁 166～
　　　　172。
〔註137〕洪安全主編，《清宮諭旨檔臺灣史料（四）》（臺北：故宮博物院，1997 年 10
　　　　月），頁 3453。
〔註138〕臺灣銀行經濟研究室編，《臺案彙錄丁集》，臺灣銀行文獻叢刊第一七八種，
　　　　1963 年 9 月，頁 300～302。
〔註139〕洪安全主編，《清宮諭旨檔臺灣史料（五）》（臺北：故宮博物院，1997 年 10
　　　　月），頁 4097～4099。
〔註140〕國立故宮博物院，《宮中檔道光朝奏摺（第二輯）》（臺北：故宮博物院，1995
　　　　年 3 月），頁 462～463。
〔註141〕中國第一歷史檔案館編，《嘉慶道光兩朝上諭檔（四十九）》（桂林：廣西師範
　　　　大學出版社，2000 年 11 月），頁 269。
〔註142〕國立故宮博物院，《宮中檔咸豐朝奏摺（第二十二輯）》（臺北：故宮博物院，
　　　　1991 年 3 月），頁 383。

〔註143〕隔年開禁，並根據閩浙總督左宗棠、福建巡撫徐宗幹的奏報，臺運額穀總數爲 60,524 石；其中折色穀 28,442 石，本色穀 32,081 石。〔註144〕同治六年（1867）福州將軍署閩督英桂的上奏，疑爲清末關於臺運最後的奏摺，而英桂這一次是揭糸臺灣、鳳山、嘉義拖欠運穀的知縣。〔註145〕同治九、十一年（1870、1872）是官方對臺灣米穀貿易記載的最後二年。這二年是因爲要應付直隸春賑所需，閩浙總督文煜銜命派員前往臺灣、上海採辦運赴天津的米穀。〔註146〕之後的光緒朝已不見臺運記錄。若按制度運作的邏輯推敲，臺運的米穀都是屬於兵眷米穀。在班兵制度仍實行的情況下，沒有道理停止臺運；除非皇帝下達諭旨，但是找不到類似的記錄。不過有理由相信，遲至光緒十年（1884）臺運可能不行。原因是該年爆發中法戰爭，法軍宣佈在同年九月五日（10.23）對臺海實施封鎖，直到光緒十一年三月一日（1885.4.15）才解除封鎖。這長達半年的時間，如果臺運還在持續運作，受到封鎖的影響一定會見諸奏報。但是遍尋檔案不著。〔註147〕加上同年九月宣佈臺灣建省，首任巡撫劉銘傳給朝廷的奏言中也是隻字未提。更加確定臺運在臺灣建省前後應是終止。

在敘述整個臺灣米穀生產、臺閩米穀供需之後，至此可以發現一個有趣的事。就是光緒朝以前，臺灣的「餘穀」在官方的記錄中僅剩二十萬；但是割臺後一年，地方上報卻有七十萬石之多。其中的緣故爲何？作者認爲光緒元年（1875）執行開山撫番政策，以及光緒十一年（1885）臺灣建省招徠移民、廣闢墾地、清賦是一大關鍵。不過談了那麼多，還未眞正觸及到人口數目的討論。臺灣建省前後的正供、米穀產量數字爲：穀 268,638 石、穀 366,413 石、米 150 萬石都是一個指標，按此數字估算的養活人口爲 36,799、50,193、410,958（參閱表二十八）。它們依序是清代從米穀產量估算養活人口最高的數字。而除了米穀之外，不要忘了鹽額也是一個推估的方法。

〔註143〕《晚清經濟史事編年》，頁 265。

〔註144〕左宗棠，《左文襄公奏牘》，臺灣銀行文獻叢刊第八八種，1960 年 10 月，頁 34。

〔註145〕洪安全主編，《清宮宮中檔奏摺臺灣史料（二）》（臺北：故宮博物院，2001 年 11 月），頁 952～955。

〔註146〕張本政主編，《清實錄臺灣史資料專輯》（福州：福建人民出版社，1993 年 12 月），頁 992、995。

〔註147〕臺灣銀行經濟研究室編，《法軍侵臺檔》，臺灣銀行文獻叢刊第一九二種，1964 年 3 月。

　　清代臺灣的食鹽生產，在乾、嘉朝原本有瀨北、瀨南、瀨東、瀨西、洲南、洲北鹽場負責生產。〔註148〕然而從道光末葉（疑爲二十四～二十八年／1844～1848）刊刻的《福建鹽法志》來看，瀨西場已經消失，僅剩其他五個場。〔註149〕根據張繡文的研究，清末的臺灣鹽政是從就場專賣，轉變爲就倉專賣，再轉變爲全部專賣的關鍵時期。同治元年（1862）臺灣發生戴潮春事件，地方動亂給予私鹽販行大好機會。此時不管是鹽引課或鹽場課，都因爲官鹽沒有銷路而銳減。同治七年（1868）臺灣道吳大廷復行改革，以道臺兼任鹽務督辦，並設全臺鹽務總局與臺南鹽務總局，以及徵收竹塹私鹽田成爲官鹽田，開啓了就倉專賣的時代。〔註150〕吳的措施是以各館估計管轄區的用鹽量，在呈報總局之後以四聯式單據發放管引。當時管引一通可領鹽55石，總局之下另設子館、瞨館。光緒十一年（1885）臺灣建省，首任巡撫劉銘傳把全臺鹽務總局遷設臺北府，臺南鹽務總局改稱臺南鹽務分局。總局、分局之下再設總館、子館、瞨館。劉的設想比起之前就倉專賣更加細緻，有產銷一體的影子，開始走向全部專賣的方式。〔註151〕

　　上述鹽政的發展，越到後來官方對於區域鹽額控制，越有配給的味道。假設能夠知道各區域的定額，有可能估算出當地養活的人口。道光朝鹽額原本跟之前一樣定爲十三萬石，但道光五年（1825）臺灣開始代銷漳州府南靖、長泰縣鹽額一萬七千石，使得臺灣府總額增爲十四萬七千石。〔註152〕上一節提到乾隆初年鹽額可能的養活人口130～200萬，已在嘉慶末年快要被追平。步入道光朝，清廷一方面考慮到漳州官鹽銷路不如臺灣，一方面考慮臺灣人口漸增的事實，所以把臺灣的鹽額調升。如此也給了人口討論一個線索。北京中國第一歷史檔案館典藏若干道光、咸豐、同治朝的《黃冊》，有助於了解這段時期臺灣引課的變化。先從表二十九來看，雖說道光五年臺灣開始代銷

〔註148〕盧嘉興等纂修，《臺南縣志》（新營：臺南縣政府，1980年6月），頁139。

〔註149〕佚名，《福建鹽法志》，道光年間刻本，北京國家圖書館分館藏。

〔註150〕這當中鹽務的掌管還是有點波動。同治七年正月底止是臺灣道設局辦理沒錯，但隨即把鹽務委給臺灣知府；直到同治十一年（1872）署臺灣道黎兆棠將鹽務歸給局辦，才形成定制。參閱文煜撰，《署閩浙總督任內奏稿》，同治抄本，北京大學圖書館藏。

〔註151〕張繡文，《臺灣鹽業史》（臺北：臺灣銀行經濟研究室，1955年11月），頁6；顏義芳，〈清代臺灣鹽業發展之脈絡〉，《臺灣文獻》，第54卷第1期，2003年3月，頁47～63。

〔註152〕唐贊袞，《臺陽見聞錄》，臺灣銀行文獻叢刊第三〇種，1958年11月，頁66。

漳鹽，但到同治三年（1864）爲止，有記錄的鹽引道數卻不同。幸好這還不會妨礙對人口的估算，因爲還有鹽場課的收入可以參考。表三十、三十一是道光、咸豐朝臺灣鹽場課的記錄，按這些數據算出的養活人口在226～262萬之間〔註153〕。該數目可以跟鹽引課十四萬七千石估算的人口──2,147,945對照。結果發現從鹽的總產量（鹽場課），以及定額銷鹽量（鹽引課）所估算的養活人口爲 214～262 萬。該數據有一定的參考價值，不過都是同治七年（1868）鹽務改革前的數據。光緒十一年（1885）臺灣建省後，臺南、臺灣、臺北府有留下些許的資料可供補充。

　　從表三十二來看，首先有記錄的各縣鹽額總數爲 242,050 石，可以想見建省後鹽務必經一番整頓。其次是從鹽額估算的分縣人口，安平、嘉義縣的參考人數爲 1,125,114，鳳山縣的參考人數爲 613,698，恆春縣的參考人數爲 17,534，彰化縣的參考人數爲 1,071,780，苗栗縣的參考人數爲 299,541，新竹縣的參考人數爲 409,132。其三，不算全省的人數，僅算這些分縣參考人數，總合就已達 3,536,799。如果再加上未列入記錄的臺東州、宜蘭縣、淡水縣、臺灣縣、雲林縣，難道臺灣的人口已經接近四百萬嗎？事實上當時沒有這麼多人。但在上一節曾提及乾隆初年臺灣鹽額估算出來的人口約 130～200 萬。現在對照此數字，應該可以確定建省以後，鹽額估算出接近四百萬的人口，亦是官方帳面事先「預定」，設想數年後臺灣的人口數。那麼可能的人口是多少呢？這需要從直接的人口記錄去找答案。

　　看到這裏可能有人會問道，本節爲何沒有像前二節一樣，以墾地面積來估算人口數？有二個理由迫使此法不行。其一，清末臺灣不再有以府爲單位、或以省爲單位的分縣墾地資料。這使得各廳、縣開墾面積，佔總面積的百分比多少無從得知。〔註154〕其二，根據整理《戶部則例》所得，其內容雖然載有道光二年（1822）、咸豐元年（1851）、同治十二年（1873）臺灣府的墾地面積，但仔細審視之後發現數目都低於乾隆朝的甲數，利用價值不高。〔註155〕

〔註153〕147,000（石）＝14,700,000（斤）＝235,200,000（兩）＝2,352,000,000（錢）／2,352,000,000÷1,095＝2,147,945（人）。

〔註154〕光緒十五年（1889）臺灣建省清丈查得民業田園 432,008 甲，可惜沒有廳、縣的完整資料，以致於無法繼續探討。參閱劉銘傳撰，馬昌華、翁飛點校，《劉銘傳文集》（合肥：黃山書社，1997 年 7 月），頁 285～289。

〔註155〕孫毓棠、張寄謙，〈清代的墾田與丁口的記錄〉，《清史論叢》，第 1 輯，1979 年 8 月，頁 36～38。

值得一提的是從《黃冊》來看，臺灣府從嘉慶十七年（1812）開始，到光緒二十一年（1895）爲止，即不再冊報人口數目。常平倉貯從嘉慶九年（1804）到光緒二十一年，也不再冊報穀數。〔註156〕這與康雍、乾嘉朝比較，官方對臺灣人口數掌握的程度已經偏低。〔註157〕該數字與上文鹽額的估算值沒有牴觸，方知這些官方資料都有某種程度的關聯性。至於在非官方資料方面，區域人口是記錄時的重點。這一點不會因它們並非提供給清廷做爲參考，而降低史料的價值。因爲對它們的估算，都是記錄者親自經歷觀察得來，其間可以與官方數字做一比較。

　　表三十四是清末洋人對臺灣區域人口的記錄。這當有幾點值得注意：其一，哪一個區域是洋人觀察的重點呢？若以北、中、南、東區分，北部地區被記錄最多，尤其是臺北盆地。另外清廷防禦的三個邊陲──埔里、琅嶠（屏東縣恆春鎮）、奇萊（花蓮縣吉安鄉），洋人也相當有興趣，尤其是埔里。〔註158〕其二，當時臺灣島內的重要縣邑，除了建省後的臺灣縣與臺東州沒有記錄之外，其他全有資料。至於縣邑以外的聚落，如果規模夠大也會引起他們的注意。這包括：打狗（高雄市）、埔里、琅嶠、貓裡（苗栗市）、新埔（新竹縣新埔鎮）、艋舺（臺北市萬華區）、大稻埕（臺北市中山區）、中港（新北市新莊區）、錫口（臺北市松山區）、三角湧（新北市三峽區）、水返腳（新北市汐止區）、林圯埔（南投縣竹山鎮）、東港（屏東縣東港鎮）、枋寮（屏東縣枋寮鄉）、基隆、淡水、三結仔街（宜蘭市）、奇萊、七腳川（花蓮縣吉安鄉）。其三，透過洋人的記錄，大概可以把清末府邑與幾個縣邑的人口做個估算。即府城（建省前稱臺灣府，建省後稱臺南府）約 40,000～75,000 人，嘉義縣邑約 10,000～15,000 人。鳳山縣邑約 15,000 人，彰化縣邑約 15,000 人，新竹縣邑約 30,000～40,000 人，宜蘭縣邑約 10,000～60,000 人。其四，部分的城邑、聚落長期都有人口記錄，可以對當時的人口發展作一解釋。如果以城垣

〔註156〕上文提到光緒三年（1877）福建巡撫丁日昌有可能收到過時的訊息，推測原因即出於此。

〔註157〕大陸學者梁方仲曾在書中提及，《戶部清冊》記錄光緒十三年（1887），臺灣省人口爲 320 萬。作者在北京中國第一歷史檔案館也調閱同樣的資料，但並沒有相同的發現。參閱梁方仲，《中國歷代戶口、田地、田賦統計》（上海：上海人民出版社，1983 年 3 月四刷），頁 266～267。

〔註158〕不過據英國人 Bullock 描述，埔里的人口大半是原住民。參閱 Bullock, T. L. "A trip into the interior of Formosa," *Royal Geographical Society of London* 21 (1877): 266~272.

圍繞的區域為標準，府城無疑是最大的城邑。但是如果把緊連著城的城外人口也列入計算，視為廣義的城邑人口，那麼同治十一年（1872）淡水縣境的艋舺與大稻埕人口總合 75,000 人已經追上府城（光緒元年／1875 在二聚落間新建臺北府城）。這再度說明了乾、嘉以來，臺灣人口不停北移的事實。同樣的例子也可以在新竹與宜蘭看到。前者縣邑的人口數已超越鳳、嘉、彰縣許多。後者的縣邑人數，從同治十一年的一萬人，增至光緒十年（1884）的四萬人，再增至光緒十六年（1890）的六萬人。

　　然而在洋人的眼中，清末臺灣的總人口數是多少呢？從表三十五來看，人口記錄的波動頗大。咸豐十年（1860）是洋人對臺灣總人口首次記錄——二百萬。不過三年之後，又有另一個估算數字出現——三百萬。此後一直到光緒十三年（1887）臺灣建省，洋人對臺灣總人口的看法約在 300～400 萬左右。有趣的是在光緒十九、二十一年（1893、1895）估計的數字又驟降到二百五十萬。因此要問的是這當中為何有如此大的落差？。這整個問題的關鍵只有一個，那就是清末臺灣的總人口數到底有沒有到達三百萬？

　　假設鹽額估算養活人口的方法，還能讓人接受的話，前文算出的參考數字——同治七年（1868）為 214～262 萬，顯然就把之前洋人估計到三百萬人口的記錄全給推翻掉。所以現在三百萬的人口數就只可能發生在同治七年以後。這一段時期人口的官方記錄，臺灣建省後的第一部省志——《臺灣通志》有記載。《通志》的數據，由陳紹馨摘錄到戰後修纂的《臺灣省通志稿·人口志》，內容記為光緒十九年（1893）臺灣省人口為 2,545,731。〔註 159〕然而該數據有無再檢討的必要呢？這必須再找其他的史料對照才行。道光四年（1838）剛卸任臺灣知縣姚瑩，在其著作中留下「漢人蕃衍，丁口二百五十餘萬」的記錄。〔註 160〕連同剛才鹽額對同治七年（1868）的 214～262 萬估算，以及前文提到招徠勞動力、米穀的生產量等，光緒朝臺灣的總人口應該有突破 300 萬的可能。同、光之際粵籍文人吳子光提出了相同的看法。〔註 161〕只不過會不會發生另一種情況，即光緒十九年（1893）以前臺灣人口到達 300 萬左右，之後總人數突然陡降到 250 萬（表三十五編號 12、13）？這個情況有可能。因為光緒二十、一年（1894～1895）甲午戰爭爆發與割讓

〔註 159〕陳紹馨纂修，《臺灣省通志稿·卷二人民志人口篇》（臺北：臺灣省文獻委員會，1964 年 6 月），頁 160～162。

〔註 160〕姚瑩，《東槎紀略》，臺灣銀行文獻叢刊第七種，1957 年 11 月，頁 39。

〔註 161〕吳子光，《臺灣紀事》，臺灣銀行文獻叢刊第三六種，1959 年 2 月，頁 97。

臺灣前夕，臺灣百姓離開本島的數量可能遠超乎想像。〔註162〕有幾條記錄是如此寫的，例如：光緒二十一年五月來臺的河南候補道易順鼎，在私著中記載「八月底臺南居民內渡者日不暇給」。〔註163〕同一時期臺灣憂國文人洪繻的一首詩——「……逃遁先有人，萬民阻行囊……昨日海關處，新令懸煌煌；賦稅將重徵，不及恤流亡……」，也透露出端倪。〔註164〕可惜關鍵的光緒元～二十年（1875～1894）期間，除了《通志》之外，沒有其他官方存留的資料可供討論，無法對光緒二十、一年間突然內渡的 50 萬人口再做出更有力的說明。

　　本文對同治以後臺灣總人口的估算，提出一些假設性的看法。不過在區域人口的分佈方面，光緒朝官方倒有不少資料存留。表三十六的內容是同、光朝的部分廳縣人口。首先，彰化縣鹿港人口的變化極大。同治元年（1862）該地人口為 120,000，但到了光緒十七年（1891）下降為 40,000～50,000（編號 1、10）。其次，同治十三（1874）淡水廳冊報的人口數 24,226 有過低之嫌（編號 4）。原因在於第二節提到嘉慶十六年（1811）該廳人口為 211,030，同治十一年與光緒元年（1872、1875）閩撫的奏報皆為 420,000，所以此次該廳的冊報反而低於三萬實不可能。〔註165〕其三，光緒十一年（1885）臺灣建省以後，臺東州的 5,839 人、苗栗縣的 65,000 人左右、雲林縣的 194,765 人、鳳山縣的 393,555 人、恆春縣的 16,737、新竹縣的 131,094 人，頗具參考價值。尤其是鳳山縣，它可以與嘉慶十六年本文估算的人口數 353,624 對照，得知時至清末該縣還是有小幅成長。其四，再與表三十四對照，發現從同治朝以後，恆春一直是受人注意的地方；然比起洋人，清廷對埔里人口留下的資料不多。其五，前述建省分縣人口總合為 806,990，但仍有宜蘭縣、淡水縣、臺灣縣、彰化縣、嘉義縣、安平縣等一半的人口無法得知。雖然在日治初期，

〔註162〕之前的研究成果認為在明治 30 年 5 月 8 日（1897.5.8）臺灣住民去就決定國籍之後，離臺人數僅佔總人口 0.16%。但這個計算的基礎是用前一年做的人口調查總數為準，並非清末臺灣省的總人口數。參閱黃昭堂，《臺灣總督府》（東京：教育社，1981 年 4 月），頁 53～55。

〔註163〕易順鼎，《魂南記》，臺灣銀行文獻叢刊第二一二種，1965 年 8 月，頁 23。

〔註164〕洪棄生，《洪棄生先生遺書（二）》（臺北：成文出版社，1970 年 4 月），頁 341～347。

〔註165〕根據同治十年（1871）刊刻的《淡水廳志》所載，桃竹苗的聚落數目為 255，臺北的聚落數目為 129。按 42 萬的人口比例分配，桃竹苗約有 278,906 人，臺北約有 141,093。

殖民地政府有不少區域人口的調查；但前文已經指出光緒二十、一年（1894
～1895），臺灣人口內渡者眾，恐怕這些日人的調查資料，只能反映明治二十
九年（1896）以後的現況。不過本文還是附上明治三十八年（1905）年以前
的這一段期間，臺灣的總人口數與部分區域人口數據做為比較（參閱表三十
七）。從清代到日治，依據官方的記載，該年臺灣的人口數首度突破 300 萬；
這當中漢人為 2,979,018、日人為 59,618、華僑與外國人為 8,223。〔註166〕

　　當然現今的學者對於清末臺灣人口的討論，也有獨倒的看法。例如：美
國學者德格洛珀（Donald R. Deglopper）推測十九世紀中葉，鹿港的人口為二
萬人左右。〔註167〕荷蘭學者施博爾（Kristofer M. Schipper／或譯施舟人）認
為十九世紀末臺南府城有四萬人。〔註168〕陳延輝估算 1895 年宜蘭縣的泉籍人
數為 3,845、粵籍人數為 1,138、漳籍人數為 34,875。〔註169〕不過這些數據和
表三十三、三十五對照明顯偏低。

　　至於清末的人們對同一時代的人口有什麼看法呢？光緒五年（1879）〈紐
約時報〉提到當時中國總人口達四億五千萬之譜。〔註170〕按美國學者羅斯的
觀察，此時中國女孩平均出嫁的年齡是 16～17 歲，這比第二節曾提到乾嘉時
期的平均歲數 17.41 歲略低。〔註171〕郭松義研究清代女子初婚年齡，認為
16～18 歲結婚的比例最多。〔註172〕然根據部分學者的看法，清末中國人口的
初婚年齡與初育年齡是上升；而且末胎出生時年齡下降，生育間隔明顯延
長。顯示出一種人為性抑制的人口控制。〔註173〕臺灣在道咸同光時期的婚齡

〔註166〕李絜非，《臺灣》（上海：商務印書館，1947 年 2 月上海四版），頁 22。
〔註167〕多納爾德・R・德格洛珀（Donald R. Deglopper），〈一個十九世紀臺灣海港城
　　　　市的社會結構〉，《中華帝國晚期的城市（The City in Late Imperial China）》（北
　　　　京：中華書局，2000 年 12 月），頁 765。
〔註168〕施舟人（Kristofer M. Schipper），〈舊臺南的街坊祀神社〉，《中華帝國晚期的
　　　　城市（The City in Late Imperial China）》（北京：中華書局，2000 年 12 月），
　　　　頁 783。
〔註169〕陳延輝，〈十九世紀宜蘭平原各族群人口的推估〉，《「宜蘭研究」第三屆國際
　　　　學術研討會論文集》（宜蘭：宜蘭縣文化局，2000 年 8 月），頁 261～307。
〔註170〕鄭曦原編、李方惠等譯，《帝國的回憶──「紐約時報」晚清觀察記（China in
　　　　the New York Time）》（北京：三聯書店，2001 年 5 月），頁 59。
〔註171〕E. A. 羅斯著，公茂虹、張皓譯，《變化中的中國人（The Changing Chinese）》
　　　　（北京：時事出版社，1998 年 1 月），頁 99。
〔註172〕郭松義，《倫理與生活──清代的婚姻關係》（北京：商務印書館，2000 年 8
　　　　月），頁 199。
〔註173〕侯揚方，〈生存壓力下的人口控制行為──中國歷史人口學微觀研究的評述與

記錄幾無,沒辦法再對此做細緻的討論。不過光緒二十年(1894)福建人口已躍升為 21,935,184,比起嘉慶十七年(1812)的 14,777,410 大幅成長許多。〔註 174〕即便是透過任何的人為性抑制的人口控制,想必人口壓力一定也不小。移民是該地方解決此問題的重要方法之一。臺灣在清末人口可能達到三百萬之眾,跟這個因素大有關係。

綜合以上三節的內容,在此對清代臺灣人口的討論做一總結。從表三十八來看,經過二百一十年(1684~1894)的發展,臺灣人口的成長有幾項重點。第一,正供、倉貯、墾地面積估算的人口數,可以視為官方「帳面上」的人口數。該人口數雖然不能充分反映事實,但卻是綠營部署最重要的參考數據。這是為什麼呢?因為康熙二十三年(1684)清廷在臺灣的第一次佈防,監控的人數就是表列的 5~7 萬人(編號 1)。即使到了雍正十一年(1733)臺灣營制大幅擴充,帳面人口的增加也只有 7~8 萬(編號 2)。此後營伍的編制基本上就固定了,直到嘉慶十五年(1810)為止不做更動。〔註 175〕所以不能小覷這些數字,帶給清廷在兵防考量上的意義。第二,直接的人口記錄,可以視為官方「認知上」的人口數。當然帳面上人口數的偏低,想必也使得清廷頗有警覺。從乾隆五年(1740)開始執行的人口編審,就是要矯正此缺失。另外本文再補充上康熙、雍正、道光、光緒朝,在地官員對人口數目的看法,表列出一個較為人所接受的清代臺灣實際人口總數。第三,鹽額估算的人口,可以視為官方「預計上」的人口數。蓋因為鹽額的估算值都高於直接人口記錄甚多,而在定額制度的運作下,每當定額食鹽人口數快被追平,清廷就重新增加新的定額。所以它呈現出的是官方對未來人口數的看法。第四,清代臺灣人口增加速度最快的階段,是嘉慶、道光二朝,不是刻板印象中的康熙、雍正、乾隆三朝。原因是前者在短短的三十四年(1790~1824),人口就激增了 144 萬(編號 9、11 / 250-106=144);後者經過一○六年(1684~1790),人口才增加 101 萬(編號 1、9 / 106-5=101)。第五,清廷根據帳面人口數所做的軍事部署,結果與實際人口數產生極大的落差,其實就是檢

再探討〉,《中國譜牒研究──全國譜牒開發與利用學術研討會論文集》(上海:上海古籍出版社,1999 年 10 月),頁 256~269。

〔註 174〕臺灣慣習研究會原著,《臺灣慣習記事(中譯本)‧第貳卷上》(南投:臺灣省文獻委員會,1986 年 6 月),頁 240。

〔註 175〕李汝和,《清代駐臺班兵考》(臺北:臺灣省文獻委員會,1971 年 5 月),頁 58~59。

驗武力治臺成功與否的最佳機會。不過這還要從各區的佈防,以及區域人口數來討論才行。

表三十九的內容是清代臺灣區域的人口數。從中可以發現到一點就是,比較接近現代的道咸同光時期,官方的資料不多;反而是康雍、乾嘉時期的分區人口,透過些許的史料,本文還有辦法估算。雖有如此缺點,但僅利用清初、清中葉的數據,還是可以做一些人口分佈上的討論。其中最重要的是從雍正朝以後,臺灣人口逐漸出現北移的現象。例如:臺灣縣與諸羅縣都曾出現過人口數減少的情況,但彰化縣以北的各廳縣卻逐年增加。不過人口逐漸北移,並不代表彰化縣以北的各廳縣人口總數,已經超過臺、鳳、嘉三縣。事實上在整個清代,臺、鳳、嘉(光緒以後另加恆春縣)的人口總合,仍佔全臺人口數一半以上。嘉慶十六年(1811)以前是如此(編號1~4),以後雖然沒有完整的數據證明,但從綠營汛塘分佈的比例來看也應該如此(參閱第二章第一節)。

人口是一切施政的重點,更是軍事部署的指標。透過上文對清代臺灣總人口與區域人口的描述,已經點出了一個基本問題。那就是面對數量眾多的被統治者,清廷要如何穩定社會秩序。看樣子除了軍隊之外,它還必須尋找可靠的合作對象才行。這些「夥伴」是如何被挑選?他們會給區域社會什麼樣的變化?都將在下一章被討論。

第二章　官番民的武力發展

第一節　官方——職業式武力的駐防

一、綠營

　　康熙二十二年（1683）清軍克定臺灣後，隔年正式駐軍；與內地其他地方相較，臺灣綠營的出現晚了 40 年（1644～1684），但意義卻是不凡。因為它實施異於他處的制度——班兵制。而在討論班兵制之前，必須先對綠營有一清楚的了解。何謂綠營？考其名稱是因為該營伍的旗纛通用綠色，並在邊際以紅繒飾之。〔註1〕該部隊士兵全由漢人組成，規制仿傚前明，與由滿州、蒙古、漢軍組成的八旗，在咸豐朝以前並稱為清廷二大武力。〔註2〕它有三個特色：其一，為終身制。綠營最先開始的時期——順治朝，兵源都是歸附的明軍，以後改為招募。士兵一旦入伍，就被納入兵籍，沒有退伍的自由；兵籍則由兵部掌握，裁撤和調動兵籍，都需由兵部批准。士兵年過五十歲，因年老力衰不能作戰，可以解除現役撤銷糧餉。其二，土著制。綠營士兵皆招募本地人，不得由外來或由無籍之人充任。如果戰時該營傷亡過大，不管它被調往何處作戰，也都要在原駐地招募新兵。其三，餘丁制。綠營士兵的等級是守兵、步兵、馬兵、額外外委，再往上陞就是正九品的外委把總，為最初級的官弁。步兵、馬兵的部分子弟，每月可以分得五錢餉銀，稱之為餘

〔註1〕況周頤著，郭長保點校，《眉廬叢話》（太原：山西古籍出版社，1995 年 9 月），
　　　　頁 322。
〔註2〕趙爾巽等著，《清史稿》（北京：中華書局，1998 年 1 月），頁 1029～1037。

丁。餘丁可說是營伍的跟役，擔任雜務和運輸的工作；若年滿十六歲，遇上該營有守兵出缺，可以應考補兵。由於餘丁的出現，日後補兵常形成「親族鄉承，視同世業」的局面。但從兵役制度來說，綠營仍屬於募兵制，並非世兵制。〔註3〕

班兵制是綠營下的產物。它能在臺灣被實施，通常被認為與靖海將軍施琅有關。不過當中的細節還需推敲。康熙二十二年十二月二十二日（1684.2.6）施琅上了他有名的〈恭陳臺灣棄留疏〉，當中的內容提到：

> ……且海氛既靖，內地溢設之官兵，盡可陸續汰減，以之分防臺灣、澎湖兩處。臺灣額設總兵一員、水師副將一員、陸師參將二員，兵八千名；澎湖設水師副將一員，兵二千名。通共計兵一萬名，足以固守，又無添兵增餉之費。其防守總兵、副、參、遊等官，定以三年或二年轉陞內地，無致久任，永為成例……。〔註4〕

事實上在這篇疏言中，他只有提到臺灣的駐兵，並沒有說明輪調的方法；至於轉陞只是總兵以下，游擊以上的將弁，不是指士兵。那麼班兵制是誰提議的呢？內閣學士李光地才是主導人。當時聖祖接到施琅的疏言後，曾召李光地策對。李氏明白指出施的萬人永成法不可行，惟有三年一更番歸省，一番三千人的輪調才是上策。〔註5〕不過班兵制在康熙二十三年（1684）即已定案了嗎？看來又未必。因為二十五年（1686）福建總督王國安曾奏請臺灣駐防兵丁，三年中陸續更換，而所得到的結果是「下部議行」。〔註6〕於是乎要問的是班兵制在何時實施呢？《國朝耆獻類徵・王國安》提到：「……見在兵丁到汛年月各不同，請將此內有願在臺者聽留外，餘按赴汛年月，三年調歸原營……如所議行。」〔註7〕

因此現在可以釐清，臺灣駐兵的建議是施琅提出，班兵制的建議是李光地提出，但決定付諸實行的時間應在康熙二十五年。班兵對清廷控制臺灣極

〔註3〕 中國軍事史編寫組，《中國軍事史（第三卷兵制）》（北京：解放軍出版社，1987年10月），頁466～469。

〔註4〕 施琅，《靖海紀事》，臺灣銀行文獻叢刊第一三種，1958年2月，頁61。

〔註5〕 李光地著，陳祖武點校，《榕村語錄／榕村續語錄（下）》（北京：中華書局，1995年6月），頁710。

〔註6〕 不著編人，《清實錄——聖祖仁皇帝實錄（五）》（北京：中華書局，1985年9月），頁358。

〔註7〕 李桓編，《國朝耆獻類徵（141）》（臺北：明文書局，1985年5月），頁571～590。

其重要，因爲在一個沒有八旗的地方，它是唯一的官方武力。〔註8〕班兵的出現，阻斷了臺灣人當兵的機會，但它並沒有破壞綠營以土著爲兵的規定，因爲所謂的土著是以省爲區別。臺灣被納入版圖後，成爲福建省的一個府，在防禦上也與福建連成一氣。所以班兵可以說是福建綠營向外延伸的武力，這些弁兵到了臺灣以後組成臺灣綠營。假若臺灣綠營的武力不足以彈壓地方，則福建綠營的援軍隨後趕到，這種臺閩官方武力的依存關係頗值得重視。對於清代臺灣綠營的研究，學者許雪姬爲其先驅。〔註9〕本文在其研究基礎上，提出四點再做深入地討論，包括：福建綠營臺灣班兵、將弁兵的角色、營汛塘的防守、巡閱與考覈。

在福建綠營臺灣班兵方面，最重要的是額兵數量的問題。從表四十來看，可以歸納二個重點：第一是臺閩綠營的總人數，第二是臺灣綠營人數從遞增到遞減的現象。對於前者，康熙二十三年（1684）刊刻的《福建通志》，記錄了攻臺時福建綠營人數爲 83,562（編號 1）。這可謂重兵雲集，因爲當時鄭氏集結在澎湖的主力，也才二萬餘人。〔註 10〕不過征臺成功以後，顯然不需要存留太多的兵額，於是開始裁軍。康雍時期初次裁減的人數不得而知，但從乾隆朝的額兵人數來看，臺閩總兵力應維持在六萬餘人左右（編號 8、9、14）。該數目一直維持到道光、咸豐朝都不變（編號 21、24、25）。其中可以發現一個有趣的事實，即福建增兵，臺灣減兵，反之亦然。例如：乾隆十九年（1754）福建綠營人數爲 51,124，臺灣額兵爲 9,170；但到了乾隆五十三年（1788）福建綠營降爲 50,943，臺灣額兵增爲 10,099；道光十三年（1833）福建綠營再降爲 47,456，臺灣額兵增爲 12,063；咸豐三年（1853）福建綠營更減爲 47,300，臺灣額兵增爲 12,816（編號 8、14、21、24、25）。因此可以很肯定的說，在清廷設計之下，臺閩六萬餘兵力，就是官方控制當地的主力。它可以透過調兵遣將靈活運用，假如兵力不足時，再由他省支援。不過同治八年（1869）由閩浙總督左宗棠主導的「裁兵加餉」，大幅度刪減臺閩的兵額；此時福建綠營減爲 16,298，臺灣額兵減爲 6,938（編號 26、27）。光緒八年（1882）福建綠營人數回增至 19,500 人，但臺灣額兵再降至 4,323（編號

28、29）。臺灣綠營額兵一再縮減，可以被解釋爲綠營戰力衰退不得不的措施。〔註11〕

對於後者，8,000 名的班兵是康熙初年臺灣駐防主力。雖然康熙末年人數小跌至 7,580 人，但雍正十三年（1735）駐臺班兵人數首次超過一萬人（編號1、4、5）。多增了二千人乍看沒有什麼，但它佔一萬餘名額兵比例中的 20%，實際上是相當多。這種增加在乾隆五十四年（1788）至嘉慶十六年（1811）也可以看到。當時班兵人數是從 10,099 增至 12,142，佔一萬二千餘名比例中的16%（編號 14、19）。如此的增長，正好呼應第一章所提到的臺灣人口成長情況（參閱表三十八）。康、雍朝臺灣人口從帳面數字看，最多也不過十三萬左右，但雍、乾朝直接的人口記錄，已從四十四萬增至六十六萬。這使得清廷除了增加駐軍之外別無他法。同樣的情況又發生在乾、嘉朝，清代臺灣人口突破一百萬就在這個時期。清廷爲了維持社會的穩定，只能再增加駐軍因應。但道光朝臺灣人口突破二百萬之後，清廷因考慮到福建綠營也要維持閩省的治安，所以再增兵幅度不大，最多僅有六百餘人（編號 20～22）。同治八年（1869）的「裁兵加餉」，使得班兵數目銳減至 6,938。光緒八年（1882）又再減至四千餘人，然這四千餘人可不是普通的士兵。光緒元年十二月二十日（1876.1.16）德宗下達諭旨，准臺地兵丁換班可就地招募。〔註12〕此舉使得綠營以土著爲兵的特性，終於在臺灣得以實現，「班兵」成爲歷史名詞。爾後臺灣建省，福建「臺灣綠營」成爲臺灣「臺灣綠營」，更有名副其實的意義。不過從割臺前夕的記錄來看，額兵數目已縮減至歷史性的新低——二千餘人。光緒朝綠營人數大幅削減，代表它逐漸從官方倚靠的武力中除名（編號26～32）。

除了額兵數量之外，另一個重點就是他們的分佈。表四十一是清代臺灣綠營分佈人數。康熙二十八年（1689）臺灣縣湧入六千名軍隊駐防，比起鳳山、諸羅縣各駐守一千，可謂全臺第一重鎮。不過之後的佈防有一些更動，雍正十三年（1735）臺灣縣駐軍降爲 4,270 名，鳳山、諸羅縣分別增兵至2,425、1,485 名。比較特別的是同時期新增彰化縣、淡水廳，二地新駐1,290名（含日後的臺灣縣）、1,200 名（苗、竹、淡縣總合）。乾隆二十一年（1756）

〔註11〕《清代臺灣的綠營》，頁 89～93。

〔註12〕洪安全主編，《清宮諭旨檔臺灣史料（六）》（臺北：故宮博物院，1997 年 10月），頁 4858。

各廳縣額兵人數不變，但到了嘉慶十六年（1811）又有一番更動。臺灣縣駐軍 4,446 名，仍保持第一；鳳山、嘉義縣（乾隆五十二年諸羅更名嘉義縣）分別再增兵至 2,630、1,825 名。彰化縣、淡水廳也分別增至 1,422、1,369 名。然此時版圖又新設噶瑪蘭廳（日後更名宜蘭縣），因此在該廳新駐額兵 450 名。道、咸、同時期是臺灣綠營額兵人數的高峰，不過受了人口北移的影響，臺、鳳、諸三縣反而減兵，多餘的兵力分別調往彰化縣、淡水廳、噶瑪蘭廳。同治十一（1872）裁兵加餉的措施剛過，綠營人數被大幅刪減；但臺灣縣做為首縣的地位，駐軍的人數仍保持第一。光緒十五年（1889）各縣綠營人數都降至最低，但臺灣縣保有 692 名仍為全臺之冠；值得注意的是光緒元年（1875）新設的恆春縣、埔里廳，也有綠營駐防。審視臺灣綠營駐防史，或許有人已經查覺出，臺灣縣為什麼長期保有絕對多數的兵力呢？這可從海防與陸防談起。原來在乾隆四十九年（1784）以前，臺灣僅有鹿耳門與福建廈門對渡，澎湖是海道的中繼點。基於戰略考量，扼有澎湖——鹿耳門防禦是海防一大重點。鹿耳門在臺灣縣境（雍正九年／1731 年以前屬鳳山縣），所以該縣自然有重兵駐守。即便是乾隆四十九年以後，臺灣陸續有鹿港、八里坌、烏石港、五條港被開放為正口加入對渡，然不要忘了直到光緒元年（1785）以前，該縣都一直是臺灣府的首縣。雖然同年有臺北府的成立，但臺灣府長達 191 年（1684～1875）首邑的地位早已確立，而綠營的佈署更是要以他為重心進行陸防。〔註 13〕前述綠營佈防的經過，可以搭配區域人口來討論；尤其對於械鬥與部分民變的探討，它將在第四章中被呈現。

　　福建綠營臺灣班兵的戰力如何？對此有兩極化的評論。雍正二年（1724）巡臺漢御史白瀛認為：「臺地兵驕將惰，積習已久；上下相關，以姑息為安靜」。〔註14〕班兵素質低劣是在臺灣招募造成的結果嗎？當然不是，因為他們全都是從福建調來的。福建綠營兵丁良莠不齊，常為官員所詬病。例如：道光二十一年（1841）福建汀漳龍道張集馨指出，省民欲入營伍必先賄屬，金額視家道貧富而定，分肥對象從把總以上至提、鎮以下。〔註 15〕看來餘丁制度到了清中葉也變質了。乾隆五十二年三月四日（1787.4.21）一位法國的旅人 La Pérouse 行抵臺灣。據他觀察由於清廷著眼該島的利益，所以在當地有堅

〔註13〕　許毓良，《清代臺灣的海防》（北京：社會科學文獻出版社，2003 年 7 月）。

〔註14〕　李桓編，《國朝耆獻類徵（145）》（臺北：明文書局，1985 年 5 月），頁 5～14。

〔註15〕　張集馨，《道咸宦海見聞錄》（北京：中華書局，1999 年 5 月三刷），頁 279。

強的駐軍（strong garrison）。〔註 16〕堅強與否到底是表象還是實質，可謂人言人殊。不過臺灣綠營防務的分配不能不注意。大抵全臺汛地在百餘個以上，最多時候有一百四十餘個之譜；然駐守該地的汛兵，專職彈壓不能隨意調動。〔註 17〕如遇亂事，則由駐防在府城「劃界而守、策應援剿」的鎮標出動平亂。〔註 18〕道光二年（1822）臺灣道葉世倬建議招募土著為兵，但臺灣知縣兼攝南路海防理番同知的姚瑩堅決反對。姚的理由是懼怕臺灣人入伍，若有謀叛恐怕不像一般民變般可輕易敉平。姚的意見受到臺灣鎮總兵觀喜、閩浙總督趙慎畛的支持，但也讓臺灣綠營錯失執行土著制的良機。〔註 19〕

　　班兵制度在道光朝以前都被奉行著，不過太平天國舉事之後發生了變化。從官員上奏的資料來看，直到咸豐三年（1853）為止，班兵都還在換班。〔註 20〕然同年奏准，兵丁換班由三年改成五年；每年調換一起，至第五年停換一年。咸豐九年（1859）又規定每起限七月初一日出營，新舊糧餉統於十月出一日支給。〔註 21〕事實上咸豐三年以後，班兵到底有無換班，現在看來頗有疑問。根據同治五年（1866）閩浙總督左宗棠的奏報：「咸豐初年，因內地兵事孔亟，班戍之制不行；見今存者不及三分之一，名冊有兵，行伍無兵……今欲復兵制，則宜遵班兵舊章，三年更戍。」〔註 22〕作者推測咸豐八年（1858）是左氏上奏前最後一次換班，所以才有隔年更定兵餉之舉；之後暫停換班，直到同治六年（1867）臺灣道吳大廷遵奉上諭，依左宗棠之議次第籌辦。〔註 23〕同治六年的換班或許是史上最後一次。因為光緒十九年

〔註 16〕 La Pérouse, Jean-Francois de Galaup, comte de, The Voyage of La Pérouse round the world in the years 1785, 1786, 1787 and 1788 with nautical tables. Translated from the French Illustrated with fifty-one plates in two volumes. London: Printed for John Stockdate, Piccadilly, 1798.

〔註 17〕 洪安全主編，《清宮洋務始末臺灣史料（一）》（臺北：故宮博物院，1999 年 10 月），頁 79。

〔註 18〕 洪安全主編，《清宮宮中檔奏摺臺灣史料（一）》（臺北：故宮博物院，2001 年 11 月），頁 252。

〔註 19〕 陸以湉，《冷廬雜識》（北京：中華書局，1997 年 12 月二刷），頁 127～128。

〔註 20〕 中國第一歷史檔案館編，《清政府鎮壓太平天國檔案史料（第九冊）》（北京：社會科學文獻出版社，1993 年 11 月），頁 409。

〔註 21〕 載齡等纂，《欽定戶部則例·福建糧餉事例》，同治十三年刻本，北京國家圖書館分館藏。

〔註 22〕 左宗棠，《左文襄公奏牘》，臺灣銀行文獻叢刊第八八種，1960 年 10 月，頁 11。

〔註 23〕 不著編人，《清實錄——穆宗純毅帝實錄（四九）》（北京：中華書局，1987

（1893）編纂的《澎湖廳志・武備》有這樣的記載：「自同治初，戍兵歷二十餘年始換班一次。今則班程已滿，久不遣換。」〔註24〕

在將弁兵的角色方面，本文主要是討論綠營組成份子——將領、官弁、兵丁，三者如何協調成為一支軍隊。或許此問題提出來會讓人覺得奇怪，因為綠營本來就是一支軍隊，為何還要討論它的本質？但要了解的是在班兵制度下，臺灣綠營的弁兵都是由福建綠營散丁抽調，帶兵的將領亦按規章題補陞遷。他們在臺灣看似一個整體，其實倒像一群「雜牌軍」。而是什麼樣的機制能讓他們統合，並且執行朝廷交付的命令才是重點。

在將的角色上，何謂將領？按綠營的制度，總兵（正二品）所屬稱「標」，副將（從二品）所屬稱「協」，參將（正三品）、游擊（從三品）、都司（正四品）、守備（正五品）所屬稱「營」。〔註25〕營是領兵專守的最基本單位，所以守備以上即可稱為將領。這些將領中，臺灣鎮總兵官品秩最高、臺灣水師協副將品秩次高（澎湖協不討論、北路協成立較晚且同屬陸路）是臺灣綠營最重要的二個將領。朝廷對他們有什麼期許呢？從敕諭中可以知其全貌，以下是乾隆五十三年（1788）高宗給臺鎮普吉保的敕諭：

> 特命爾鎮守福建臺灣等處地方，駐箚臺灣府城，管轄本標中左右三營，統轄北路副將、臺灣水師副將、澎湖水師副將、臺灣城守營參將、南路營參將、南路下淡水營都司、北淡水營都司各營大小將領，俱照題定經制事例。爾須操練兵馬，振揚威武，申明紀律，撫卹士卒，嚴明斥堠，防遏奸宄，修濬城池，繕治器械，相度地勢險易，控制要害處所，責成該汛弁兵力圖保障。各營額兵，務選補精強，毋容積猾老弱糜餉。一應本折糧餉，聽該管衙門給發。所部官丁，必須嚴加鈐束，秋毫無犯，使兵民相安；不得借打草放馬為名，騷擾農業。如遇寇警，即統兵戮力勤捕，不得觀望，致誤軍機。倘賊勢重大，飛報總督、巡撫、提督發兵合勦，務盡根株，毋使滋擾。如有賊眾投誠，察其實心向化，即與安插。如招撫事體重大，即申報總督、巡撫、提督，奏請定奪。**爾仍聽閩浙總督、福建水師提督節制。所屬副將以下，聽爾節制。**千把總以下，如有臨陣退縮、殺

年1月），頁520。

〔註24〕 林豪，《澎湖廳志》，臺灣銀行文獻叢刊第一六四種，1963年6月，頁144。

〔註25〕 郭松義等，《清朝典章制度》（長春：吉林文史出版社，2001年3月），頁394。

良冒功、乘機搶掠、侵餉肥己者，會同總督、巡撫、提督，以軍法從事。敕中開載未盡事宜，皆申報總督、巡撫、提督參酌施行。**一應錢糧、詞訟、民事，俱係有司職掌，不得干預。**文官遲誤糧餉及隱匿賊情不報者，爾移會巡撫指參，從重治罪。爾受茲委任，須持廉秉公，殫力奮勇，殲寇固圉，斯稱厥職。如或貪黷乖張，因循怠忽，縱寇殃民，貽誤封疆，過憲具存，爾其慎之！故諭。〔註26〕

普吉保在未任臺灣鎮之前是福建汀州鎮總兵官，他在乾隆五十二、三年（1787～88）林爽文事件中以平亂有功被陞調該職。在敕諭中有幾個重點，其一把臺灣鎮轄下各營標示明白。其二，臺灣鎮的直屬長官是閩督及水師提督，所以該鎮是佔水師職缺。其三，臺灣鎮在平時、戰時的權責劃分清楚，尤忌插手文官的事務。至於給臺灣水師協副將的敕諭，內容與給總兵相比可說完全一樣；其異者在於對投誠敵營的處置，由於官階比總兵低，所以還談不上勦撫與否。〔註27〕臺灣鎮總兵官與福建福寧鎮、南澳鎮、海壇鎮、金門鎮、建寧鎮、汀州鎮、漳州鎮七個總兵官相比，職權最大。會有此情況出現，除了最盛時下轄十六個營之外，雍正十一年（1733）准臺灣鎮總兵官，仿山、陝邊鎮之例掛印是一關鍵。〔註28〕道光朝臺灣總兵已兼提督銜，並握有敕書、王命旗牌，可在辦理夷務時准予先斬後奏。〔註29〕此等權力要到光緒元年（1875），欽差大臣沈葆楨奏准撤其掛印，並歸閩撫節制後才取消。〔註30〕至於參將以下將領的陞遷，《大清中樞備覽》、《爵秩全覽》福建省題缺有這樣的記錄：

臺灣鎮標中軍游擊→調中軍守備→調左營游擊→調中軍守備→調右營游擊→調中軍守備→調臺灣城守營參將→調左軍守備→調右營守備→

〔註26〕臺灣銀行經濟研究室編，《臺案彙錄庚集》，臺灣銀行文獻叢刊第二○○種，1964 年 8 月，頁 142。

〔註27〕臺灣銀行經濟研究室編，《臺案彙錄乙集》，臺灣銀行文獻叢刊第一七三種，1963 年 6 月，頁 262。

〔註28〕《清代臺灣的綠營》，頁 156～159。

〔註29〕奕賡，《寄楮備談》；收錄許仁圖編，《清史資料彙編補編（上冊）》（臺北：河洛圖書出版社，1974 年），頁 531。

〔註30〕再根據光緒七年（1881）閩浙總督何璟的奏摺，聲稱之前又奏准臺鎮掛印。按何璟是在光緒三年（1877）任閩督，於是推測臺鎮取消掛印時間不長，不過臺灣建省掛印之權即取消。參閱沈葆楨，《福建臺灣奏摺》，臺灣銀行文獻叢刊第二九種，1959 年 2 月，頁 63；諸家，《臺灣關係文獻集零》，臺灣銀行文獻叢刊第三○九種，1972 年 12 月，頁 111。

調**臺灣北路營副將**→調中軍都司→調左營守備→調右軍守備→調南路營參將→調中軍守備→調臺灣淡水營都司→調臺灣南路下淡水營都司→調臺灣水師營副將→調中軍游擊→調中軍守備→調左營遊擊→調中軍守備→調右營遊擊→調中軍守備→調澎湖水師副將→調中軍游擊→調中軍守備→調右營游擊→調中軍守備。〔註31〕

上文的題缺陞遷有二個問題，一為官職名稱，另一為陞遷品秩。前者有謂（臺灣城守營）右營守備、臺灣北路營副將；正確名稱應是右軍守備、臺灣北路協副將。後者看得出陞遷時，品秩時高時低，按例應不會發生此情況。不過從乾隆以至光緒朝刊刻的《備覽》，都呈現出同樣的內容，或許可以代表當時人對臺灣武職官任用的看法。〔註32〕再者從迴避制度來看，武職與文職也大異其趣。文職任何官員皆回避本省，武職則於乾隆十二年（1747）議定：副將、參將無論水師、陸路，均迴避本省；游擊、都司、守備准於五百里外及隔府別營題補，千總以下不必迴避。〔註33〕清廷考慮到長於水性的人才以福建居多，所以臺灣綠營將領自總兵以下，均不必迴避本籍，而閩籍臺灣鎮總兵官竟佔歷年總數33%。〔註34〕

在弁的角色上，何謂官弁？指的就是千總（正六品）、把總（正七品）、外委千總（正八品）、外委把總（正九品）、額外外委（從九品）。他們雖然品秩不高，但都是各汛塘的帶兵官；而且由於常跟士兵們相處，可說都是最基層的幹部。由於施行迴避的關係，遂有一個現象跟著出現，那就是各官員所使用的語言能否適應地方。「官話」不是當時全國統一的語言，卻是任官的一種標準語；它分成三個系統，即北方官話（通行華北與西南）、中央官話（通行兩江與浙皖）、西方官話（通行鄂湘川閩）。清代臺灣流行的是福建官話，屬於西方官話系統。〔註35〕上述提到臺灣綠營將弁多出自福建，免受迴避之

〔註31〕 寶名堂，《大清中樞備覽》，乾隆五十年刻本，北京大學圖書館藏；榮華堂，《大清中樞備覽》，光緒八年刻本，自藏；榮祿堂，《爵秩全覽》，光緒三十四年刻本，自藏。

〔註32〕 爵秩全覽記文官，中樞為兵部別稱記武官。參閱張英宇，〈清代搢紳錄略考〉，《文獻》，第19期，1984年3月，頁116～124。

〔註33〕 梁章鉅著，陳鐵民點校，《浪跡叢談／續談／三談》（北京：中華書局，1997年12月二刷），頁60。

〔註34〕 《清代臺灣的綠營》，頁211。

〔註35〕 山根勇藏，《臺灣民俗風物雜記》（臺北：武陵出版有限公司，1989年5月），頁149～151。

勞，因此在跟士兵的溝通上應比他省還容易。然而就算是這樣，兵丁學習官話仍是刻不容緩的事。雍正十三年（1735）上諭閩督郝玉麟，要求他督促各營兵丁努力學習官話。只有技藝與官話流利者才准予拔補千把、額外。〔註36〕因此可以確定，這些官弁其實才是營伍的中堅，因為他們既通曉土音也學會官話，發揮軍令承上啟下的作用，更彌補因方言隔閡造成指揮的困擾。

即便官弁品秩較低，但要充任該職也並非簡單的事。定制兵丁不得拔補本營千、把，只能於就近或同城各標調補；此作法可避免弁兵結黨，但又不會有憂慮家室遠征之苦。〔註37〕然臺灣情況特殊，由於實施班兵制，所以在臺被拔補的陸路外委，歸建回到本營反無屬於該營的職缺。於是他們都要降回兵丁，成為與體制不符的怪現象。乾隆十年（1745）在巡臺滿御史六十七的奏准，這些拔補的陸路外委可照水師例，換班時與內地外委對調。〔註38〕如此打通臺灣綠營弁兵的陞遷管道，對士氣的提升應有幫助。爾後在千、把的拔擢上更有一連串良法實施。乾隆二十四年（1759）議定在臺灣俸滿三年的千總，引見後發回題補候陞者，均調回內地佔缺。二十八年（1763）題准臺、澎俸滿把總以千總候補者，令該總督於甄別年滿千總時，一體甄別；如有衰弱怠惰者，即行休退。五十六年（1791）議准臺、澎千總照內地之例，六年俸滿分別保送，毋庸計算邊俸。〔註39〕嘉慶九年（1804）臺灣鎮總兵官愛新泰特為臺灣招募的弁兵請命，不但使該地出任二名外委、五名把總的義民首，可不必照例輪班調回〔註40〕；仁宗還優待這一千一百餘名的臺灣兵，開列三名千總、五名把總、十名外委供其拔補。〔註41〕道光四年（1824）宣宗更加恩閩籍的官弁，諭令他們三年期滿，不必再調回內地，只要留在臺灣等候陞用即可。〔註42〕

〔註36〕內閣漢文題本，膠片號52，中國第一歷史檔案館藏。

〔註37〕蕭奭著，朱南銑點校，《永憲錄》（北京：中華書局，1997年12月二刷），頁374。

〔註38〕不著編人，《清實錄──高宗純皇帝實錄（一二）》（北京：中華書局，1985年11月），頁25。

〔註39〕臺灣銀行經濟研究室編，《清會典臺灣事例》，臺灣銀行文獻叢刊第二二六種，1965年5月，頁121。

〔註40〕《臺案彙錄丁集》，頁119～121。

〔註41〕洪安全主編，《清宮諭旨檔臺灣史料（三）》（臺北：故宮博物院，1996年10月），頁1765～1767。

〔註42〕陳壽祺，《福建通志臺灣府》，臺灣銀行文獻叢刊第八四種，1960年8月，頁32。

在兵的角色上，前文已提及兵可分守兵、戰兵、馬兵，但臺灣民間卻不這麼稱呼。較爲文雅則稱「管甫」，輕蔑則稱「番子」，客套則稱「總爺」。〔註43〕對於綠營兵裝扮的描述，中文史料記載不多，反而要透過西洋人的觀察得知。乾隆五十七年（1793）英使馬嘎爾尼（Macartney）使節團乘員之一——獅子號旗艦大副 Aeneas Anderson 描述：「士兵們的制服包括黑色的中國綿布大披肩，腰部圍繞一條束腰，下身穿寬大的黑棉布褲；褲管塞入一雙夾層絮有棉花縫攏的襪子，綁腿後穿上鞋底約一英吋厚的大鞋。士兵們的配劍，劍鋒向前，劍柄朝後；左手持弓，後背一只箭袋，通常裝有 12 隻箭，無持弓者持火繩槍」。〔註44〕這樣的裝扮相當滑稽，武器性能好壞不說，過於寬鬆的衣褲不利用近身戰鬥。事實上在十八世紀，歐美國家對於軍事改革早有一番作爲，反觀中國還是處於有如西方中世紀軍隊的水準。〔註45〕也是使節團乘員之一的祕書 Sir George Staunton 認爲全中國的軍隊以首都最爲精銳，他省次之。〔註46〕這樣的形容，對於同屬他省軍隊中的臺灣綠營頗爲尷尬；然班兵戰力下降，可是不爭的事實。

班兵戰力下降有幾個原因：其一，福建水師將領不需迴避，所以在領導統御上難免會因鄉誼而誤事。乾隆二十二年（1757）高宗深知水師人才難得，亦無下令迴避，只是勸諭各武職嚴加督考。〔註47〕其二，福建各營散丁出調，弁兵間彼此不認識，也很難稽查。乾隆五十四年（1789）高宗諭令矯正缺失，此後換班以一營爲單位，由各總兵出挑所屬弁兵，然候整齊劃一前往臺灣某營換撥。〔註48〕其三，嘉慶十年（1805）臺灣綠營素質大幅降低。同年閩浙

〔註43〕連橫，《臺灣語典》，臺灣銀行文獻叢刊第一六一種，1963 年 3 月，頁 68～69；臺灣銀行經濟研究室編，《臺案彙錄己集》，臺灣銀行文獻叢刊第一九一種，1964 年 1 月，頁 3；佚名，《嘉義管內采訪冊》，臺灣銀行文獻叢刊第五八種，1959 年 9 月，頁 28。

〔註44〕愛尼斯・安德遜（Aeneas Anderson），費振東譯，《英國人眼中的大清王朝》（北京：群言出版社，2002 年 1 月），頁 58～59。

〔註45〕參閱張世明，《18 世紀的中國與世界（軍事卷）》（瀋陽：遼海出版社，1999 年 6 月）。

〔註46〕斯當東（Sir George Staunton），葉篤義譯，《英使謁見乾隆紀實（An Authentic Account Of An Embassay From The King Of Great Britain To The Emperor Of China）》（上海：上海書店出版社，1997 年 6 月），頁 58～59。

〔註47〕中國第一歷史檔案館編，《乾隆朝上諭檔（第四冊）》（北京：檔案出版社，1991 年 6 月），頁 49。

〔註48〕《清實錄——高宗純皇帝實錄》，頁 975～976。

總督玉德奏准在臺灣招募水師兵二、三百人，以對抗海盜蔡牽的入侵；但招募的對象竟是「遊手無籍」之徒，原因是讓他們隸名營伍，不致流爲匪類有助地方治安。〔註49〕其四，福建各營戰力彼此迥異，臺灣是各府移民之所，調兵戍守常顧忌結黨爲亂。道光六年（1826）北路海防理番同知陳盛韶描述：福建各營以漳、泉之兵最驃悍，延平、建寧、邵武、汀州、興化、福寧、福州較懦弱。清廷爲防止佔多數的漳、泉移民與漳、泉之兵互結，開始徵調所謂的上七府兵戍臺。但此舉更降低臺灣綠營的基本戰力。〔註50〕其五，咸豐三年以後臺灣班兵輪調斷斷續續，早已滿班的戍兵在臺灣登舟無期閒游生事，加上劃餉不易兼顧，臺灣綠營疲態至此湧現。〔註51〕

事實上一支軍隊能否統合，上下同心協力最爲重要。要達此目的除主觀的榮譽心、向心力外，客觀環境施以法律刑典，維持必要的紀律更不可缺。對此《兵部處分則例》可謂集大成者。該書是行政法的規定，內容包括巡閱、考校、訓練、採辦、違禁、查驗等等。其中最爲有趣的是出現不少臺灣專例，譬如：閩省臺灣兵餉、臺灣兵民不法文武徇縱、臺灣兵丁滋事、臺灣兵丁換班頂替、臺灣文武官員互相稽察、臺灣官員失察兵役包庇娼賭、臺灣地方嚴禁開設押典、臺灣換班兵丁脫逃。〔註52〕看來臺灣綠營的素習別有名聲，因此需要在通行全國的法律之外，還要另訂更嚴格的條例制約。然而法條嚴密必不代表執法落實，對於臺灣綠營來說更是如此。因爲有三年一輪的換班，所以在責任的釐定上，常有追蹤與考核不易的困難。例如與治安息息相關的捕盜、緝匪，就常有爭功諉過的弊病存在。

至於在待遇上，將弁各有養廉銀以充俸給。兵丁雖然沒有養廉銀，但班兵出洋戍守，清廷在給餉上有不少優待。順治四年（1647）清廷始定兵餉的標準，馬戰兵月給二兩，步戰兵月給一兩五錢，守兵月給一兩。〔註53〕雍正二年（1724）世宗體恤班兵辛勞，動用臺灣貯米，每兵以戶爲單位給米一斗。雍正六年（1728）福寧鎮總兵官嚴光昕奏請，因班兵戍臺自給與養家活口費

〔註49〕臺灣銀行經濟研究室編，《臺案彙錄辛集》，臺灣銀行文獻叢刊第二○五種，1964 年 12 月，頁 61。

〔註50〕陳盛韶，《問俗錄》（南投：臺灣省文獻委員會，1997 年 11 月），頁 84～85。

〔註51〕徐宗幹，《斯未信齋文編》，臺灣銀行文獻叢刊第八七種，1960 年 8 月，頁 103～104。

〔註52〕慶源等纂，《欽定兵部處分則例》，道光年間刻本，北京國家圖書館分館藏。

〔註53〕《清代臺灣的綠營》，頁 337。

用仍屬不夠，可否增加待遇以勵士氣。〔註 54〕隔年世宗再加恩臺灣綠營每年
賞銀四萬兩，由閩浙總督均勻分配給各兵丁，充做父母妻孥養贍之資。〔註 55〕
福建綠營每年歲需兵餉 135 萬，排名僅次陝西、甘肅，位居全國第三。〔註 56〕
臺灣綠營每年兵餉共 25 萬兩，佔閩省比例中的 18%；臺灣府舊管銀 115 萬
兩，兵餉又佔其比例中的 21%。〔註 57〕不過府庫存銀不能隨便動用，班兵們
想要領餉還需到福建布政司藩庫領運。康熙二十五年（1686）福建總督王國
安以臺海風信難測，奏准每年四月撥發夏、秋二季餉銀，十月撥發冬、春二
季餉銀。〔註 58〕雍正四年（1726）閩浙總督高其倬又改，二月撥發夏、秋二
季餉銀，八月撥發冬、春二季餉銀。〔註 59〕乾隆十八年（1753）閩浙總督喀
爾吉善復奏准，自隔年開始，臺屬文武官員於年前冬底派委領餉，同時務必
於次年正月到省。布政使開印後將臺、澎全年俸餉扣算清楚，於二月中領運至
廈，並調撥哨船運往澎湖通判或臺灣府庫封貯。每月文武會同開庫，再按數
支散。〔註 60〕《戶部則例》更有清楚規定：臺灣兵餉令臺灣鎮官於每年十一
月內，覈明次年應抵、應領銀數造冊，遴委妥員勒限十二月內到省。藩司立
時確覈於開印後，發文差員限二月初旬運至廈門，其接餉船隻亦限正月底、二
月初到廈，三月到臺。如有延後，查明何員遲延，照例嚴行叅處。〔註 61〕

　　乾隆五十三年（1788）高宗再提高班兵待遇，准照新疆班兵之例，給予
行糧坐糧，每月除舊給外再加銀四錢。估計年增銀 66,000 兩（連舊額共
316,000 兩），全由叛產、鹽課盈餘支付。〔註 62〕同治八年（1869）臺、閩執

〔註 54〕 國學文獻館主編，《臺灣研究資料彙編（第一輯・第七冊）》（臺北：聯經出版
　　　　社，1993 年 9 月），頁 2535～2544。

〔註 55〕 余文儀，《續修臺灣府志》，臺灣銀行文獻叢刊第一二一種，1962 年 4 月，頁
　　　　376～378。

〔註 56〕 劉獻廷著，汪北平、夏志和點校，《廣陽雜記》（北京：中華書局，1997 年 12
　　　　月二刷），頁 75～76。

〔註 57〕 不著編人，《雍正三年交待前任一切正雜錢糧四柱文冊御覽》，內閣大庫現存
　　　　清代漢文黃冊編號：714，中國第一歷史檔案館藏。

〔註 58〕 《國朝耆獻類徵（141）》，頁 571～590。

〔註 59〕 中國第一歷史檔案館，《雍正朝漢文硃批奏摺匯編（第八冊）》（上海：江蘇古
　　　　籍出版社，1991 年 3 月），頁 673～674。

〔註 60〕 不著編人，《臺案彙錄丁集》，臺灣銀行文獻叢刊第一七八種，1963 年 9 月，
　　　　頁 222～226。

〔註 61〕 載齡等纂，《欽定戶部則例・福建糧餉事例》，同治十三年刻本，北京國家圖
　　　　書館分館藏。

〔註 62〕 佚名，《福建政事錄》，清（道光九年）藍絲欄鈔本，北京國家圖書館分館藏。

行裁兵加餉，福建兵餉支出降至 98 萬兩〔註63〕；臺灣約降至 24～26 萬左右，其中馬兵調薪爲二兩七錢，戰兵爲二兩五錢，守兵爲一兩四錢。〔註64〕羅爾綱認爲綠營兵丁即便餉薄，但仍可以兼營「副業」（如：典當、放利、裁縫等），因此在生計上不致窘迫致鋌而走險。〔註65〕清廷治臺二百一十二年，全然沒有引發綠營的兵變原因何在？除了執行班兵制不允許多數的臺灣人當兵之外，最重要的是少有拖欠兵餉情事。若按上述，該營不但沒有餉薄的問題，且待遇還相當優厚。所以臺灣綠營雖然看似「雜牌軍」，但在出路（將弁曰陞遷，兵丁曰拔補）、語言、軍法、待遇等機制的統合下，終能成爲一支聽候調遣的軍隊。

在營汛塘的防守方面，汛塘就是各弁兵分散駐防的據點。其分別在於有官弁駐紮者曰汛，僅士兵防守者曰塘，城內安兵戍守者曰堆。〔註66〕不過從表四十三至四十八的內容來看，有時也不一定如此。至於營、汛、塘的管轄權爲何？簡單地說是「營」管轄「大汛」，然後再由「大汛」管轄「小汛」；抑或是「營」直接管轄大、小汛，但大、小汛之間並無從屬的關係。從史料整理的結果判斷，清初綠營汛塘分佈及管理的狀況，以前者的模式進行居多。對於這個問題，日本學者太田初在研究江南的綠營汛塘時，也有相同的結論。〔註67〕按照他的看法，只要在汛名前面冠上分防的字樣，即表示是大汛的意思，其官弁有權力指揮下面的小汛。康雍朝臺灣綠營汛塘的管轄，雖然確定是直線式的指揮，但汛名之前有無冠上分防的字樣，才能管轄小汛的標準，倒不似內地嚴格。例如：也有冠上「輪防」的字樣，實際上也循同樣的模式運作，如：目加溜灣汛、佳里興汛（表四十三編號 81、90）。反觀汛名之前雖有冠上「分防」的字樣，卻不轄小汛的特例，如：桶盤淺汛、大線頭汛、蚊港汛、猴樹港汛、笨港汛、鹿仔港汛、三林港汛（表四十三編號 20、52、53、54、55）。這七個大汛有一個共同點，即全隸屬於水師汛塘。此點並非巧合，可以解釋爲水師只負責海口的防衛，不像陸路汛塘還須考慮防線延

〔註63〕 《欽定戶部則例・兵餉額數》。

〔註64〕 洪安全主編，《清宮月摺檔臺灣史料（三）》（臺北：故宮博物院，1994 年 10 月），頁 2344、2627；《清代臺灣的綠營》，頁 337。

〔註65〕 熊志勇，《從邊緣走向中心——晚清社會變遷中的軍人集團》（天津：天津人民出版社，1998 年 6 月），頁 115。

〔註66〕 李元春，《臺灣志略》，臺灣銀行文獻叢刊第一八種，1958 年 10 月，頁 62。

〔註67〕 太田出，〈清代綠營的管轄區域與區域社會——以江南三角洲爲中心〉，《清史研究》，總第 26 期，1997 年 6 月，頁 36～44。

伸至何處等問題。

　　乾嘉朝是否冠上「分防」的字樣，才能成為大汛管轄小汛的標準，已變得兩極。陸路汛塘幾乎都無此名稱，僅有城守營右軍所轄佳里興、（目）加溜灣二汛，以及北路協的幾個汛塘仍循舊制（表四十五編號 28、29、95～97、104、105、111～113）。但是大部分的水師汛塘還有此名稱，因此很難判斷大部分的小汛，是否已經擺脫大汛的控制，直接由營來統轄。然而從日後發展來看，似乎有這個趨勢。因為道咸同光時期，汛塘前皆無冠上「分防」的名稱。此時汛塘的指揮可能交由將領直轄。

　　另外汛塘數量的增減與分佈也值得注意。前者從康雍朝開始，即在臺灣分駐有 105 個汛塘之多，乾嘉朝增加至 143 個，道咸同朝創下新高有 193 個，光緒朝建省前降至 97 個，建省後又增至 156 個（參閱表四十三～四十八）。不過這當中有一個盲點，光緒朝的陡降與陡升，看似恢復了清中葉以前汛塘數目的水平；但仔細檢視它的駐軍，會發現都是一汛寡兵的狀態。原來經過裁兵加餉以後，額兵的數量不若以往，尤其在建省後只能採「重點」駐防為主。何謂重點駐防？其一，駐地屬於府治、縣邑者，例如：臺北府、新竹縣城、嘉義縣城、鳳山縣城（表四十八編號 33、73、97、123、131）。其二，海邊與近山的各要口者，例如：鹿港、山豬毛（表四十八編號 33、73）。光緒朝以前，臺灣綠營數量與分佈的更張，全靠幾次民變處理所做的決議；但在平時則很少有檔案存留，無法一窺他們的運作情況。〔註 68〕幸好《則例》對此有所記載，從中透露了汛兵們任務上的要求。乾隆中葉編纂的《兵部則例·詰禁》，提到汛兵須注意保甲、緝盜、緝私、禁賭等事項。尤其是保甲，在清廷的設想下，它是民間紳衿聽候安排的治安組織；如果能與官府配合得當，定能穩定地方的統治。針對此點將會在第三節中詳述。〔註 69〕道光朝編纂的《欽定兵部處分則例》，列有考劾營員弓馬生疏、擅受民詞、分年查閱營伍、巡查營汛、汛弁怠忽營伍、廢弛營伍、弁兵生事擾民、誣良為盜、營兵為盜、營兵窩盜、兵丁重利放賑、地方失事、盜賊藏匿地方、失察械鬥、失察盟黨、失察逞兇結黨、失察硫磺、失察硝觔等工作。〔註 70〕同治九年（1870）編纂的《兵部處分則例》，在道光朝的內容上，另加汛兵擅責竊賊、竊盜充伍、失

〔註68〕　黃智偉，〈清代臺灣的綠營佈署〉，《臺灣重層近代化論文集》（臺北：播種者文化有限公司，2000 年 8 月），頁 33～81。
〔註69〕　不著編人，《兵部則例□□卷》，清乾隆內（務）府抄本，北京國家圖書館藏。
〔註70〕　慶源等纂，《欽定兵部處分則例》，道光年間刻本，北京國家圖書館分館藏。

察私鑄等。〔註71〕

然而汛兵們真的都達到要求嗎？根據乾隆五十三年（1788）欽差大臣福康安的奏報，臺灣綠營戍兵離營散處技藝生疎，遇操演之期復虛應故事，並不按名全到。再者總兵官營私牟利，官弁相率效尤，縱容兵丁離營，他處貿易謀生，甚至包庇娼賭。〔註72〕道光十三年（1833）閩浙總督程祖洛指出，臺灣汛地難防的原因在於，無定期會哨以資巡防、駐防汛弁任意更調不專責成、汛地兵房坍塌無人過問、技藝不精收束不嚴。〔註73〕值得注意的是前後兩次奏言都提到汛兵技藝生疎的問題。到底當時弁兵們需要操練何種技藝？原來就是陣法。北京大學古籍善本室收藏一幅藤牌手鳥槍隊合演陣圖，難得的展現出當時營伍操練的情況。〔註74〕同治十一年（1872）留下來的手抄，亦詳載臺灣綠營操演的陣式，包括：陳師鞠旅、三進四連環、進步連環、弓天威遠、虎賁奪勇、風雲際會、天地交泰、得勝安營、奏凱班師、振武威揚、三才制勝、梅花疊戰、混元一氣、壁壘揚威、光被四表。〔註75〕不過臺灣民間一般對汛兵的評價都不高。清末班兵制度敗壞影響的確很大，由於班戍不行營兵無不以抗官、通賊為利。〔註76〕當時文人的詠詩，把汛地兵形容為：「犛牛不執鼠，雖大亦何為，……深夜聞盜賊，剽掠在城池，女牆群酣睡，起立如醉癡……，明朝在市井，哮鬮威風施。」可謂寫實的描述。〔註77〕

在巡閱與考覈方面，康熙六十一年（1722）以前，巡覈營伍之責歸臺灣鎮、道負責；以後添設巡臺滿漢御史各一人，直到乾隆五十一年（1712）巡臺御史被取消為止，巡覈營伍之權始終為四個人。福建水師提督雖是臺灣鎮總兵的直屬長官，但向例提臣不渡海巡閱。〔註78〕不過既然御史被撤，就必須有大員代替其職，於是乾隆五十三年（1788）新規定閩省將軍、督撫、水

〔註71〕佚名，《兵部處分則例》，光緒抄本，北京國家圖書館分館藏。

〔註72〕《臺案彙錄庚集》，頁147、151。

〔註73〕臺灣銀行經濟研究室編，《臺案彙錄甲集》，臺灣銀行文獻叢刊第三一種，1959年1月，頁114～115。

〔註74〕佚名，《藤牌手鳥槍隊合演陣圖》，清繪本，北京大學圖書館藏。

〔註75〕佚名，《臺灣兵備手抄》，臺灣銀行文獻叢刊第二二二種，1966年2月，頁34～39。

〔註76〕吳大廷，《小酉腴山館主人自著年譜》，臺灣銀行文獻叢刊第二九七種，1971年12月，頁100。

〔註77〕諸家，《臺灣詩鈔》，臺灣銀行文獻叢刊第二八〇種，1970年3月，頁203。

〔註78〕乾隆朝漢文錄副（軍機處錄副），檔號：0445-068，微縮號：030-1292，中國第一歷史檔案館藏。

陸提督五人，分年輪值一人前渡臺灣實力稽查。嘉慶十一年（1806）再規定閩省的這五位大員，輪次親赴臺灣將營汛摻防等事，逐一認眞查核。嘉慶十五年最後規定每隔二年，五位大員著輪赴臺灣巡查一次，用資彈壓。〔註 79〕這樣巡閱臺灣營伍之權，加上總兵就變成六人，該制一直實行到光緒十一年（1885）臺灣建省爲止。

　　現公開的史料中，尚未發現康熙朝臺灣總兵官巡閱營伍的題本或奏摺。該時期最早跟臺灣武備相關的資料，即康熙四十二年（1703）福建陸路提督梁鼐所提臺澎武職官揀補的摺子。〔註 80〕若要審視巡閱的內容，只能從雍正朝開始討論起。從表四十九來看，可以整理出幾個重點：其一，雍、乾二朝的奏報是最完整，像是雍正朝只缺六、八、十年；乾隆十六、十七、二十一、二十九、三十九、四十二、四十三、四十六年，各有總兵與御史的奏報可供比較（編號 14～21、24～26、29、30、33～39）。其二，巡閱的路線以臺鳳諸彰四縣爲主，淡水廳只有巡抵廳邑竹塹城多數即折返；有巡視到桃園、臺北的大員不多，總兵官陳林每、武隆阿、楊在元、張其光、總督劉韻珂是少數幾個。其三，校閱的營伍以鎭標中左右營、臺灣水師協標中左右三營、城守營最重要，也呼應了前文提到府城才是全臺防衛重心的看法。其四，即便是有大員們巡視，但從歷年奏報的評語中，不免看出流於形式的作風；並且同治九年（1870）臺灣綠營還在「籐牌對械跳舞」，讓人有不知何夕之感（編號 46）。其五，除了綠營之外，熟番的番社也是巡閱的重點，尤其是鳳山八社，更是大員常去的地方；另外嘉慶十九年十二月（1815.1）的巡閱也列入番屯（編號 43）。

　　其實除了巡閱的描述之外，最重要的是大員們回郡後，是否有再針對缺失，另繕寫一份摺子上奏。舉其重要者例如：雍正二年（1724）巡臺御史禪濟布奏陳臺灣營伍事宜，認爲增調馬兵與兵餉就地支給是當務之急。〔註 81〕乾隆五年（1740）巡臺御史諾穆布、楊二酉舉發臺灣鎭標設有探丁一事。認爲此等皆非善類，往往藉端挾私擾民；總兵章隆聽信其言，妄拏妄報發交文員儼如督撫，府縣不敢曲徇。章氏又對待標下弁兵過苛，兵丁逃去者頗多，

〔註 79〕文煜撰，《署閩浙總督任內奏稿》，清同治抄本，北京大學圖書館藏。
〔註 80〕中國第一歷史檔案館編，《康熙朝漢文硃批奏摺彙編（第一冊）》（北京：檔案出版社，1984 年 5 月），頁 85～90。
〔註 81〕洪安全主編，《清宮宮中檔奏摺臺灣史料（一）》（臺北：故宮博物院，2001年 11 月），頁 237～243。

屢勸不聽毫不介意。〔註 82〕乾隆八年（1743）臺灣鎮總兵官張天駿奏報，欲把緊鄰生番地界的散戶，強制搬遷到附近大庄，以躲避秋深水涸生番出草。〔註 83〕乾隆四十二年（1777）臺灣鎮總兵官董果留心番界守備，偕同臺灣道張棟、知府蔣元樞在山豬毛添建望樓。〔註 84〕隔年巡臺御史覺羅圖思義、孟邵再次提到番界的問題，並指出北路勘築土牛、挑挖深溝，民番共知遵守，兵役不難稽查。南路則山豬毛生番活動範圍改變，原本生番罕跡之地，現在變得出沒頻繁，於是加建隘寮連舊有共十六座，酌派熟番守隘。〔註 85〕

　　乾隆朝以後雖規定閩省大員有巡閱臺灣之責，但其記錄存留不多。除了表四十九所記載的幾年外（編號 43～47），另有嘉慶十八、二十一、二十五，道光三、八、十一、十六，同治六、十一，光緒元、二、三、四年督撫、提臣循例來臺。〔註 86〕而透過奏報才了解，原來自道光二十七年（1847）以後，閩省大員都以辦理軍務、裁改營制爲由不克巡臺。直到同治六年（1867）水師提督李成謀，同治十一年（1872）陸路提督江長貴再接續此任務。〔註 87〕綠營的重要性到此逐漸褪色，爾後的巡臺的重點遂從他們轉移到另一支軍隊──防軍的身上。

二、防軍

　　何謂防軍？根據《清史稿》的解釋：指的就是湘、淮軍與各省綠營模倣他們新組的練軍。〔註 88〕湘軍在咸豐二年（1852）成立，之後爲轉戰南北所需，人數一度高達到三十餘萬。但同治三年（1864）克定太平天國首都天京城後陸續解散，到了同治五年（1866）爲止只剩十餘萬人，這當中以左宗棠麾下的二萬人最重要，同時也與臺灣有關。〔註 89〕咸豐十一年（1861）福建

〔註 82〕乾隆朝漢文錄副（軍機處錄副），檔號：0062-001，微縮號：003-2243，中國第一歷史檔案館藏。

〔註 83〕乾隆朝漢文錄副（軍機處錄副），檔號：0458，微縮號：031-1116，中國第一歷史檔案館藏。

〔註 84〕乾隆朝漢文錄副（軍機處錄副），檔號：0447-005，微縮號：030，中國第一歷史檔案館藏。

〔註 85〕乾隆朝漢文錄副（軍機處錄副），檔號：1459-0013，微縮號：099，中國第一歷史檔案館藏。

〔註 86〕《清代臺灣的綠營》，頁 197～198。

〔註 87〕文煜撰，《署閩浙總督任內奏稿》，清同治抄本，北京大學圖書館藏。

〔註 88〕趙爾巽等著，《清史稿》（北京：中華書局，1998 年 1 月），頁 1046。

〔註 89〕皮明勇，《湘軍》（太原：山西人民出版社，1999 年 10 月），頁 280～289。

延建邵道李鴻章承兵部侍郎曾國藩之命，在安徽省安慶組織淮軍。此後淮軍在李鴻章的領導下獨樹一幟，並且在同治五～七年（1866～1868）平捻戰爭中表現突出；全盛時達二百營以上，人數有十餘萬人。〔註 90〕光緒以後李的門生部將均佔各重要軍職，成為一股重要的政治勢力，遂被稱為「淮系」。其中與臺灣相關者為銘字營統領劉銘傳、武毅銘軍統領唐定奎、武毅軍統領聶士成等所指揮的軍隊。〔註 91〕同治二年（1863）直隸總督劉長佑，奏准直隸綠營仿湘軍營制整編；四年（1865）兵部、戶部諸臣會議選練直隸六軍，始定練軍之名。於是各省乃接踵組織練軍，有仿行而未盡改者，有全行未改者。〔註 92〕除臺灣綠營部分額兵也裁改成為練軍外，與本地最相關的是閩、粵二省的練軍。

　　至於當時在臺灣自行招募的勇營，算不算防軍呢？嚴格地說他們不算。湘、淮軍與練軍通常也被視為勇營，他們若被調到臺灣來則稱為「客勇」，有別本地的「土勇」。雖然兩者的本質都是「勇」，但前者已是清廷常設的軍隊，逐漸取代經制的綠營；不同於後者常因戰事所需，為旋組旋散的臨時招募。清代駐防過臺灣的防軍人數與單位有多少？這是一個極不容易回答的問題。因為防軍有吃空缺的惡習，加上他們隨時被調動、裁撤、縮編、改名，更顯得難以掌握。

　　表五十、五十一的內容是同、光朝，駐防在臺灣防軍總人數、駐紮地與勇額。光緒朝的記錄還算完整，整體而言只缺十四、十八年（1888、1892），因此可以對它做一仔細的討論。首先什麼時候臺灣開始有防軍駐紮？表五十編號 1 列出同治七年（1868）有新左、靖海調臺。事實他們是臺灣鎮總兵劉明燈麾下的部隊。劉氏在同治五年（1866）調補臺灣鎮總兵官，率領楚軍新左營赴臺，遂成為臺灣有防軍之始。〔註 93〕楚軍就是湘軍系統，閩浙總督左宗棠繼曾國藩之後，成為湘軍的領導人之一。然他在營制上卻師法湖北道員王鑫，除「營」外另設「旗」，並以楚軍之名有別於湘軍舊稱。〔註 94〕此外淮

〔註 90〕田玄，《淮軍》（太原：山西人民出版社，2000 年 1 月），頁 132～139。

〔註 91〕陸方、李之渤，《晚清淮系集團研究──淮軍、淮將和李鴻章》（長春：東北師範大學出版社，1993 年 7 月），頁 94～108、217～246。

〔註 92〕王之春著，趙春晨點校，《清朝柔遠記》（北京：中華書局，2000 年 4 月二刷），頁 384～385。

〔註 93〕不著編人，《清史列傳（103）》（臺北：明文書局，1985 年 5 月），頁 430～433。

〔註 94〕況周頤著，張繼紅點校，《餐櫻廡隨筆》（太原：山西古籍出版社，1995 年 9

軍與練軍是什麼時候駐防臺灣呢？前者的時間是在同治十三年（1874），並且一調就是 16,500 名大軍，爲了就是對付同年因牡丹社事件而來，盤踞在琅嶠的日軍（表五十編號 2）。後者可分爲福建綠營練軍與臺灣綠營練軍。福建綠營練軍成立的時間爲同治十三年（1874）。隔年隨即調臺，其目的是前往卑南廳南澳進行開山撫番（表五十一編號 3）。至於臺灣綠營練軍成立的時間，他的濫觴可以遠溯至道光十六年（1826），臺灣鎮總兵達洪阿對臺灣綠營進行「選鋒」。不過達氏並沒有改定營制，僅挑選強健之兵另組勁旅。〔註95〕同治十三年閩浙總督李鶴年在奏設福建綠營練軍中，提到臺營「自應照辦」的話語。〔註96〕光緒元年十二月（1876.1）上諭准許臺灣綠營仿楚軍營制編爲練軍。〔註97〕

其次駐防臺灣的防軍，單位名稱有哪些？它們包括：新左軍、靖海軍、蘭字營、鎮海營、宣義右營、綏遠前左旗、振字營、福靖新右營、福靖右營、福銳左營、潮晉營、線槍營、飛虎左右營、海字營、綏靖營、健勇營、吉字營、恪靖營、仁綏營、擢勝營、銘字營、慶字營、祥字營、功字營、巡緝營、勝勇營、昌字營、武毅營、定海營、海防屯兵營、南路屯軍、南番屯軍、巡撫親兵哨、淮軍隘勇營、屯軍營、臺防衛隊營、南字營、淮軍臺勇營、義撫軍、臺灣善後局親兵、臺灣左右翼練兵、大甲左翼練兵、安平左右翼練兵、北路中營練兵、嘉義營練兵、恆春營練兵、防軍營、石頭營、打鼓山營，總數達五十個之多。〔註98〕雖然光緒十八年（1882）來臺編纂《臺灣通志》的蔣師轍，已感嘆了解營制的不易〔註99〕；但於涉及到楚軍、淮軍、福建綠營練軍、臺灣綠營練軍的編制，因此有必要從營制來個別討論。

上述提到湘軍的成立，根據《曾文正公水陸練兵誌》所記，營是該部最基本的編制，一營共 500 人，指揮官稱營官。以下分四哨，每哨 108 人，指

月），頁 47。
〔註95〕 姚瑩，《東溟奏稿》，臺灣銀行文獻叢刊第四九種，1959 年 6 月，頁 120。
〔註96〕 洪安全主編，《清宮月摺檔臺灣史料（二）》（臺北：故宮博物院，1994 年 10 月），頁 1687～1689。
〔註97〕 《清宮諭旨檔臺灣史料（六）》，頁 4858。
〔註98〕 此外還有光緒十一年（1885）中法戰爭期間臺南出現的禮、信、義、虎營，以及幫辦欽差楊岳斌的乾字營；駐防恆春的忠字營，臺灣府的翊安營，但駐地與人數均不詳所以未列入表中。參閱楊岳斌，《楊勇愨公奏議》，臺灣銀行文獻叢刊第六二種，1959 年 9 月，頁 35、54。
〔註99〕 蔣師轍，《臺游日記》，臺灣銀行文獻叢刊第六種，1957 年 12 月，頁 55。

揮官稱哨官；另有哨長佐之，其餘是護勇、伙勇若干。哨以下還有隊，每哨八隊，指揮官稱什長。〔註100〕然再根據王鑫所撰《練勇當言》，其編制就不是這樣。一營共 508 人，指揮官仍稱營官。以下分爲四哨，每哨 85 人，指揮官稱哨長；另有副哨長佐之，其餘是護勇若干。哨以下還有隊，每隊都是 12人，但抬鎗隊是 14 人，隊的指揮官稱什長。〔註101〕湘軍採明將戚繼光兵法遺教，稍做變通後與連坐法並行，所以戰力超越綠營許多。〔註102〕左宗棠麾下的楚軍「大營」有 505 人，「小營」也稱「旗」有 370 人。臺灣建省以前，小營的規模還頗爲常見，例如：同治十三年（1874）福建提督羅大春，就把調臺的三個營改爲四個旗，重新命名爲「綏遠軍」。〔註103〕光緒七年（1881）福建巡撫岑毓英對臺灣防軍汰弱留強，把戍臺的十二營與鎮標練軍全改爲小營。〔註104〕建省以後，由於臺灣以淮軍爲主，所以「旗」的編制不再出現。

淮軍的編制大抵與湘軍同，因爲營制也是曾國藩手定。不過在平捻戰爭時，淮軍另設馬隊營，此時在營、哨、隊之外，又出現「棚」的編制。一哨有非騎兵的散勇五棚，一棚爲 10 人，指揮官稱什長。〔註105〕營、哨、隊、棚的編制影響到日後練軍的營制。同治九年（1870）的《直隸練軍馬步營治章程》，清楚寫明步隊營制是營──哨──隊，馬隊營制是營──哨──棚。〔註106〕不過同治十三年（1874）福建綠營始編練軍時，用的是楚軍的章程：以營──哨──隊整編，營指揮官稱管帶，哨指揮官稱正、副哨長，隊指揮官稱什長。〔註107〕臺灣綠營練軍在臺灣建省前都仿湘楚軍營制，理應找不到

〔註100〕王定安，《曾文正公水陸行軍練兵志》；收錄高體乾等編，《中國兵書集成（47）》（瀋陽：遼瀋書社，1992 年 9 月），頁 904～906。
〔註101〕王鑫，《練勇當言》；收錄高體乾等編，《中國兵書集成（47）》（瀋陽：遼瀋書社，1992 年 9 月），頁 735～738。
〔註102〕劉體智著，劉篤齡點校，《異辭錄》（北京：中華書局，1997 年 12 月），頁 5。
〔註103〕羅大春，《臺灣海防並開山日記》，臺灣銀行文獻叢刊第三○八種，1971 年 12 月，頁 19。
〔註104〕諸家，《臺灣關係文獻集零》，臺灣銀行文獻叢刊第三○九種，1972 年 12 月，頁 115。
〔註105〕王爾敏，《淮軍志》（臺北：中央研究院近代史研究所，1981 年 2 月再版），頁 99～101。
〔註106〕曾國藩，《直隸練軍馬步營制章程》；收錄高體乾等編，《中國兵書集成（48）》（瀋陽：遼瀋書社，1993 年 5 月），頁 117～153。
〔註107〕《清宮月摺檔臺灣史料（二）》，頁 1687～1688。

棚的痕跡；但建省以後大批淮軍駐臺，所以把棚的編制給帶來。然除了練軍外，不管是湘軍還是淮軍，其軍隊的本質都是私兵性質。所以只要營以上的長官——統領，營的指揮官——營官，作戰身亡或被撤職，即全軍或軍營必須解散重編。從表五十一來看，又會發現到一個有趣的事情。就是指揮官一欄中，其頭銜許多都是掛上「記名」二字。原來清末軍興，獲得軍功的人士太多，史載記名提督近八千人，總兵近二萬人，副將以下汗牛充棟。〔註 108〕但是沒有那麼多職缺授予他們，於是只好先以記名的方式錄下功勞，再隨軍出征取得遇缺即補的資格後才任官。

其三，臺灣防軍人數的起伏與地區性的分佈。從表五十來看總人數有二個階段的起伏。第一階段是從同治十三年到光緒九年（1874～1883／編號 2～8），第二階段是從光緒十年到十七年（1884～1891／編號 9～15）。第一階段初始臺灣防軍就有 16,500 名，但逐年遞減；第二階段為因應中法戰爭所需，防軍又開始增援臺灣。光緒十年（1884）人數一度衝破二萬人達到新高，但這還不是最多。戰爭結束以後臺灣隨即建省，為因應開山撫番的需要，防軍人數再次增加，光緒十五年（1889）達到 21,500 人的歷史新高。爾後撫番疲態出現，防軍人數開始下降，到了光緒二十年（1884）甲午戰爭前夕僅存 8,000人（表五十一編號 27）。

自從淮軍崛起之後，清末軍界就有「湘淮畛域」之分；其原因半在曾、李二人領導風格不同，半在地域情結做祟所致。〔註 109〕然這樣的故事在臺灣有上演嗎？唯一的一次是在光緒十～十一年（1884～1885）中法戰爭，它是督辦臺灣事務欽差劉銘傳與臺灣道劉璈的惡鬥。〔註 110〕事實上從同治五年（1866）臺灣有防軍開始，湘、淮二軍同時駐防的機會不多。淮軍第一次駐防雖始於同治十三年（1874），但該部在南路開山撫番損失頗大，所以在光緒元年六月（1875.7）堅求內渡。〔註 111〕該年十月直隸總督李鴻章覆信給福建巡撫王凱泰，還告知「該處既無大利可興，生番亦無歸化之法，或留一、

〔註 108〕梁溪坐觀老人著，王淑敏點校，《清代野記》（太原：山西古籍出版社，1996年 9 月），頁 96。

〔註 109〕徐凌霄、徐一士，《凌霄一士隨筆（四）》（太原：山西古籍出版社，1997 年 7月），頁 1427～1428。

〔註 110〕許雪姬，〈二劉之爭與晚清臺灣政局〉，《中央研究院近代史研究所集刊》，第14 期，1985 年 6 月，頁 127～161。

〔註 111〕沈葆楨，《沈文肅公牘》（南投：臺灣省文獻委員會，1998 年 3 月），頁 330。

二整軍分紮鎮撫」。〔註112〕看來淮系的勢力是以北洋爲主,對於屬於南洋大臣轄地的臺灣並無留戀。因此從光緒元年七月至九年(1875.8～1883),反倒是楚軍、廣東綠營練軍、貴州綠營練軍、福建綠營練軍、臺灣綠營練軍協同守備。

　　這當中以廣東綠營練軍、貴州綠營練軍移駐臺灣較爲特別,因爲他們都是隨帶領者任官去向移防。前者有福建候補道方勳指揮的潮晉營,福寧鎮總兵官吳光亮指揮的飛虎營、線鎗營、振字營、吉字營(表五十一編號7～11)。吳氏的例子比較特殊,他原籍廣東揭陽,在接福鎮前先任南澳鎮總兵官。飛虎營就是他在廣東招募的勇丁,光緒元～四年(1875～1878)參與中路開山撫番工作表現不錯,五年(1879)調補臺灣鎮總兵官。後者是福建巡撫岑毓英的黔軍,只在光緒七～八年(1881～1882)短暫駐防過臺灣,人數也有一、二千之譜(表五十編號6～7)。至於福建綠營練軍,以陸路提督羅大春率領的十四營最爲重要。羅氏也被賦予開鑿北路通往後山道路的重任,他麾下的部隊如:福靖新右營、福靖右營、福銳左中營等,全都駐防在蘇澳至吳全城或臺灣府城一帶(表五十一編號3～9)。臺灣綠營練軍表列內容沒有,因爲資料存留太少。能找到的記錄僅在光緒四年十一月(1878.12),福建巡撫吳贊誠巡閱臺灣時,在府城校閱過鎮、道二標練軍。〔註113〕

　　光緒十～十一年(1884～85)中法戰爭期間楚軍大舉援臺,兩年內至少增援8,050人,創下湘軍在臺人數新高。同一時期淮軍駐臺人數多少呢?大約有8,870人。兩者相差不遠,如此可以解釋湘淮不合,跟彼此勢均力敵有關嗎?恐怕不行。因爲從楚軍重要的駐防地點——基隆、淡水來看,都是劉銘傳指揮的範圍;而清軍與法軍幾次的勝仗都在此發生,實無法證明兩軍若有內鬨還會有此表現(表五十一編號15～19)。所以戰爭結束後,劉銘傳糸劾劉璈可說是官員彼此的宿怨,和二派的將領們無關。不過臺灣建省以後,楚軍就陸續移防出臺灣。在首任巡撫劉銘傳運作下,此時在臺的淮軍已是一軍獨大(表五十一編號20～27)。

　　淮軍勇丁的來源不像湘軍單純,清一色都來自湖南。雖然大部分還是以

〔註112〕李鴻章,《李文忠公全集(四)朋僚函稿》(臺北:文海出版社,1970年),頁338。

〔註113〕吳贊誠,《吳光祿使閩奏稿選錄》,臺灣銀行文獻叢刊第二三一種,1967年10月,頁33。

安徽盧州、六安、安慶人為主，但來自蘇、豫、魯、津也不少。〔註114〕就是因為如此，所以光緒十七年（1891）臺灣竟然也出現「淮軍臺勇營」（表五十一編號 25～38）。然而淮軍的創立，其軍事功利目的傾向太明顯，這與湘軍創立的目的——挽救王朝與倫常危機相差很多。〔註115〕這個缺點使得淮軍做為清末中國軍事改革的契機，很快就消失了。十九世紀中葉以後歐美各列強，歷經克里米亞戰爭（1854～1856）、美國南北戰爭（1861～1865）、普魯士統一戰爭（1864～1871）、俄土戰爭（1877～1878），逐漸思考一系列的軍事改革。它包括：新武器的研發、新科技產品的投入、新戰術的出現，以及伴隨來編制、後勤、教育訓練的更張。中國處於這變局中，如果對建軍做出最適宜的調整，有可能趕上各列強的水平。〔註116〕

初創時期的淮軍，還是給人有無限的期待。在模仿西洋戰法的過程中，最重要的就是組織了合成軍隊——步兵、砲兵、騎兵、工兵（長夫）〔註117〕；並且往各兵種協同作戰的方式訓練，讓部隊更能接受新式武器的考驗。不過劉廣京有著精闢地看法，他認為勇營的組織和現代的軍事體制仍不能相容。癥結在於官階制度讓中、上層將領免於直參與作戰，這使得營官或甚至哨官，去接受嚴格的（洋式）操法是不可能的。〔註118〕光緒元年九月（1875.10）《紐約時報》觀察了中國的建軍發展，並提出嚴苛的批評，認為他們在軍容壯盛的歐洲軍隊面前，恐怕抵抗不到五分鐘。〔註119〕外國人的評論是有道理。雖然中法戰爭清廷與法周旋的時間，已超過「五分鐘」；但根據戰後劉銘傳形容湘、淮軍已成弩末的情況看，非得有一番作為否則不足以振衰起弊。〔註120〕

〔註114〕羅爾綱，《晚清兵志——第一卷淮軍志》（北京：中華書局，1997 年 1 月），頁 29～30。

〔註115〕王繼平，《湘軍集團與晚清湖南》（北京：中國社會科學出版社，2002 年 3 月），頁 46～47。

〔註116〕Woodward David, *Armies of the World 1854~1914* (New York: G. P. Putnam's, 1978), pp. 10~19.

〔註117〕劉子明，《中國近代軍事思想史》（南昌：江西人民出版社，1997 年 7 月），頁 169～170。

〔註118〕費正清（J. K. Fairbank）、劉廣京編，張玉法主譯，《劍橋中國史（第十一冊）——晚清篇 1800～1911》（臺北：南天書局，1987 年 9 月），頁 224。

〔註119〕鄭曦原編，李方惠等譯，《帝國的回憶——「紐約時報」晚清觀察記（China in the New York Time）》（北京：三聯書店，2001 年 5 月），頁 215～217。

〔註120〕銘傳撰，馬昌華、翁飛點校，《劉銘傳文集》（合肥：黃山書社，1997 年 7 月），頁 71。

其四，駐臺防軍的訓練與待遇。光緒元年（1875）沈葆楨在致李鶴年的信中，提到臺灣綠營練軍成軍之難；營官數月僅下教場三、四次，兵丁以鼓譟爲能。〔註121〕

其實這些練軍是沒有理由怠惰，因爲他們的月餉每人均調高到四兩五錢，是裁兵加餉後馬兵的二倍。〔註122〕光緒六年（1880）《申報》披露，福建綠營練軍戰力也下滑；呈現練如未練，操則空操的假象。〔註123〕各省練軍試行之初，官員們以爲兵比勇優；因爲編籍則有伍可歸，也無悍卒譁潰之虞。孰料臺閩的情況不如預期。光緒九年（1883）臺灣道劉璈頗思變通，聲稱「兵不能戰未必全不能守」，仍把臺灣府城的防禦交由鎮標練軍掌理。〔註124〕光緒十一年（1885）臺灣建省，福建綠營練軍不再駐臺；現留臺者只存淮軍、臺灣綠營練軍，這給予劉銘傳一個改革的機會。

待遇的調整是勢在必行。臺灣鎮、道從前漫給統費銀，每月多至四百、二百兩，現統一發放每月一百兩。淮軍統領兼管帶（營官）月餉銀五十兩，公費一百五十兩。管帶月餉十兩，公費三十兩。哨官月餉九兩，哨長月餉八兩，什長月餉四兩八錢，正勇月餉四兩二錢，伙勇月餉三兩三錢，長夫月餉三兩。〔註125〕練軍除正勇調降至三兩六錢外，其餘皆同。〔註126〕光緒十一、二年（1885～1886）全臺三十五營（包括部分土勇營），練軍三營，每年軍餉銀約一百二十萬兩。〔註127〕此數目比同治八年（1869）裁兵加餉時的24～26萬兩，要多上五倍。那麼錢從哪裡來呢？湘、淮軍創設時，餉源就是以「就地籌餉」解決，其法就是設立釐卡抽取釐金。〔註128〕根據《光緒會計表》記

〔註121〕《沈文肅公牘》，頁302。

〔註122〕蔣師轍，《臺灣通志》，臺灣銀行文獻叢刊第一三〇種，1962年5月，頁711。

〔註123〕臺灣銀行經濟研究室編，《清季申報臺灣紀事輯錄》（南投：臺灣省文獻委員會，1994年7月），頁971。

〔註124〕劉璈，《巡臺退思錄》，臺灣銀行文獻叢刊第二一種，1958年8月，頁89、235。

〔註125〕胡傳，《臺東州采訪冊》，臺灣銀行文獻叢刊第八一種，1960年5月，頁15～16。

〔註126〕連橫整理的勇餉表是很好的參考資料，但是他所列屯兵營月餉有誤，按當時臺灣防軍待遇幾乎統一。參閱連橫，《臺灣通史》，臺灣銀行文獻叢刊第一二八種，1962年2月，頁237。

〔註127〕唐贊袞，《臺陽見聞錄》，臺灣銀行文獻叢刊第三〇種，1958年11月，頁100。

〔註128〕羅爾綱，〈清季兵爲將有的起源〉；收錄許仁圖編，《清史資料彙編補編（下冊）》（臺北：河洛圖書出版社，1974年），頁240～255。

載，直到光緒十五年（1889）為止，臺灣省新增洋稅、釐金共 106 萬兩，加上福建省協餉 44 萬兩，遂解燃眉之急。〔註129〕

防軍在臺灣駐紮，共集中在七個地方——臺東直隸州、基隆、滬尾、臺北府城、臺南府城、恆春縣、嘉義縣。他們對地方武力的衝擊有何影響？這就要反問防軍原先調防臺灣的目的為何？原來就是以武力執行開番撫番政策，以及應付對外戰爭需要。他們不像之前的綠營，為了專顧地方治安，還須左右地方漢番武力的發展；更不像綠營須株守固定的汛塘與營盤，若有必要全軍開拔實屬家常便飯。所以防軍唯一影響到的區域，僅在俗稱的後山——今天的中央山地與花東。建省以前稱為卑南廳，以後改稱臺東直隸州。在這裏沒有綠營，防軍是唯一的官方武力。為抵禦生番的攻擊，這裏的守備是呈現出戰爭或備戰狀態。為避免各營產生疲態，也要不時與駐守在前山的防軍互調休息。

如何防止防軍出現疲態，一直是個官方長期被受困擾的問題。跟當時英國士兵比較起來，勇丁們不酗酒的習慣值得嘉許，但他們有另一種惡習更甚於酗酒，那就是吸食鴉片。〔註130〕臺灣後山瘴癘極多，勇丁們更藉口吸煙以避瘴毒；長久下去如何談得上出操訓練，於是戰力遂不復以往。〔註131〕光緒十九年（1893）時人已經看出敗象，認為招募客軍（淮軍）水土不習，每至暑月相繼死亡；不如再定營制，改以土勇為主。〔註132〕當然隨即遇上割臺，此法並沒有實施。不過為什麼到了這個時候，才提出土勇取代防軍的建議，之前都沒有類似的看法呢？原來臺灣建省以後，劉銘傳把臺灣原有的團練、番屯都給予「防軍化」——編制、訓練、武器有如淮軍。被收編的漢、番武力不啻成為一股生力軍，但本質還是屬於鄉兵、土兵。

光緒二十年（1894）爆發的甲午戰爭，是防軍在臺灣的最後一戰。由於臺灣已經有 8,000 名軍駐防，所以福建防軍援臺的軍隊，比起中法戰爭時規

〔註129〕劉嶽雲編，《光緒會計表》，光緒二十七年教育世界社石印本，北京國家圖書館分館藏。

〔註130〕約‧羅伯茨（J. A. G. Roberts）著，蔣重躍、劉林海譯，《十九世紀西方人眼中的中國（China Through Western Eyes: The Nineteenth Century）》（北京：時事出版社，1999 年 1 月），頁 153。

〔註131〕胡傳，《臺灣日記與稟啟》，臺灣銀行文獻叢刊第七一種，1960 年 3 月，頁 8～23。

〔註132〕《臺游日記》，頁 91～92、136。

模小了很多。僅包括駐紮基隆，由福建水師提督楊岐珍（淮系）率領的五營兵力；駐紮臺南府，由南澳鎮總兵劉永福率領的四營兵力，共約 4,500 人。〔註133〕由於戰火到了澎湖就止住了，所以他們並沒有參與作戰，這些防軍也隨著割臺而走入歷史。總結清代臺灣的官方武力，不論是綠營還是防軍，都有一個共同點——二者都是職業軍人。本文對此稱之爲「職業式」的武力。職業式武力的特徵，就是組成分子以作戰爲本務；爲了達成目的，一定的訓練是必須。再加上餉、械基本上不缺，又聽命於官方，所以能發揮的戰力最強。它是清廷統治臺灣的主力，但畢竟人數還是有限。因此另有原住民武力的番社、番屯，以及屬於契約式武力的民團、隘、結首，提供選擇以便於合作。他們將在下二節中被深刻討論。

第二節　番人——原住民武力的招撫

一、番社

何謂番社？番人所居之地稱爲番社。〔註134〕「番」是清代臺灣原住民的通稱，康熙朝按歸化程度分爲土番、野番，雍正朝以後普遍改稱熟番、生番。不過要知道的是「生番」，並不專指臺灣未歸化的原住民，甘川青地方也有生番（喇子）存在，治理方式沿用西南土司制度。〔註135〕臺灣在乾隆初年，一度也想改成土司管理，但考慮到該島番人彼此語言、習俗並不統屬，所以還是照舊以各番社的通事、土目領之。〔註136〕可見通、土是各番社的靈魂人物，尤其官方想要動員番社人力時，非得透過他們調撥才行。戴炎輝研究熟番番社的法律地位時，認爲它們具有公法的法人地位，這說明了它們在權力、義務上與官方的關係。〔註137〕按統治之道，全臺的番社理應由官方所掌握，但實情卻不然。光緒朝以前官府的力量，以控制熟番番社爲主，對生

〔註133〕不著編人，《清光緒朝中日交涉史料（上冊）》（臺北：文海出版社，1963 年 5月），頁 496～497。

〔註134〕連橫，《臺灣語典》，臺灣銀行文獻叢刊第一六一種，1963 年 3 月，頁 21。

〔註135〕印鸞章，《清鑑》（北京：中國書店，1985 年 3 月），頁 291。

〔註136〕乾隆朝漢文錄副（軍機處錄副），檔號：1096-048，微縮號：076，中國第一歷史檔案館藏。

〔註137〕戴炎輝，《清代臺灣的鄉治》（臺北：聯經出版事業公司，1992 年 5 月三刷），頁 194。

番多採羈縻的方法維繫。〔註138〕因此討論到番社做爲生、熟番武力整合的類型時，可以了解兩者的武力，對清廷的意義是不同。前者縱使不能以「寇邊」的觀點來看待，但頻繁的出草次數，迫使清廷考慮要如何加強緊鄰生番地帶的防務。而傳統劃界防守的觀念，被移植到了臺灣──遂出現了「番界」。番界可以視爲一條防禦線（不是國界線），它可隨著政策的改變多作調整；清廷對於界外、界內的番社，有著不同的治理方式。對此本文先行討論位於番界外的生番番社。

表五十二的內容是康、雍、乾三朝，所歸化生番番社的數目。有三個重點值得說明，一是總數，一是歸化時間，一是分佈區域。在總數上，三朝歸化生番番社共有 182 個，然再與光緒朝的 673 個（參閱表五十三）比較，可知當時未歸化的番社遠多於歸化者。未歸化的生番屬於「眞正的」生番，應沒有疑問；但歸化的生番，有時也稱爲「化番」，他們還可不可以視爲生番呢？從馘首的習俗未除的標準來看，他們仍被視爲生番。〔註139〕在歸化時間上，康熙朝計有歸化生番社 89 個，雍正朝計有歸化生番社 56 個，乾隆朝計有歸化生番社 37 個。歸化番社逐朝遞減透露的一件事，那就是清廷漸漸放棄羈縻的方法，改採強硬的方式對付。這就是乾隆二十六年（1761）土牛紅線劃定時的背景。在分佈區域上，鳳山縣的歸化生番社有 124 個排名第一，不過當中包括位於花東地區的 73 個。其次爲諸羅縣的 21 個，再次是彰化縣的 30 個，最後是淡水廳的 7 個。花東地區歸化的生番社數量最多，容易讓人理解。因爲清廷的統治力不及於此，自然喜於用羈縻的方法維繫關係。扣除花東的部分，鳳山縣歸化生番社亦達 51 個，仍居前山地區第一。然值得注意的是歸化生番番社越多，並不代表該區域漢番衝突的次數降低，此點還會在第四章第二節詳述。

雖然康熙朝所收的歸化生番番社最多，但對他們的描述卻相對稀少。康熙三十九年（1700）來臺採硫的郁永河，留下珍貴的一手描述。他說野（生）番生活在不見天日的叢山峻嶺中，雖都是茹毛飲血之輩，但種類實繁。他們敏捷的身手，追捕猿猴、走獸毫不費力，土（熟）番知其能耐，亦不敢踏入

<hr>

〔註138〕國學文獻館主編，《臺灣研究資料彙編（第一輯・第八冊）》（臺北：聯經出版社，1993 年 9 月），頁 2717。

〔註139〕王慧芬，〈清代臺灣的番界政策〉，國立臺灣大學歷史學研究所碩士論文，2000 年 1 月，頁 23〜26。

領域。不僅如此野番們還恃其獷悍，時出剽掠，焚廬殺人，取其頭顱而歸，旁人莫可奈何。郁氏的記錄有一極重要之處，就是時人知道生番僅是一種泛稱，實際上他們分有許多種類，並且他們的戰力要比熟番還強。〔註140〕這些各種類的生番，多是以居住地命名，例如：阿里山番（鄒族）就十分強悍，鄰近的諸羅山、哆囉嘓社熟番（洪雅／西拉雅族）皆畏之。水沙連番再分南、北港番（布農／泰雅族），彼此互相攻殺，但北港番較強。〔註141〕康熙六十一年（1722）清廷爲搜查朱一貴陣營的餘黨，諭請卑南覓大土官文結，聯絡七十二社土番遍山搜捕，則是官方對生番首次的請調。〔註142〕

　　到了雍正朝，歸化的生番社首度有人口的記載。雍正二年（1724）福建巡撫黃國材奏報歸化鳳山縣傀儡生番七十社、諸羅縣本祿社四社，共有男婦5,799 名口。雍正三年二月（1725.3）黃國材再回奏，歸化彰化縣巴荖遠等四社，共有男婦 851 名口。同年五月巡臺御史禪濟布亦奏報，歸化鳳山縣豬膀束等十九社，共有男婦 2,326 名口。〔註143〕雍正五年（1727）福建總督高其倬奏報，水沙連番願意歸化者達 4,415 名。〔註144〕雍正十二年（1734）臺灣鎮總兵官蘇明良奏報，歸化彰化縣生番 199 名口。〔註145〕然生番以殺爲事，難道都是針對漢人嗎？當然不是。雍正元年（1723）首任巡臺御史黃叔璥觀察最明白，他說生番雖焚廬殺人，但啓釁多由漢人自取。例如：業主、管事輩利開墾，不論生、熟番都越界侵占；入山搭寮見番弋取鹿隻，往往竊爲己有，故多遭殺戮。再者小民深入內山，抽籐鋸板不自覺侵犯到生番領域，也難逃所害。〔註146〕

　　另外歸化生番的「危險性」，遠低於未歸化者嗎？那是囿於字面解釋所致。固然還未歸化的生番，像是雍正四年（1726）彰化縣的水沙連等社，則

〔註140〕郁永河，《裨海紀遊》，臺灣銀行文獻叢刊第四四種，1959 年 4 月，頁 32～33。

〔註141〕周鍾瑄，《諸羅縣志》，臺灣銀行文獻叢刊第一四一種，1962 年 12 月，頁173。

〔註142〕藍鼎元，《東征集》，臺灣銀行文獻叢刊第一二種，1958 年 2 月，頁 90～92。

〔註143〕洪安全主編，《清宮宮中檔奏摺臺灣史料（一）》（臺北：故宮博物院，2001年 11 月），頁 293、320～321、362～364。

〔註144〕洪安全主編，《清宮宮中檔奏摺臺灣史料（二）》（臺北：故宮博物院，2001年 11 月），頁 1029。

〔註145〕中國第一歷史檔案館編，《雍正朝漢文硃批奏摺彙編（第二十六冊）》（上海：江蘇古籍出版社，1991 年 3 月），頁 335。

〔註146〕黃叔璥，《臺海使槎錄》，臺灣銀行文獻叢刊第四種，1957 年 11 月，頁 167。

是出草傷人的危險番社。〔註147〕但歸化以後的生番社,仍有不斷出草的個案。
鳳山縣的山豬毛社就是一個代表的案例。〔註148〕事實上羈縻不代表控制,在
官員的眼中,與歸化生番維繫關係,通常只是在戰時找尋效力的對象而已。
就像朱案一樣,雍正七年(1729)臺灣知府沈起元亦盛讚內悠六社、水沙連
十五社生番,能在歸化後隨軍調遣別討其餘的生番社。〔註149〕

　　乾隆朝比起之前,官方對生番的描述,內容充實不少,其特點是有了分
縣的敘述。例如:彰化縣、淡水廳未歸化的生番,就被形容最爲剛狠,一遇
漢移民輒加戕害。〔註150〕而歸化生番的工作逐漸告一個段落,清廷在羈縻之
餘也出現檢討的話語。在部分官員看來生番素喜爲亂,只要不足用則下山屠
殺商民。要招撫他們,出兵討伐很難直搗巢穴,若改施恩惠也很難滿足他們。
最重要的駕馭之道在於示以威武,懷以德意才不會讓他們背叛。再者分化他
們,各樹其黨不相統屬,也是一個約束的好辦法。〔註151〕每年的秋冬臺灣正
值枯水季節,是生番下山出草的時候。不過近山的漢移民村莊,因開墾所需
多呈散村分佈,遂給了生番趁隙突襲的機會。乾隆十二年(1747)臺灣道莊
年就傳檄這些村落,命令他們以大莊併小莊的方式集中管理。〔註152〕同年閩
浙總督喀爾吉善亦提出一「保護」生番的措施。有鑒於臺灣閩粵流寓之人慣
欺番眾,對生番游侵其疆土;恐將來流寓日強、番眾日弱,官府明令禁止奸
徒侵犯生番。喀爾吉善的想法頗值得推敲,蓋因於生番的武力強大,照往例
一遇侵犯必以武相向,何來需要官府保護?於是乎這就說明了清廷對生番治
理態度,即不管有無歸化清廷都以治下的百姓看待。只是官府的控制力一時
不及深山,所以先用劃界的方式處理。〔註153〕爾後淡水廳生番爲患有越演越

〔註147〕國學文獻館主編,《臺灣研究資料彙編(第一輯·第五冊)》(臺北:聯經出版
　　　　社,1993年9月),頁1401。
〔註148〕洪安全主編,《清宮宮中檔奏摺臺灣史料(三)》(臺北:故宮博物院,2001
　　　　年11月),頁2052～2054。
〔註149〕賀長齡,《皇朝經世文編》(臺北:文海出版社,1973年12月),頁3028～
　　　　3032。
〔註150〕謝遂,《清職貢圖選》,臺灣銀行文獻叢刊第一八○種,1963年8月,頁56、
　　　　60。
〔註151〕范咸,《重修臺灣府志》,臺灣銀行文獻叢刊第一○五種,1961年11月,頁
　　　　471。
〔註152〕六十七,《使署閒情》,臺灣銀行文獻叢刊第一二二種,1961年10月,頁89。
〔註153〕國學文獻館主編,《臺灣研究資料彙編(第一輯·第二十五冊)》(臺北:聯經
　　　　出版社,1993年9月),頁10815～10817。

烈的趨勢。乾隆二十四年（1759）該廳生番出草次數增多，不僅如此熟番亦冒託爲奸藉機生事。前同知楊愚提出幾點方策，包括：定立疆界、禁游民偷越番境佔墾、令熟番薙髮或留髮以示區別、遷淡水都司署於艋舺渡，令民家置竹槍與木棍捍衛。〔註154〕

　　乾隆四十六年（1781）發生一件個案，即已經歸化的山豬毛社生番，因不堪該社頭人多抽米石的虐索，共有男婦 109 名投附官方，現被安頓在搭樓、武洛二社熟番埔地耕種。〔註155〕高宗的裁示十分重要，他認爲對於歸化生番中再行投附者，按西北哈薩克諸部落例，理應不能收留。該案是下不爲例的事。日後只能收留非歸化的生番，如果再遇歸化者必須先奏明後請旨。〔註156〕這樣的處理態度說明了羈縻的意義，旨在不干涉歸化生番內部的事務。乾隆五十年（1785）福建巡撫徐嗣曾帶領三十個歸化生番番社的通、土，入京觀見高宗。這些番社包括：屋鰲總社、攸武乃社、獅頭社、打鐵藔社、蝦骨社、合歡社、蛤仔爛社、阿里山總社、珠母樂社、踏邦社、蘭仔瀨社、大規佛社、澗仔霧社、阿拔泉社、鹿珠社、皂羅社、大武壠總社、內攸社、籐橋社、美籠社、岸社、萬斗籠社、傀儡山總社、枋藔社、樂里北社、柴樂籬社、加那崙社、八里蒙孩社、礁濃社、大的吉社。〔註157〕這些番社與表五十六對照，絕大部分都能找的到，只是社名稍改而已。他們可以被視爲與官方關係最密切的生番，這一點頗爲重要，因爲即將而來的是林爽文事件，正考驗著生番們與清廷的關係。

　　乾隆五十一至五十三年的林爽文事件，從波及區域來說，除了被視爲臺灣史上第二大民變之外，民軍與官軍互相爭取生番的助陣，更是該事件一大特色。乾隆五十二年正月二十八日（1787.3.17）福建水師提督黃仕簡首度奏報，據稱林爽文被驅散逃入內山，可能恃其人眾生番不敢殺害，也有可能誘之以利容番收留。黃氏畏葸謊稱林已失敗，當然被證實是不正確的，但是他提到林與生番有了接觸是眞的。黃仕簡錯誤的訊息上奏後，使得北京一直做

〔註154〕錢儀吉編，《碑傳集（111）》（臺北：明文書局，1985 年 5 月），頁 701～704。
〔註155〕中國第一歷史檔案館編，《乾隆朝上諭檔（第十冊）》（北京：檔案出版社，1991 年 6 月），頁 517。
〔註156〕洪安全主編，《清宮廷寄檔臺灣史料（一）》（臺北：故宮博物院，1998 年 10 月），頁 122～124。
〔註157〕軍機處錄副奏摺——民族類，案卷號：635，膠片號：17，中國第一歷史檔案館藏。

出錯誤的判斷，誤認為林爽文與生番接觸，單純為了逃亡所需。所以從同年二月初開始，高宗不斷發出上諭，要求閩督常青、閩撫徐嗣曾、將要調臺的江南提督藍元枚，命令他們聯絡生番緝拏林爽文。〔註 158〕沒料到二月十三日（1787.3.31）首度傳出林爽文擁眾至彰化縣虎仔坑、萬丹城（均在南投縣名間鄉），勾結內山生番騷擾村莊的消息。〔註 159〕

林爽文為何有如此本事呢？原來全靠通事杜美的幫助。杜美跟林氏都是漳州人，二人在加入天地會後認識。由於杜美常出入水沙連進行番割，所以與生番相當熟識。杜美聯絡到生番一千多人，原本計劃事敗逃入後山時可以倚靠，不過現在卻變成主動出擊。〔註 160〕乾隆五十二年五月（1787.6）官軍俘獲天地會黨羽高文麟、林家齊，從二人的口供得知整件事的始末。原來林爽文所居的大里杙，離生番所居地僅二十里路程。他本身也進行番割，亦認識不少生番。不過天地會的舉事，生番並未參與。林氏起初計劃在事敗後，逃入內山投靠熟識的生番；若生番不依，他就要以武力對付。此役得勝自然可以躲在生番地，假使輸了可以再以花紅、布匹厚賄生番求得棲身。〔註 161〕

官軍獲悉情報後在同年八月，趁臺灣府城、嘉義縣城戰事方歇，密遣熟番進山，曉諭生番人等斷絕與林爽文的來往。〔註 162〕十一月彰化縣岸裡社通事貢生張鳳華（亦是屋鰲六社通事）、紀阿林等亦進入內山曉諭。特別是針對水沙連各社，嚴令不許與林爽文陣營接觸。〔註 163〕同年十二月欽差大臣福康安聯絡到屋鰲生番等十六社、水沙連生番等十四社，以及其他數社準備購線捉拏逃入內山的林爽文。無獨有偶地乾隆五十三年二月（1788.3）鳳山縣山豬毛義民曾中立，招集傀儡山生番一千名聽候調遣，準備前往瑯嶠擒拏莊大

<hr />

〔註 158〕中國第一歷史檔案館、人民大學清史研究所合編，《天地會（一）》（北京：人民大學出版社，1980 年 11 月），頁 282～283、290、292。

〔註 159〕高宗敕撰，《欽定平定臺灣紀略》，臺灣銀行文獻叢刊第一○二種，1961 年 6 月，頁 167、171。

〔註 160〕《天地會（一）》，頁 409。

〔註 161〕中國第一歷史檔案館、人民大學清史研究所合編，《天地會（二）》（北京：人民大學出版社，1980 年 11 月），頁 205～206。

〔註 162〕中國第一歷史檔案館、人民大學清史研究所合編，《天地會（三）》（北京：人民大學出版社，1982 年 12 月），頁 168。

〔註 163〕中國第一歷史檔案館、人民大學清史研究所合編，《天地會（四）》（北京：人民大學出版社，1983 年 3 月），頁 137。

田。從林、莊二人窮蹙紛往山區逃竄，以及沿路遭逢生番截擊的過程來看，清廷聯絡這些已歸化的生番，其策略是成功的。事後論賞，乾隆五十三年十二月（1789.1）上諭獎賞番社的名單，對照三年前入京覲見的名單完全一樣。〔註164〕這可以說清廷對歸化生番的羈縻政策，在平定內亂時確實可以達到拉攏並請調的效果。

　　林爽文事件比起朱一貴事件，在官、（生）番互動中有更進一步的合作關係。雖然兩個個案對清廷而言，生番的用處主要還是入山捉拏逸匪；但在南路的戰事當中，透過義民首的曉諭，生番也開始下山主動投入戰局。嘉慶十年十一月（1805.12）閩海盜蔡牽竄入鹿耳門，並勾結鳳山縣土匪豎旗。此役有生番淡嗎薰等68名下山助戰，在鳳山剿匪中表現不錯。〔註165〕歸化生番在步入清中葉以後，與官方關係更爲密切。主動請纓的生番人數雖不多，但畢竟是清廷長期羈縻政策下應得的回饋。道光朝由於出現議闢水沙連地方的聲音，因此該階段較受到官方關注的生番，即以水沙連番爲主。道光十二年（1832）編纂的《彰化縣志》，條列出水沙連共有二十四個歸化番社，它們仍與乾隆朝歸化時一樣（參閱表五十二）。〔註166〕道光二十六年十一月（1846.12）發生水沙連「生番獻地」之事。上諭要閩浙總督劉韻珂於隔年二、三月親自渡臺查看，惟恐漢移民懷詐挾私。原來議闢水沙連早在道光四年（1824）已由閩浙總都趙愼畛提出，然未幾旋被否決。道光二十一年（1841）給事中朱成烈再提出，仍懸而未決。此次雖是生番主動獻地，但要知道的是他們早已歸化。在清廷羈縻政策之下，傾向以不干涉生番內部事務爲主；此點在乾隆朝就已表明過，所以「獻地」案一提出，清廷馬上聯想是漢人導演的詭計。另外廷議也以「多一事不如少一事」爲由，從防禦的角度傾向保持現狀。〔註167〕

　　不過地方官卻有不同於北京的看法，臺灣道熊一本認爲水沙連地方雖說是禁墾，但早已是番漢屬集之處。二十年來的遷徙，使得熟番長、生番消；

〔註164〕洪安全主編，《清宮諭旨檔臺灣史料（二）》（臺北：故宮博物院，1996年10月），頁954、1041、1363～1367。
〔註165〕洪安全主編，《清宮廷寄檔臺灣史料（二）》（臺北：故宮博物院，1998年10月），頁765。
〔註166〕周璽，《彰化縣志》，臺灣銀行文獻叢刊第一五六種，1962年11月，頁52。
〔註167〕中國第一歷史檔案館編，《嘉慶道光兩朝上諭檔（五十一）》（桂林：廣西師範大學出版社，2000年11月），頁413～414。

不如開禁化暗爲明，官府可收正供之利。爾後的發展水沙連仍以封禁收場，但熊氏探勘該地的過程中，倒是調查了不少之前未收錄的生番番社資料。據稱水沙連東、南、北三面大山，歸化的二十四社貼近盆地內側，在他們之後，東有未歸化的平達萬等十五社。東北有疾約等十二社，南有治卯等十社，東南有產竹等十四社，北有乃烟等六社。較發生鬪殺的番社是南社、霧社、卓社、干達萬社、鸞社、沙里興社。〔註168〕官方對番社社名以及地點的掌握是必須，因爲他不僅涉及對番情的了解，更重要的是成爲清末被列強質疑羈縻做爲主權合法性時，一種據理力爭的依據。

咸豐朝經由天津、北京條約的簽訂，臺灣的安平、打狗、淡水、雞籠，陸續被開爲通商口岸。這些出入臺灣的洋人，有不少刻意是前往生番地探險，因此也留下不少對他們的記錄。同治三年（1864）首任英國駐安平副領事郇和（或譯史溫侯／Robert Swinhoe），搭船前往琅嶠採訪大土目卓杞篤時，記下了當地約有 10,000 名生番，爲首次對（下）琅嶠十八社生番人數的記錄。〔註169〕不知是否受到洋人一再深入番境的刺激，清廷在同治六年（1867）羅妹號事件後，也加緊對生番番社的調查。得到歸化生番 237 社，未歸化生番 89 社的記錄。〔註170〕其生番社總合達 326，比之前的 182 個超出許多（參閱表五十二）。爲應付此時局，不同於封禁的異論又出現。用熟番做前導，先招徠生番，再建城防衛，後設官經理，以通商有無，則是當時的讜論。〔註171〕不過值得注意的是，這當中並沒有提到入山開墾的問題；可見得傳統「移民實邊」的作法，對臺灣來說尚屬不急之務。但這種看法很快就被打破。

同治十三年四月（1874.5）日本出兵臺灣琅嶠。此事的起因傳統都從外交、軍事的角度出發，解讀清廷過度依賴外交調停，又沒有求戰的決心，以致讓對手趁隙所致。〔註172〕不過從理番角度來看，它正挑戰清廷以往的羈縻政策。（下）琅嶠十八社包括：姑仔律（龜仔角）、龍鑾珠（龍鑾）、力索（老

〔註168〕丁日健，《治臺必告錄》，臺灣銀行文獻叢刊第一七種，1959 年 7 月，頁 230～232。

〔註169〕Swinhoe Robert, "Additional notes on Formosa," *Royal Geographical Society of London 10* (1866): 122~128.

〔註170〕丁紹儀，《東瀛識略》，臺灣銀行文獻叢刊第二種，1957 年 9 月，頁 70。

〔註171〕盛康，《皇朝經世文編續編》（臺北：文海出版社，1973 年 12 月），頁 3473～3490。

〔註172〕張建華，〈英國與 1874 年日本侵犯臺灣事件〉，《北大史學》，第 8 期，2001 年 12 月，頁 320～345。

佛山）、四林角（四林格）、快仔、八之麼（巴士墨）、八姑律（八姑角）、小麻裡（射麻利）、網卒（蚊蟀）、蔴仔（猫仔）、加之來、牡丹社、中社、爾奈（家新路）、高士佛、八傜（八瑤）、竹社、射不力（射武力）。〔註 173〕若按先前歸化番社的數目計算，僅有貓仔、合蘭、蚊蟀、龜勝律、加錐來五社歸化（參閱表五十二編號 122、126、128、130、133）。這樣的情況透露了其餘八社是清廷所未知，很容易被質疑統治的合法性。該缺失迫使清廷改弦易轍，全力訪察未知的番社。

同治十三年六月（1874.7）福建布政使潘霨遣人至山後，再度與卑南覓等七十二社取得聯繫。除了令番目陳安生等薙髮，分別賞給銀牌信物外，最重要是調查到生番丁壯數目約有萬人。〔註 174〕這樣子的作法有別於以往羈縻，遂變成主動出擊的「撫番」。撫番代表著官方的力量，強行進入內山；不管生番們願意與否，一律強迫其歸順。這與昔日採羈縻之法，主動權操之在生番，端看他們願不願意歸化，整體意義大不相同。在這個新政策下，清廷也遇見前所未有的問題。例如：在官方眼中臺南生番尚易招致，但北路各社率多頑梗之徒，尤其在大南澳（宜蘭縣南澳鄉）、平埔（花蓮縣秀林鄉）等處，有兇番糾集丁壯數千，意在抗違。〔註 175〕對此清廷有別於以往按地名的分類，根據受撫的程度區分爲「兇番」，即包括牡丹在內的（下）琅嶠十八社；「良番」即卑南、埔里一帶生番；「王字兇番」即臺北府阿史等社。〔註 176〕值得一提的是受到日本興兵琅嶠的影響，臺灣生番知名度大增，從同治十三年三至六月，對中國知識界頗有影響力的《申報》，連續刊載了不少對生番慣習的介紹。不過觀其出處除了轉引《循環日報》，而非實地採訪較爲可惜外，其內容也是摘抄自清初、中葉對生番的記錄。〔註 177〕然這種刻板印象很快就要隨著軍隊入

〔註 173〕王元穉，《甲戌公牘鈔存》，臺灣銀行文獻叢刊第三九種，1959 年 6 月，頁 60；伊能嘉矩，《瑯嶠十八社》，伊能文庫手稿及抄寫，編號：MO33，國立臺灣大學圖書館藏。

〔註 174〕洪安全主編，《清宮洋務始末臺灣史料（二）》（臺北：故宮博物院，1999 年 10 月），頁 840。

〔註 175〕臺灣銀行經濟研究室編，《同治甲戌日兵侵臺始末》，臺灣銀行文獻叢刊第三八種，1959 年 4 月，頁 172。

〔註 176〕不著編人，《清史列傳（102）》（臺北：明文書局，1985 年 5 月），頁 501～510。

〔註 177〕臺灣銀行經濟研究室編，《清季申報臺灣紀事輯錄》（南投：臺灣省文獻委員會，1994 年 7 月），頁 73～75、79～81、83～86、94～96、99～100、151～154、187～190、241～243。

山得到改變。

　　光緒朝臺灣進入「開山撫番」的階段，對生番的了解是這個時期官方的首要工作。同樣地洋人對這問題也深感興趣。光緒元年（1875）俄國人 Paul Ibis 趁著搭乘軍艦 Ustold 號泊錨香港之便，在 1～2 月間來臺灣旅行，就他估計當時生番人數在 150,000～200,000 左右。至於（下）琅嶠十八社的兇番，所有男丁人數至多不超過 3,000 人。〔註 178〕然官方眼中的「兇番」，在部分洋人筆法的記錄下完全不是這麼回事。同時期英國駐淡水領事阿赫伯（Allen J. Herbert），就提到內陸的原住民是心智簡單和安靜之人（simple minded and quiet people）。〔註 179〕心智簡單的敘述十分貼切，但安靜恐不能完全描述現狀。按照往例生番屢見不鮮的馘首，已使得番界沿線不甚太平。現在撫番政策一行，取消了番界，代之而起的是武力征討，生番更不可能「安靜」。光緒十年（1884）洋人非正式的估計，十年戰爭下來生番總數約減少 20,000 人左右。〔註 180〕

　　開山撫番初期，清廷針對個別兇番的討伐，獲得初步的成果。光緒元年（1875）福寧鎮總兵吳光亮在中部撫番，據稱歸化生番有 7,293 人。〔註 181〕光緒三年（1877）福建巡撫丁日昌聲稱恆春縣的下琅嶠十八社番，已比鳳山縣的上琅嶠十八社番為馴。為了應付洋人頻繁出入內山，恐洋教流傳於當地，在撫番之餘也要進行沐化。仿照熟番之制設立番學，制定學額編入字號是反制的方法。〔註 182〕有理由相信光緒初年，清廷對於生番番社的了解比之前深入。光緒五年（1879）編纂的《臺灣輿圖》，其內容對於恆春縣、埔里廳、卑南廳的生番社方位，有比以前更仔細的記錄。〔註 183〕光緒十年（1884）中法

〔註 178〕 Translated by Christian Buss, Edited by Douglas Fix, Ibis Paul, "Auf Formosa: Enthnographische Wanderungen," *Globus* 31 (1877): 149~152, 167~171, 181~187, 196~200, 214~219, 230~235.

〔註 179〕 Allen, Herbert J., "On a journal through Formosa from Tamsui to Taiwan fu," *Geographical Magazine 4* (1877): 135~6.

〔註 180〕 Write by Reclus Elisée, Edit by A. H. Keane, "Formosa", in *The earth and its inhabitant Asia, Vol.II, East Asia: Chinese empire ,Corea, Japan* (New York: D. Appleton, 1884).

〔註 181〕 鐘義明，《臺灣的文采與泥香》（臺北：武陵出版有限公司，1992 年 11 月），頁 328。

〔註 182〕 洪安全主編，《清宮月摺檔臺灣史料（三）》（臺北：故宮博物院，1994 年 10 月），頁 2571、2645。

〔註 183〕 夏獻綸，《臺灣輿圖》，臺灣銀行文獻叢刊第四五種，1959 年 8 月，頁 53～54、77～79。

戰爭進行時，已陞任江西巡撫的潘霨甚至還建議，模仿洋人訓練黑兵（黑人軍隊）之道，可以試著徵調（下）琅嶠十八社的生番練兵。〔註184〕此法在戰爭進行時沒有准行，但建省後在部分地區試行。

光緒十一年（1885）建省之際百廢待舉，此時中法戰爭退下來的散兵游勇，每有百十成群聚集於番民交界處，或搶劫居民或侵犯生番。生番遇有冤屈定出外殺人報復，然所受害者多無辜良民。〔註185〕這就是當時重啓開山撫番時的背景。透過光緒十四年（1888）所繪製的番社總圖得知，清廷對臺灣內山生番社坐落的了解更甚於以往。按凡例所錄同年就撫生番有一千二百餘社，然內有社小丁稀者，即數社歸併成一社，選一土目管束。之前歸化的（熟）番社就不再標明，現總共歸化 806 個番社，男婦大小丁口有 148,479人。〔註186〕表五十三是整理過後的番社內容，僅有 672 個番社的原因是本文摘抄社名，不再計算番社統轄的大、中、小社，或者前、中、後社。由於當時調查的番社位置，頗相近於今日高山原住民的分佈區域，所以能用族群再做更細致的討論。

這當中以泰雅族所佔 240 個社比例最大。其次是排灣族的 140 個社，再次是布農族的 116 個社，再次是阿美族的 76 個社，再次是賽夏族的 57 個社，再次是卑南族的 17 個社，再次是魯凱族的 5 個社，再次是邵族的 1 個社（參閱表五十三）。以上各族的戰爭行為皆不相同，必須要分清楚的是原住民出草（馘首）與戰爭，指的是二種不同的事務。前者只是個人對異族敵人獵頭藉以炫耀勇武，後者是基於各社間之紛爭而動武。當然戰爭進行時，眾番仍免不了彼此獵首，但這二種行為的本質確有不同。〔註187〕

根據胡良珍研究，泰雅族作戰方式是在戰前二，三天，派遣中立人士往敵方下戰書，時間、地點敵方可以更改後確定。通常戰爭時間都在用早膳前後，作戰時由番社土目帶隊前往。抵達後土目即在旁觀戰，改由另一壯丁帶隊挑戰，再問明對方就是敵人時雙方隨即開戰。〔註188〕另一民族學者衛惠

〔註184〕洪安全主編，《清宮月摺檔臺灣史料（五）》（臺北：故宮博物院，1995 年 8月），頁 3878～3879。

〔註185〕《清宮月摺檔臺灣史料（五）》，頁 4290。

〔註186〕佚名，《臺灣內山番社地輿全圖》，墨印，清光緒年間印本，北京國家圖書館藏。

〔註187〕衛惠林，〈阿美族的部落制度〉，《臺灣文獻》，第 9 卷第 1 期，1958 年 3 月，頁 8～9。

〔註188〕胡良珍，〈南投靜觀賽得克人的社會生活之研究〉，《臺灣文獻》，第 20 卷第 4

林研究阿美族的戰爭行爲，部落長老會議是該族決定出征或應戰的決策單位，一旦決定作戰再召開全部落民會議，並依據年齡層進行作戰編祖。作戰方式大體採包圍法，有正面攻堅與左右伏擊；陣地作戰不出三日，武器糧食皆由戰士自己攜帶。另外在陣地後方還有類似兵站之處，以收容負傷者扶持回社。﹝註189﹞建省以後官方對生番進行的軍事行動，有別於以往膺懲出草的個案，它是以戰爭的型態進行，迫使所有的番社全面歸順爲止。其間以泰雅族、阿美族的抵抗最烈，他們就以此法與官軍周旋（見第四章第二節）。

光緒十三年（1887）官方再撫得後山生番 218 社共五萬餘人，前山生番260 餘社共三萬八千餘人。﹝註190﹞十五年（1889）以後各廳、縣事舉頗有規模，於是也出現區域性的生番人口資料。例如：恆春縣調查到境內生番男丁爲 4,269 人，女口爲 3,441 人（不包括小孩）。﹝註191﹞新竹縣訪查到內山生番男丁約有 1,110 人。﹝註192﹞臺東直隸州生番男女約有 53,315 人（不包括小孩）。﹝註193﹞先前提到徵調生番練兵，其實建省之初再由貴州按察使李元度奏請朝廷，建議讓首任巡撫劉銘傳試辦。﹝註194﹞劉氏是否依議檔案不載，但在光緒十九年（1883）臺東直隸州同知胡傳的日記中，提到當時的防軍、土勇營中，包括：恆春隘勇、南番屯軍、後山南路屯軍、埤南屯軍、中路屯兵在內，皆有化番充當營勇。﹝註195﹞化番指的應該是新歸順的生番。此推測若能讓人所接受的話，那麼可以視爲清廷與生番關係新的轉變；即從以往的請調變成招募，雖然這樣的結果不是全面性的。

生番與官方關係的發展，是經過數百年的時間，從歸化——羈縻——請

期，1969 年 12 月，頁 22〜24。

﹝註189﹞〈阿美族的部落制度〉，頁 8〜9。

﹝註190﹞洪安全主編，《清宮月摺檔臺灣史料（六）》（臺北：故宮博物院，1995 年 8 月），頁 5319〜5320。

﹝註191﹞屠繼善，《恆春縣志》，臺灣銀行文獻叢刊第七五種，1960 年 5 月，頁 100〜109。

﹝註192﹞陳朝龍，《新竹縣采訪冊》，臺灣銀行文獻叢刊第一四五種，1962 年 7 月，頁26〜27。

﹝註193﹞胡傳，《臺東州采訪冊》，臺灣銀行文獻叢刊第八一種，1960 年 5 月，頁 21〜38。

﹝註194﹞《清宮月摺檔臺灣史料（六）》，頁 4531。

﹝註195﹞胡傳，《臺灣日記與稟啓》，臺灣銀行文獻叢刊第七一種，1960 年 3 月，頁 45〜46。

調──撫番，最後在練兵上有了招募關係的出現。然熟番的歷史卻不是這樣。他們一開始可說「就撫」了，此後與清廷保持一種權利與義務的關係。官方最終的目的是想塑造他們除了在綠營、防軍外，成為一支可以密切合作的武力。此目的是達到了，但它的演變還是要先從熟番番社談起。

表五十四是清代臺灣熟番番社的數目，總計共有 154 個之多；不過它們不是一開始就全部就撫，大抵是由南往北依次歸順。鳳山縣八社、臺灣縣四社、諸羅縣十二社（編號 1～24），則是在康熙朝與官方來往較密切的熟番。而所謂來往比較密切的意思就是役使。康熙三十三年（1694）臺廈道高拱乾的一篇〈禁苦累土番等弊示〉，透露了當時熟番們需為官府張羅花紅、抽撥牛車、勒派竹木等事。〔註196〕這些役使的負擔多重呢？按照番社大小有所不同，每年大社或納280兩，或120兩；小社或納80、60、40兩不等（知縣每年俸銀 45 兩）。為什麼會有花紅，其實就是縣官向通事索費，通事再向番社索費的結果。〔註197〕由於官員無法以身作則，於公如出巡例調熟番攜帶弓刀前導，於私則派買芝麻、鹿皮、鹿脯，如此番力焉能不困。〔註198〕康熙四十九年（1710）臺廈道陳璸提出海疆經理六條，其中針對熟番部分有幾點，包括：除濫派以安番民、給腳費以甦番困、立社學以教番童、禁冒墾以保番產、添汛塘以防番社、歸縣署以馭番眾。這些建議事項最重要的是「歸縣署以馭番眾」值得留意。〔註199〕從陳璸的條陳反推，即表示當時熟番番社不是直接歸縣署，那麼是歸何人管轄？

從上述花紅的共犯結構來看，說明清初官方是以間接控制的方式在理番；即官員透過通事來控制番社，不同於理民般採直接控制。為什麼會有這種現象？語言迥異可能是最主要的原因。因為番語按各族不同而相異，再加上不諳官話或閩、粵方言，所以初期也只能透過通事管理。除了通事之外，常與番社交易的社商也需注意。前文提到與官方往來較密切的番社都在諸羅以南，但這些社商的足跡卻不限於此。康熙二十六年（1687）的記錄顯示，他們最常交易的番社是大武壟（壟）、倒咯嘓、諸羅山、打貓、他里霧、東螺、猴悶、西螺、南社、麻支干（蔴薯舊社）、二林、三林、貓羅、大武郡、半線、

〔註196〕高拱乾，《臺灣府志》，臺灣銀行文獻叢刊第六五種，1960 年 2 月，頁 249。
〔註197〕丁宗洛，《陳清端公年譜》，臺灣銀行文獻叢刊第二〇七種，1964 年 11 月，頁 63。
〔註198〕孫元衡，《赤嵌集》，臺灣銀行文獻叢刊第一〇種，1958 年 1 月，頁 18。
〔註199〕《陳清端公年譜》，頁 62～63。

馬芝林（遴）、阿束、竹塹社。〔註200〕這些社商的引路相當有用，透過他們清廷可以了解一些未知的番社。

康熙三十八年（1699）清廷爲平定吞霄社的舉事，再次徵調熟番作戰，對象是府城附近的四大社。可惜戰局不如預期，因此遂請調岸裡社番一起弭亂。〔註201〕之後岸裡社是否隨即就撫不得而知。可考的記錄是在康熙五十四、五十五年（1715～1716），諸羅知縣周鍾瑄發給岸裏社大土官阿莫信牌與全社的曉諭。〔註202〕而在周氏任內，官府對北路熟番的了解更甚於以往；讓他們感到難治的番社包括：吞霄社、後壟社、麻少翁社、內北投社、岸裡社、噍吧哖社、（芊）茅匏社、阿里史社。這些熟番都倚仗著番社絕險，距離汛防遙遠，加上本身武力相當強悍，一遇睚眥就發生戕殺，爲官方亟要戒備的目標。〔註203〕

不過也不是每個熟番都難以管理，鳳山八社的熟番相較之下，就顯得十分聽命。有別於其他番社被役使番力之餘，他們還必須力農以應付正供。然也因爲是按口徵收，所以也只有他們留下了詳細的賦稅人口資料。依據康熙五十九年（1720）記載，該縣熟番共有男女老幼共 4,345 丁口。〔註204〕隔年朱一貴事件爆發，亂初官軍一時堵禦不住，再次徵調四大社熟番助戰。然因鎮標右營遊擊周應龍指揮失當，造成熟番冒殺良民亂事遂不可抑止。〔註205〕縱觀康熙一朝，清廷與熟番的關係尚在摸索階段。即便是有人力、正供可以徵調，但如何收編與有效運用其武力，還要假以時日才行。

雍正元年（1723）在巡臺御史黃叔璥的筆下，透露著官方已經得知熟番族群分類之複雜。他說：「土番非如雲貴之猫、獠、猺、獞各分種類聚族而居者；社之大者不過一、二百丁，社之小者止二、三十丁。」這樣的觀察說明了清廷沿襲舊例，讓正、副土官制度繼續存在的原因。〔註206〕隔年曾經來臺

〔註200〕諸家，《澎湖臺灣紀略》，臺灣銀行文獻叢刊第一〇四種，1961 年 5 月，頁56。

〔註201〕陳秋坤，《清代臺灣土著地權——官僚、漢佃與岸裡社人的土地變遷 1700～1895》（臺北：中央研究院近代史研究所，1994 年 12 月），頁43。

〔註202〕廖漢臣，〈岸裡大社調查報告書〉，《臺灣文獻》，第 8 卷第 2 期，1957 年 6 月，頁 3～4。

〔註203〕周鍾瑄，《諸羅縣志》，臺灣銀行文獻叢刊第一四一種，1962 年 12 月，頁 173～174。

〔註204〕陳文達，《鳳山縣志》，臺灣銀行文獻叢刊第一二四種，1961 年 11 月，頁 65。

〔註205〕藍鼎元，《平臺紀略》，臺灣銀行文獻叢刊第一四種，1958 年 4 月，頁 3。

〔註206〕《臺海使槎錄》，頁 162～163。

參與平定朱案的福建優貢生藍鼎元，在與臺廈道吳昌祚書信往返治臺事宜時，提到熟番的實況。在藍氏看來四大社熟番鄰近府治，學習到漢人惡習已變得刁猾健訟，而諸羅山社、哆囉嘓社則僅次於他們。他一再提醒吳昌祚，縣官與通事於規禮上的共犯關係；並留心訟師、社棍趁隙介入社務，因尾大不掉造成危害。〔註207〕尹章義注意到通事，在漢人拓墾時期角色扮演的問題，然其觀點傾向做爲官番的仲介者。〔註208〕誠然通事是有此功能，但受惠於「間接控制」的理番政策，更能使得他們知法玩法。

爾後隨著生、熟番，或者漢、番衝突事件的增加，通事的任務也變得繁重。雍正四年（1726）堋山社（又名崩山社、大甲西社）通事李旺稟報，本年二月南日社熟番十一名前往東勢山邊砍柴，突被生番五十餘名出草馘首。〔註209〕雍正八年（1730）鳳山縣通事劉琦、黃炳回稟，鋸匠陳勳等八人在傀儡番境巡視厚力木時遇襲。〔註210〕前述二例說明了一件事，就是清廷擴大了通事的工作內容，只要是跟「番」有關，一律交由通事回報。現在通事的功能之一，又變成了官府理番的耳目。另外先前役使番力的惡習，迄今仍未改善。不僅如此現在連班兵移防，也要熟番出車出人；而弁兵路過番社，常仗勢勒供酒食，稍不如意就肆加凌虐。〔註211〕然鑒於汛塘數目增加，汛防不斷擴大，半線（彰化）以北並無民莊飯店起見，班兵轉調的確需要熟番幫忙。於是在雍正九年（1731）明令，每十名班兵撥給番車一輛，由縣給票徵調；每十里發給牛草飯食錢五十文，並設立循環號簿監督避免濫派。〔註212〕

雍正八年（1730）根據署福建水師提督許良彬奏報，臺灣新舊歸化的熟番戶口數已有 2～3 萬之多。〔註213〕這是清代史載第一次提到全臺熟番的總

〔註207〕《平臺紀略》，頁 55～56。

〔註208〕尹章義，《臺灣開發史研究》（臺北：聯經出版事業公司，1999 年 10 月初版三刷），頁 173～278。

〔註209〕洪安全主編，《清宮宮中檔奏摺臺灣史料（二）》（臺北：故宮博物院，2001年 11 月），頁 833。

〔註210〕洪安全主編，《清宮宮中檔奏摺臺灣史料（四）》（臺北：故宮博物院，2001年 11 月），頁 2465。

〔註211〕李桓編，《國朝耆獻類徵（137）》（臺北：明文書局，1985 年 5 月），頁 803～827。

〔註212〕張嗣昌，《巡臺錄》，乾隆元年刻本，北京大學圖書館藏。

〔註213〕國學文獻館主編，《臺灣研究資料彙編（第一輯・第九冊）》（臺北：聯經出版社，1993 年 9 月），頁 3701。

數，它包括哪些番社呢？大至上說表五十四編號 1～118 的番社即是。這與康
熙朝相較，官方對熟番的掌握又更往北發展，網羅了新設彰化縣、淡水廳境
的熟番社。這樣的用心是非常有必要，因爲雍正九、十年（1731～1732）先
後爆發的大甲西社番，以及沙轆、牛罵、南大肚社番的舉事，官軍在無力平
亂之餘，就是靠著岸裡社，與反正的後壠、大甲東、南日南社助剿才能成
功。〔註214〕

　　有記錄顯示乾隆朝官方對熟番番情更加了解。首先在人口方面，乾隆二
年（1737）清廷把諸羅縣、彰化縣、淡水廳社餉改照民丁例，爲此記載了轄
境賦稅人口資料。從表五十五來看，諸羅縣十三社番丁共 1,082 人，彰化縣二
十社番丁共 1,318 人，淡水廳二十七社番丁共 1,325 人。乾隆九年（1744）廣
州將軍署理巡撫印務策愣，受高宗之命調查福建陸路提督武進陞，奏報鳳山
縣劉奇暨旗是否屬實時，在其奏摺中提到當時熟番番社大小共有 170 餘社
（與 118 社的出入在於同一番社尚有大小之分），人口數爲「不下十餘萬人」。
〔註215〕乾隆四十二年（1777）彰化知縣馬鳴鑣在發給岸裡社通事的公文中，
提到該社男女共又二千餘口，爲首次對單一番社總人數的記載。〔註216〕屬於
「概數」性質的戶口數與人口數，雖不如廳、縣番丁或個別番社人口清楚，
但它代表著官方對當時臺灣熟番的印象。再者知道了縣、廳的番丁人數後，
對於官府如何役使他們，也可以做出區域性的比較。

　　乾隆十七年（1752）諸羅縣一塊〈嚴禁派撥累番碑記〉，透露著該縣熟
番被差役、弁兵役使，擔任解餉、載運、跟巡苦差的工作。〔註217〕示禁碑
的有無是一個標準。雖說不能藉此認定，諸羅縣的番丁被役使最力，因此
必須立碑示禁，但它卻可以做爲該縣對問題正視與否的指標。其實對於熟
番的保護，透過巡臺御史的回奏，朝廷早已注意了很久。現問題的焦點都
在警告兵役，不准役使番力過重。〔註218〕以往知縣——通事的收賄結構，反
倒很少提及。然公私史料不載，並不代表規費已經消失，可能是金額已成

〔註214〕張嗣昌，《巡臺錄》，乾隆元年刻本，北京大學圖書館藏。
〔註215〕軍機處錄副奏摺——農民運動類，案卷號：3303，膠片號：135，中國第一歷
　　　　史檔案館藏。
〔註216〕國立臺灣大學圖書館藏，《觀風蹉跎》，伊能文庫手稿及抄寫，編號：MO37。
〔註217〕臺灣銀行經濟研究室編，《臺灣南部碑文集成》（南投：臺灣省文獻委員會，
　　　　1994 年 7 月，頁 380～382。
〔註218〕不著編人，《清實錄——高宗純皇帝實錄（九）》（北京：中華書局，1985 年
　　　　11 月），頁 886。

官場「合理」的價位，所以不再深究。班兵不給熟番腳費有時並非出於刻意，因爲沒有公費可以動用。乾隆四十八年（1783）福建巡撫雅德奏准從臺灣官莊中，每年撥出 233.1 兩，合三年 699.5 兩之數，充做班兵雇備車輛之資。〔註219〕

　　役使番力屬於額外的工作，所以需要酌給銀兩，那麼什麼是他們份內的工作呢？從乾隆十年（1745）繪製的《番社采風圖考》來看，跟公務有關的是負責瞭望、哨望與守隘。對於前者在淡水廳竹塹、南嵌、芝包裏（芝芭里，今桃園市中壢區）、八里坌，由通、土搭建望樓，每日派撥麻達（番語，意爲番丁）巡視，以防生番或杜絕偷割稻穀。對於中者則是社番覓地自搭望樓，在上持械擊柝徹曉巡視以防奸宄。對於後者則是由通、土派撥番丁，持械巡守隘防以防生番。〔註220〕其實公務的內容還不僅於此，《岸裡社文書》中保留了大量官方徵調熟番的案例，他們包括：土牛溝番界挑挖完成後，協同鄉保至界外拆毀私越番界的草藔；跟隨軍工匠出入山區搬運木料或護衛安全；偶爾會被調派維修已經損壞的土牛溝等等。〔註221〕

　　其次在理番事務方面，如果認爲清廷不重視熟番，則是有悖史實的。乾隆十年（1745）出現了番務調整的建議。福建布政使高山在巡視臺灣之後，密奏朝廷希望仿西南苗疆例，於熟番社目中選立土司。他的理由是土目爲眾番所舉，非經制亦無責成。如果改成土司制，不僅可以分管眾番，也可以統轄生番，能收民番相安之效。〔註222〕高氏的建議頗值得細究。因爲不久前（雍正五年）清廷才在西南實行「改土歸流」，經過數次的鎮壓，費了一番功夫終能裁抑土司，一改間接統治爲直接統治。高山的建議如果准行，那麼臺灣的番務豈不倒退——把間接控制變成最不樂見的間接統治。於是高宗諭令福建督、撫議決，閩浙總督馬爾泰以熟番改制成土司，未必能管理生番爲由否決該議。〔註223〕

〔註219〕臺灣銀行經濟研究室編，《臺案彙錄丁集》，臺灣銀行文獻叢刊第一七八種，1963 年 9 月，頁 239。

〔註220〕六十七，《番社采風圖考》，臺灣銀行文獻叢刊第九〇種，1961 年 1 月，頁 23、69、95。

〔註221〕岸裡大社文書出版編輯委員會，《國立臺灣大學藏岸裡大社文書（三）》（臺北：國立臺灣大學，1998 年 3 月），頁 1003～1052。

〔註222〕仁和琴川居士，《皇清奏議（七）》（臺北：文海出版社，1967 年 10 月），頁 3515～3534。

〔註223〕《清實錄——高宗純皇帝實錄（一二）》，頁 245～246。

在官府的認知中，各社熟番番情如呢？同時期諸羅知縣周芬斗題番社七言絕句詩中，指出打猫社最爲慕義，麻豆社跟隨長官出巡最爲馴良。〔註224〕《清職貢圖》中亦收錄不少北路番社實況，例如：彰化縣大肚等社番，除漁獵外亦勤耕作，暇日或至縣貿易。同縣西螺等社番，男子趫捷善奔走，即被選爲接遞官方文書的工作。淡水廳各社社番欲貿易者，一律與通事對口不赴廳治。〔註225〕保護熟番除了前述提到的以豑番困外，清查社棍現也成重點工作。社棍之前早有，但此時會成爲官府注意的目標，則是乾隆以後閩粵偷渡臺灣人口增多，不少生事之徒藏匿於番社內。〔註226〕

乾隆二十三年（1758）臺灣道楊景素抵任後，得知內地渡臺者眾，且又奸良雜處；南、北兩路番地多被豪民智取勢佔，黠者夤緣通事，科斂恣橫幾不聊生。於是與臺灣知府余文儀合作，首請撤逐通事壯丁、釐定疆界、永免番役。〔註227〕「撤逐通事壯丁」就是不再任用漢人爲通事，此議受到閩浙總督楊應琚的支持；而第一個被罷黜的對象，就是岸裡社的通事張達京。〔註228〕國立臺中圖書館典藏一批珍貴古文書，其中有一份乾隆二十四（1759）彰化縣衙公文，即記載著淡水廳、彰化縣、諸羅縣新任的通事與土目名單。〔註229〕不僅如此在乾隆三十二年（1767），清廷裁撤泉州府西倉同知，仿廣東理猺同知例以其缺新設臺灣府理番同知，統轄淡水廳、彰化縣、諸羅縣的民番交涉問題（南路番務由海防同知兼任）。〔註230〕這是一個極重大的變革，因爲揭示著官方欲從「間接控制」轉變成「直接控制」。現在番務有了專責的職官。雖然在政務的推展上仍要靠通事配合，但由於通事也由熟番擔任，不管形式或是實質，都代表官府直接接觸眾番，其直接控制意味濃厚。

戴炎輝認爲通事、土目併立管理社務，形成兩頭行政的型態。乾隆二十年代以後，爲防止通事侵吞社租又設立番業戶，再形成三頭行政的局面。由

〔註224〕連橫，《臺灣詩乘》，臺灣銀行文獻叢刊第六四種，1959年9月，頁67。
〔註225〕《清職貢圖選》，頁28、32、40。
〔註226〕李桓編，《國朝耆獻類徵（145）》（臺北：明文書局，1985年5月），頁5～14。
〔註227〕余文儀，《續修臺灣府志》，臺灣銀行文獻叢刊第一二一種，1962年4月，頁813。
〔註228〕《清代臺灣土著地權──官僚、漢佃與岸裡社人的土地變遷1700～1895》，頁66。
〔註229〕臺灣省立臺中圖書館，〈臺灣中部地方文獻資料（四）〉，《臺灣文獻》，第34卷第4期，1983年12月，頁83～86。
〔註230〕周璽，《彰化縣志》，臺灣銀行文獻叢刊第一五六種，1962年11月，頁67。

於社務不斷被劃分，使得番社的整體性甚見鬆弛。〔註231〕戴氏的看法有獨到之處，但從統治者的立場來說，當然是採分化而又不露痕跡是最好，尤其在武力上有可能威脅到他時。乾隆三十三年（1768）的黃教事件時，使得徵調熟番作戰的模式復見。由於黃教陣營多沿番界騷擾、逃竄，所以熟番的任務不是進行攻防戰，而是入山追捕逸匪居多。〔註232〕黃案的僅是小規模的練兵，二十年後又有更大的事件，等著考驗官方調動番丁作戰的能力。

乾隆五十一年十一月底（1787.1）天地會首林爽文舉事於大里杙，之後如燎原之火席捲各處。不過不同於生番有暗助林陣營的疑慮，事發之初熟番幾乎都站在清廷這邊。根據大甲社通事回報，本月二十七日（1787.1.16）彰化知縣俞峻在大墩（臺中市南區）挐盜時殞命，二天之後縣城失陷。署淡水廳同知程峻、理番同知長庚接獲回報後，急忙募集鄉勇社番堵禦。軍機處錄副、《彰化縣志‧列傳》雖沒有明言，程、長是調集哪一社的熟番，但匆促間可調之番應為竹塹社與馬芝遴社莫屬，這也是林案爆發時熟番投入戰局最早的記錄。〔註233〕乾隆五十二年正月十日（1787.2.27）在鹿港坐鎮的福建陸路提督任承恩回奏，他業已派撥官兵、鄉勇、熟番分路進剿。〔註234〕十三日（1787.3.2）官軍與林陣營在彰化縣三條崙（南投縣名間鄉）、月眉莊（南投縣草屯鎮）展開激烈的攻防戰。二處戰役幸賴大肚社、岸裡社熟番相助，才能陣斬敵軍數十人並擒獲「掃北大將軍」林里生。〔註235〕不過林陣營已把攻擊的矛頭，指向嘉義縣城（諸羅縣更名）、臺灣府城與鹿港。山區的戰鬥在亂初並不是主戰場。

乾隆五十二年二月（1787.4）由於有消息傳來，指稱林爽文可能勾結生番助戰，接獲密報的清廷立刻諭令理番同知吳元琪，命令通、土傳諭內山生番，以及番界沿縣熟番，必須一體堵截擒挐逸匪後有重賞。該上諭透露了一件事，那就是投入官軍陣營平亂的熟番，一開始僅限於城邑附近或平原地帶的番社。位於山區的熟番可能還在觀望之中，所以清廷急著要理番同知出面曉諭

〔註231〕戴炎輝，《清代臺灣的鄉治》（臺北：聯經出版事業公司，1992年5月三刷），頁367。
〔註232〕柯志明，《番頭家──清代臺灣族群政治與熟番地權》（臺北：中央研究院社會學研究所，2001年3月），頁239～242。
〔註233〕《天地會（一）》，頁185；《彰化縣志》，頁107。
〔註234〕《欽定平定臺灣紀略》，頁173。
〔註235〕《天地會（一）》，頁335。

爭取支持。〔註236〕此時署北路協右營守備董得魁獻策，提及先前在剿捕宛裏莊（苗栗縣苑裡鎮）賊匪時，曾帶領後壠通事瓚英與弓箭番一百名追擊。這些熟番中必素通山徑者，現在可以再循舊例徵調。〔註237〕

乾隆五十二年四月二十一日（1787.6.6），困守在嘉義縣城的臺灣鎮總兵官柴大紀回奏，連日來在柴頭港（嘉義市）、莘蔴莊（嘉義縣太保市）的戰鬥，有熟番在此陣亡。〔註238〕同樣地柴氏也沒說是哪個番社相助，但根據地緣不外乎是諸羅山與打猫社。六月十六日（7.30）來臺取代福建水師提督黃仕簡的藍元枚回奏，他已遣人至大甲等社與之聯絡，同日即命各莊義民與熟番數千人，殺至大肚溪的敵陣當中。〔註239〕在鹿港指揮作戰的藍氏，相當注意運用熟番來牽制敵軍，同年八月十六日（9.27）他又糾集牛罵一帶的熟番、義民，從大肚溪分路進兵至彰化。〔註240〕此時官軍與林陣營同處於拉鋸戰的狀態，爲了打破此僵局高宗諭令駐守在淡水的閩安協副將徐鼎士，調集義民、熟番數千人，加上原有 2,500 名的兵力，從北往南向大里杙進剿。〔註241〕徐的行動要到同年十月，配合欽差大臣福康安在彰化、諸羅的攻擊才展開。不過以官軍全面控制臺北盆地周圍的局面來看，徐鼎士麾下的熟番應該包括竹塹以北的所有番社。

乾隆五十二年十月二日（1787.11.11）官軍再獲得大舉增援後，分六路合圍彰化縣內山。東面三路由岸裡社出發，進攻大里杙牽制敵勢；西面三路由牛罵出發，往南直趨大肚。爲應付這次任務，淡水同知徐夢麟已先招募民、番九千餘名。〔註242〕之後戰局有如摧枯拉朽，林陣營一反先前的勇猛，在福康安指揮大軍的壓境下全線崩潰。乾隆五十三年正月四日（1788.2.10）林爽文在逃至淡水廳老衢崎（苗栗縣竹南鎮），被改裝易服的義民、社丁擒獲，北路戰局至此結束。〔註243〕事後邀賞除了上述的幾個熟番社外，又提到鳳山縣

〔註236〕《天地會（二）》，頁 9。

〔註237〕《欽定平定臺灣紀略》，頁 200～201。

〔註238〕《欽定平定臺灣紀略》，頁 329。

〔註239〕《欽定平定臺灣紀略》，頁 408。

〔註240〕《天地會（三）》，頁 226。

〔註241〕臺灣銀行經濟研究室編，《臺案彙錄庚集》，臺灣銀行文獻叢刊第二○○種，1964 年 8 月，頁 546。

〔註242〕《天地會（四）》，頁 3。

〔註243〕洪安全主編，《清宮諭旨檔臺灣史料（二）》（臺北：故宮博物院，1996 年 10 月），頁 1016。

的茄藤社、淡水廳的霄閣（裡）社打仗頗爲出力。〔註244〕

透過林爽文事件了解到清廷在收編熟番武力上是成功的。林陣營失敗的原因很多（第四章第一節將提到），其中有一點是無法有效爭取到熟番的支持。固然從被俘虜的口供中也曉得，有極少的「番婦」加入他們的行列。但其作用不外是利用旁人恐懼她們女巫的身份，藉以催眠我軍、蠱惑敵軍的騙術罷了。〔註245〕經過長期的接觸，從康、雍朝仍有熟番是官方亟要戒備的對象，到乾隆朝已不具任何武力的威脅，其中的因素值得深思。事實上清廷與熟番的接觸，最富經驗且次數頻繁的，反倒不是被徵調作戰；而是跟隨官員出巡、聽調兵役差遣、保護軍工匠、維修土牛溝、傳遞公文、守隘、瞭望等一切勞力性質的工作。熟番長期受役使的結果，使得他們變得習於聽命。無怪乎林爽文在豎旗之初，能有計劃性的聯絡生番，惟獨對這群熟番沒辦法。欽差大臣福康安來臺後也看上這點，於是在林案結束後建議仿照四川屯練制度，從熟番中抽取可以整編的武力組成番屯。

番屯既然成立，乾隆朝以後熟番番社在武力上的意義，就不若之前那麼強烈。不過還是有二個重點需要一提。其一是噶瑪蘭番情的記錄。嘉慶十五年（1810）新設立噶瑪蘭廳，一下子把「化外」的三十六社全歸爲熟番（表五十六編號 119～154）。該廳特別之處在於來不及籌設番屯，而昔日在前山對熟番的役使的舊例，似乎還要再重新上演過。然不管是從方志，還是從檔案來看，都沒有發現到蘭地熟番有被役使過重的記錄。而且清廷爲保護他們的地權，還在當地實施前所未有的新制——加留餘埔。〔註246〕噶瑪蘭是一個有趣的個案，嘉慶朝以後在該地發生的民變事件不多，舉其大者僅有道光三年（1823）的林泳春事件，咸豐三年（1853）的吳蹉、林汶英事件。二案的平亂過程巧合地都沒有熟番或屯丁加入。〔註247〕筆者在中國第一歷史檔案館查閱資料中，幸運地找到吳蹉、林汶英案的獎賞名單，其有功者都是文武官員與義民首。〔註248〕再細察吳蹉一干人犯所錄的口供，參與的人數僅

〔註244〕《欽定平定臺灣紀略》，頁 950。

〔註245〕《天地會（一）》，頁 358；《天地會（三）》，頁 15；劉如仲、苗學孟編，《臺灣林爽文起義資料選編》（福州：福建人民出版社，1984 年 3 月），頁 272～273。

〔註246〕陳淑均，《噶瑪蘭廳志》，臺灣銀行文獻叢刊第一六〇種，1963 年 3 月，頁 31。

〔註247〕廖風德，《清代之噶瑪蘭》（臺北：正中書局，1994 年 11 月二刷），頁 246～266。

〔註248〕軍機處錄副奏摺——農民運動類，案卷號：3336，膠片號：137，中國第一歷

77 人，這樣的規模或許由官軍和義民敉平即可，不需再徵調熟番或調動番屯。〔註249〕

事實上包括噶瑪蘭在內的其他廳、縣，在嘉慶以後就很少見到被過分役使。雖然乾隆五十三年（1788）福康安奏准，日後對熟番的役使只限於傳遞官方公文〔註250〕；但實際上整體環境的改變，讓熟番們免去昔日的辛勞。其理由有以下幾點：一、班兵移防已成三口對渡，免去在唯一正口時陸地行車之勞。二、隨著臺灣船政敗壞與開港貿易所需，軍工匠由採料改成採腦，熟番不需要再跟隨入山。三、土牛溝所形成的番界象徵意義大於實質，雖在光緒以前還有封禁，但少見土牛溝維護的記錄。四、熟番守隘不是清末隘防的重點，如雨後春筍般設立的民隘才是最重要。五、瞭望的功能被隘防取代，哨望的功能被鄉治的聯莊取代。所以清末熟番如果還有因公被徵調的事例，就剩下隨官出巡或傳遞公文爲多。然要注意的是同一時期漢人的人口數已滋生繁多，徵調民壯的機會不少於熟番。

其二是熟番的人口記錄。道光二十七年（1847）充任臺灣知府全卜年幕友的丁紹儀，在其私著中提到當時全臺熟番共 128 社。〔註251〕丁氏的記錄雖是清代最後一次對熟番社數目的統計，但沒有留下人數的估計頗爲遺憾。幸好同時期有其他區域記錄可作補充。道光元年（1821）署噶瑪蘭廳通判姚瑩以濁水溪（今名蘭陽溪）爲界，記載西勢番 20 社，番丁男婦共 2,262 人；東勢番 16 社，番丁男婦共 3,307 人。〔註252〕道光二年（1822）《賦役冊》所載鳳山縣熟番賦稅人口數據，番丁 3,592 人、番婦 1,844 人、老番與少男女番 753 人。〔註253〕光緒二年（1876）懷帶著人類學與植物學興趣的美國學者 Joseph Beal Steere，在臺灣南路調查之旅上，估計從打狗港（今高雄港）到臺灣府城一帶約有熟番 5,000 人。〔註254〕這塊區域若最北以新港溪（今鹽水溪）

史檔案館藏。

〔註249〕軍機處錄副奏摺──農民運動類，案卷號：3335，膠片號：137，中國第一歷史檔案館藏。

〔註250〕臺灣銀行經濟研究室編，《清代臺灣大租調查書》，臺灣銀行文獻叢刊第一五二種，1963 年 4 月，頁 1029。

〔註251〕丁紹儀，《東瀛識略》，臺灣銀行文獻叢刊第二種，1957 年 9 月，頁 70。

〔註252〕姚瑩，《東槎紀略》，臺灣銀行文獻叢刊第七種，1957 年 11 月，頁 77～82。

〔註253〕佚名，《臺灣府賦役冊》，臺灣銀行文獻叢刊第一三九種，1962 年 2 月，頁 2。

〔註254〕Steere J. B., "Formosa," *Journal of the American Geographical Society of New York 6* (1876): 302~334.

爲界的話，包括的番社有大傑巔社、大目降社、芋匏社、新港社（表五十四編號10～13）。光緒十九年（1893）雲林縣記錄境內柴裡社有550人、他里霧社有50人。〔註255〕同年苗栗縣記錄境內熟番共有十三社，人數約3,522人。〔註256〕光緒二十年（1894）新竹縣記錄境內熟番共有竹塹社、中港社，人數爲653人。〔註257〕

　　咸豐元年（1851）臺灣道徐宗幹「治番不如治民」的一席話，道出了清末治臺之道的順序。〔註258〕基本上清廷對熟番的治理是成功的，雍正朝以後已沒有熟番反叛可以證明之。整個清代官（熟）番的關係，都在撫番──徵調的架構下進行。番社本身就是一個武力團體，但清廷透過平時的役使，讓眾番們以習於聽命。所以各社即便是武力再強，終歸還是要受官方所用。乾隆五十三年（1788）番屯的成立，是官方收編熟番武力重要的里程碑。有別於徵調，它顯示出官番合作的第二種選擇──經制。

二、番屯

　　何謂番屯？其意是仿照屯田之例，挑選健壯熟番充做屯兵，按兵額多寡授予田畝；無事則各力田疇，有事聽命征戰，做到兵農合一之目的。番屯最早的建議，應可溯至乾隆五十三年五月（1788.6）欽差大臣福康安等聯名上奏時提出。〔註259〕同年六月福康安等再提出較詳細的章程，包括：屯丁人數定額、屯弁人數的定額、屯丁與屯弁的待遇、清查即將要發給他們的埔地、武器的使用、免去徭役徵調。福康安的議案中很重要的一點，就是想把臺灣的番屯制度，以模仿四川屯練的方式建立。〔註260〕然有趣的是在《清史稿‧兵志》中，只有見到川甘、湖廣、雲貴土兵的敘述，並無臺灣「土兵」的記載。〔註261〕筆者暗忖這是《清史稿》編纂時的疏漏，不過這不妨礙番屯在臺

〔註255〕倪贊元，《雲林縣采訪冊》，臺灣銀行文獻叢刊第三七種，1959年2月，頁7、93。

〔註256〕沈茂蔭，《苗栗縣志》，臺灣銀行文獻叢刊第一五九種，1962年12月，頁49～50。

〔註257〕陳朝龍，《新竹縣采訪冊》，臺灣銀行文獻叢刊第一四五種，1962年7月，頁4。

〔註258〕丁日健，《治臺必告錄》，臺灣銀行文獻叢刊第一七種，1959年7月，頁398。

〔註259〕中國第一歷史檔案館、人民大學清史研究所合編，《天地會（五）》（北京：人民大學出版社，1986年5月），頁47。

〔註260〕《天地會（五）》（北京：人民大學出版社，1986年5月），頁79～83。

〔註261〕趙爾巽等著，《清史稿》（北京：中華書局，1998年1月），頁1055～1059。

灣軍事史上的地位。〔註262〕戰後對於番屯的研究，莊金德與戴炎輝分別在
1960、1970 年奠下基礎。〔註263〕本文在這成果之上，繼續討論之前較少注意
的指揮與管理問題。

　　福康安的奏摺在經過廷議後通過，臺灣番屯設置大屯四處，每處 400
名；小屯八處，每處 300 名。這十二個屯 4,000 名屯丁中，各屯分設外委一員
指揮，四個大屯再分設把總各一員指揮，南、北路屯再分設千總各一員指
揮。番屯成軍的目的是爲了在本社防守地方，稽查盜賊之用；因此不讓他們
遠離鄉井，在校驗或調派時才容易齊集。至於在管理上，就將屯務交由北路
協副將、南路營參將就近負責，不過花名圖冊交南、北路理番同知稽核。點
檢屯丁、拔補屯弁統歸臺灣鎮總兵、臺灣道管轄，再詳報督、撫後給與箚
附，報部存案。然番丁們素習技藝，非綠營招募新兵可比，所以可仿四川屯
練例，不必歸營操演。〔註264〕在籌給月餉上，每位番弁、番丁有如綠營般，
都可享有雙餉的待遇。事後官方清查出臺灣有未墾及沒收埔地 8,800 餘甲，按
屯丁每員撥給一甲，屯外委每員撥給三甲，屯把總每員撥給五甲，屯千總每
員撥給十甲發放，讓他們能招佃開墾收取租穀，名爲養贍地。另外亦有偷越
界外開墾的埔地，經過調查共有面積 11,200 甲，全數收作官有，現耕佃人一
律充做官佃，並以徵銀代替納粟。每年官方收取後再按等級高低發放給屯
弁、屯丁，其標準是屯千總發給番銀 100 元（約銀 70 兩），屯把總發給番銀
80 元（約銀 56 兩），屯外委發給番銀 60 元（約銀 42 兩），屯丁發給番銀 8 元
（約銀 5.6 兩）。〔註265〕

　　當然番屯政策能否落實，事前履勘的工作是相當重要。臺灣道萬鍾傑、
臺灣知府楊廷理、北路海防理番同知黃嘉訓、南路海防理番同知清華、淡水
同知徐夢麟是主要的執行者。他們在克服實際上的問題，例如：屯所設置於
何處、屯丁與屯弁挑選於何人、埔地已墾未墾良瘠不同如何發放等，終於在
乾隆五十五年十一月（1790.11）由閩浙總督覺羅伍拉納再上奏後經廷議拍板

〔註262〕對於《清史稿》疏漏與考證的評論，可參閱汪宗衍，《讀清史稿札記》（臺北：
　　　　弘文館出版社，1986 年 4 月）。
〔註263〕《清代臺灣的鄉治》，頁 467～530；莊金德，〈臺灣屯政之興廢〉，《臺灣文獻》，
　　　　第 11 卷第 4 期，1960 年 12 月，頁 33～107。
〔註264〕臺灣銀行經濟研究室編，《臺案彙錄壬集》，臺灣銀行文獻叢刊第二二七種，
　　　　1966 年 5 月，頁 2～3。
〔註265〕臺灣銀行經濟研究室編，《臺灣私法物權編》，臺灣銀行文獻叢刊第一五○種，
　　　　1963 年 1 月，頁 400～410。

定案。〔註266〕表五十六的內容就是他們的成果，這當中有三項值得討論：第一是屯丁的部署。以往的看法都止於番屯爲南、北路的分佈，之後即不再做任何解釋殊爲可惜。要知道清廷希望各屯能做到就近防禦，所以分廳、縣的部署即相當重要，如此才能與各處汛防搭配。屯丁數額居首是彰化縣境的 1,497名，其次是淡水廳的 1,000 名，再次是鳳山縣的 700 名，嘉義縣境的 503 名，臺灣縣境的 300 名。第二是指揮與管理。根據上文所示，番屯不若綠營呈現一元化態勢，它分別有文、武官員介入其中。雖然道光九年（1829）《福建政事錄》記載番屯是受南、北路海防理番同知管理。〔註267〕然從屯丁腰牌上蓋「鎮守福建臺灣總兵官印」來看，屯丁們還是受到總兵官的節制。〔註268〕第三是養贍地的分配。對照表五十四與五十六得知每個番社，所分配到的養贍地即便不是跨縣，也需「跋山涉水」才能抵達。萬鍾傑與徐夢麟早看出此問題，但這已是官方可以做到最好的安排。〔註269〕因此有必要討論清廷設想下的初衷。本文認爲官方以「不在地地主」的設計，則是避免熟番利用經制武力，解決可能發生的地權糾紛，造成尾大不掉的局面。

　　臺灣大學人類學系典藏一批珍貴的古文書，其中有不少關於番屯的契約。乾隆五十七年（1792）一張發貼新港社（又名新港仔社／苗栗縣後龍鎮）的曉諭，其內容就是要求屯丁做到幾項工作，包括：提防奸徒侵越內山抽籐、吊鹿、毒魚、燒鹼，以致觸怒生番逸出戕害；並且至各社所有隘口防守，巡查盜賊不得怠惰，亦要嚴查兒（酗）酒、聚賭、強梁、打架等事。然相當有意思的是具名人的頭銜。新港社屬於竹塹大屯管轄沒有疑問，但署名是「福建臺灣北路<u>淡水三屯副守左部蕭</u>」指的是誰呢？「淡水三屯」的意思應是指淡水廳境的三個屯，「副守」的意思應是指屯千總之下的屯把總。「左部」推側可能是三個屯分爲中、左、右部，各部由外委指揮，左部即是竹塹屯的外委。〔註270〕這樣的說法是有根據，按二年前屯制設立時，北路屯千總

〔註266〕臺灣銀行經濟研究室編，《臺案彙錄甲集》，臺灣銀行文獻叢刊第三一種，1959年 1 月，頁 1〜26。

〔註267〕佚名，《福建政事錄》，清（道光九年）藍絲欄鈔本，北京國家圖書館分館藏。

〔註268〕胡家瑜主編，《道卡斯新港社古文書》（臺北：國立臺灣大學人類學系，1999年 9 月），頁 285。

〔註269〕陳壽祺，《福建通志臺灣府》，臺灣銀行文獻叢刊第八四種，1960 年 8 月，頁160〜162。

〔註270〕《道卡斯新港社古文書》，頁 282。

由潘明慈擔任，北路竹塹屯把總由錢茂祖擔任，北路竹塹屯外委由和盛擔任。
〔註271〕「和盛」是熟番的土名，改漢姓後成為蕭氏。另外一項證據，則是乾
隆六十年（1795）臺灣鎮總兵官哈當阿巡視北路，淡水廳同知何茹連傳諭頭
役張喜，要他告知屯外委轉飭竹塹屯通、土各社屯丁準備點檢。「左部蕭（氏）」
蒙此合行飭著，即用鈐記再發一份告示傳往新港社，由此可證明該頭銜是屯
外委無誤。〔註272〕

　　嘉慶九年（1804）猫羅社與漢人官佃首鄭士模訂立的借據中，出現「屯
隊首」的頭銜。〔註273〕這是番屯經制中所沒有的職位。戴炎輝在研究時早已
注意到此現象，並還例舉出包括：屯目、屯首、屯丁首、隊目等職稱。戴氏
認為他們不是公稱職名，而是社內屯丁首，約束社內屯丁所設。〔註274〕誠然
是有這個可能，但是什麼原因需要在屯外委之下私設新職呢？本文認為是為
了指揮上的方便。對照綠營弁兵的比例（參閱表四十三～四十八），通常是
1：50 以下；但各屯的弁丁比例懸殊，即便是大屯也有 1：133，小屯更高達
1：300。這樣的編制非常不利小部隊作戰，於是在不能隨意更改原制的前題
下，便宜行事地設立一些新職輔以屯外委。同年臺灣熟番中發生一件大事，
原來彰化縣岸裡社熟番潘賢文，率領同社以及阿里史、阿束、東螺、北投、
大甲、吞霄社番約一千餘人，翻越雪山山脈進入噶瑪蘭成為「流番」。〔註275〕
潘氏率眾出走對於番社的運作肯定有影響，但是否造成番屯的崩潰恐還不至
於。其原因在於數年之後閩、粵海盜相繼犯臺，番屯在官府的指揮下表現傑
出，戰力沒有絲毫折損的樣子。

　　番屯成軍後首度投入戰場，是在嘉慶十年十一月至隔年七月（1805.12～
1806.8）。該役閩海盜蔡牽進犯臺灣縣洲仔尾（臺南市永康區），並聯絡鳳山縣
土匪舉事。從事後的獎勵名單來看，當時參與平亂的番屯有放索大屯、新港
小屯，敘功原因是在洲仔尾戰役中表現勇敢〔註276〕；另外有搭樓小屯在外委
潘天賜的帶領下，曉諭生番助戰並在內埔莊（屏東縣內埔鄉）隨營作戰頗有

〔註271〕《臺案彙錄甲集》，頁 18。
〔註272〕《道卡斯新港社古文書》，頁 283。
〔註273〕《臺灣私法物權編》，頁 358。
〔註274〕《清代臺灣的鄉治》，頁 469。
〔註275〕潘繼道，《清代臺灣後山平埔族移民之研究》（臺北：稻鄉出版社，2001 年 4
　　　　月），頁 89～90。
〔註276〕《臺案彙錄甲集》，頁 18；臺灣銀行經濟研究室編，《臺案彙錄辛集》，臺灣
　　　　銀行文獻叢刊第二○五種，1964 年 12 月，頁 83。

斬獲。〔註277〕無獨有偶地嘉慶十三年六月（1808.7）粵海盜朱濆突入淡水，臺灣知府鄒翰調集屯番五百餘人應戰；並配合官兵、義民、壯役圍擊，終能擊退朱濆的攻勢。〔註278〕以地緣關係來看，該役出動的番屯應為武勝灣小屯與竹塹大屯。除了攘外屯番表現英勇外，就算是安內亦能得力。嘉慶十四年四月（1809.5）淡水廳中港（苗栗縣竹南鎮）引發漳泉械鬥，之後有如燎原往南部蔓延。福建陸路提督許文謨在同年八月親帶兵丁、屯丁至嘉義審辦，穩住局勢使地方逐漸寧靜。〔註279〕

　　不過番屯實施才二十年光景，立刻有隱憂浮現，那就是墣耕養贍地的漢佃相繼刁抗，甚者還採欺詐、霸佔方法侵蝕。〔註280〕嘉慶十五年（1810）閩浙總督方維甸發覺事態嚴重，其苦累情況已影響到四千名番丁是否足額，因此決心加以整頓。〔註281〕仁宗針對此事發出上諭，指派方氏與福建巡撫張師誠查照舊章清釐屯地。爾後歷朝總少不了加意整頓、清釐屯務的事宜，但奇怪的是屯弁、丁苦於欠租，卻不曾發生譁變。〔註282〕這意謂著原因不外乎有兩種，一是他們聽命於官府的習性，讓他們不敢犯上；一是每次官府介入拖欠案件時，也都冀望司法能充作他們的後盾。不管是任何一種原因，都代表官府對番屯武力控制是十足有把握的。

　　道光朝熟番遷徙到番界外的案例又再度發生，分別在三、九年（1823／1829）彰化縣的烏牛欄社、阿里史社、朴仔籬社等遷往水沙連，鳳山縣的武洛、搭樓、阿猴社繞過恆春遷往寶桑（臺東市）。〔註283〕有理由相信這二次遷徙，對番屯運作還未造成決定性的破壞，相反地他們的戰鬥力仍然很

〔註277〕中國第一歷史檔案館編，《嘉慶道光兩朝上諭檔（十一）（桂林：廣西師範大學出版社，2000年11月），頁687～688。

〔註278〕洪安全主編，《清宮諭旨檔臺灣史料（四）》（臺北：故宮博物院，1997年10月），頁2843～2847、2853～2855。

〔註279〕軍機處錄副奏摺──農民運動類，案卷號：3318，膠片號：136，中國第一歷史檔案館藏。

〔註280〕《清宮諭旨檔臺灣史料（四）》，頁2980～2983。

〔註281〕洪安全主編，《清宮廷寄檔臺灣史料（二）》（臺北：故宮博物院，1998年10月），頁1047。

〔註282〕《岸裡社文書》收有不少借據，年代從嘉慶至道光，參閱岸裡大社文書出版編輯委員會，《國立臺灣大學藏岸裡大社文書（一）》（臺北：國立臺灣大學，1998年3月），頁573、586、590、746、748、857～858、861、894～897。

〔註283〕伊能嘉矩著、楊南郡譯註，《臺灣踏查日記（下）》（臺北：遠流出版事業股份有限公司，1997年2月初版二刷），頁174～179；《清代臺灣後山平埔族移民之研究》，頁111。

強。例如：道光十二年（1826）嘉義縣張丙豎旗，連陷斗六門、鹽水港等要地，其勢恐有演變成林案的翻版。該役南路三個屯在千總李元璋、外委潘仙英的帶領下，全數投入戰局，並在茅港尾與內地援軍協同作戰，大破敵陣。〔註284〕數年之後番屯在鴉片戰爭中亦大顯身手。道光二十年七月（1840.8）臺灣道姚瑩調集屯丁 200 名（疑爲新港小屯），協同鄉勇千餘名戍守府成的咽喉——鹿耳門。此外北路的武朥灣小屯亦在防區雞籠駐守，並在隔年八月俘獲遭風擊碎落海的英艦船員 25 人。九月淡水同知曹謹再檄調精通鳥鎗射擊的 250 名屯丁增援，讓他們分駐雞籠、滬尾二地（疑爲竹塹大屯）。〔註285〕十二月嘉義縣土匪江見、鳳山縣土匪陳冲作亂，姚瑩即刻傳檄屯把總潘僆英、外委王正元，以及屯外委林鼎山隨同圍剿。〔註286〕再從道光二十二、三年（1842～43）姚瑩的奏摺來看，他聲稱調募屯丁、義勇、水勇有5,500～7,952 名之眾；推測當時的四千番屯應該全被動員，不足額才招募勇丁補充。〔註287〕爾後番屯仍表現不凡，道光二十五年（1845）嘉、彰二縣發生漳泉械鬥，臺灣知府全卜年即箚調屯丁 350 名（疑爲新港與蕭壠小屯）隨同前往平亂。〔註288〕

　　屯餉乏銀、口糧拖欠的問題不乏記錄。道光六年（1826）彰化知縣周璽在談到屯政時，感嘆乾、嘉朝的番屯沿襲到現在，爲有名無實日就廢弛，且屯丁尚缺其人，不如如何運作。〔註289〕道光十二年（1832）根據理番同知陳盛韶的觀察，番屯內部屯弁欺壓屯丁情況嚴重，尤其各社社規不一，在請餉時常發生弊端。〔註290〕誠然待遇的有無的確會影響到士氣的維持，但從張丙之亂屯丁皆奮勇的情況來看，二者又好像沒有必然的關係。嘉慶朝方維甸對屯務的清釐並沒有成效，爲此閩浙總督程祖洛還得趁張案善後時，再奏准另

〔註284〕洪安全主編，《清宮諭旨檔臺灣史料（五）》（臺北：故宮博物院，1997 年 10月），頁 3736～3740、3837。

〔註285〕洪安全主編，《清宮洋務始末臺灣史料（一）》（臺北：故宮博物院，1999 年10 月），頁 31、73、95。

〔註286〕姚瑩，《東溟奏稿》，臺灣銀行文獻叢刊第四九種，1959 年 6 月，頁 109～113。

〔註287〕《治臺必告錄》，頁 193；洪安全主編，《清宮月摺檔臺灣史料（一）》（臺北：故宮博物院，1994 年 10 月），頁 113。

〔註288〕軍機處錄副奏摺——農民運動類，案卷號：3324，膠片號：136，中國第一歷史檔案館藏。

〔註289〕《彰化縣志》，頁 226。

〔註290〕陳盛韶，《問俗錄》（南投：臺灣省文獻委員會，1997 年 11 月），頁 59。

行整頓。〔註291〕於是宣宗諭令嗣後春、秋二季放餉,理番同知須會同地方官周歷各屯發放。〔註292〕在北路方面,陳盛韶與淡水廳同知婁雲辦理認眞。現存道光十七年(1837)的二份告示,就是二人署名警告新港社在三灣養贍地的佃戶,以及大圭(雞)籠社在田寮港養贍地的佃戶,必須照例上繳租粟,否則將以充軍例治罪。〔註293〕在南路方面,同時期鳳山知縣曹謹亦催收得法,直到二十二年(1842)曹氏去職,後繼者才顯得無力。道光二十八年(1848)臺灣道全卜年曾上書給閩浙總督劉韻珂,提及應趁現在無事再詳加清釐屯務。〔註294〕

其實道光朝番屯也有細部的更制過。道光六年(1826)淡水廳三灣地方,有番割黃斗奶勾結生番作亂,閩浙總督孫爾準旋派官兵入山拏獲正法。事平孫氏感於該地區為生番出入之所,奏准在此築砌石牆,並從熟番中選撥健丁60名做為屯丁,派駐在大北埔(苗栗縣三灣鄉)防守,口糧就由黃斗奶越墾的五甲地支給。〔註295〕不過除了三灣之外,其他議設番屯的新案均被否決。噶瑪蘭是其中的一例。蘭地之所以不設番屯的原因有二:一為該處田園多被移民出資墾熟,而加留餘埔又不便充做養贍地;二為該處雖有本地熟番居住,但更有「流番」混雜,編制上有困難。〔註296〕另外一例是位於界外的水沙連。道光三年(1822)理番同知鄧傳安在熟番遷入後,亦尾隨至該地視察,此行就有屯丁40人充做前導。不過鄧氏恐展延番界後,莠民會混入其中開墾,所以傾向維持界外封禁的現狀。〔註297〕事實上水沙連即有柴裡小屯轄下的90名屯丁駐紮。道光二十八年(1848)臺灣道徐宗幹因二年前生番「獻地」一案,覺得可以在從六社番眾中,選出四百名壯健者新組一大屯。〔註298〕可惜這與清廷對生番的基本政策有所牴觸,所以該議並沒有准行。

〔註291〕《清宮諭旨檔臺灣史料(五)》,頁4031~4034。

〔註292〕不著編人,《清實錄——宣宗成皇帝實錄(三六)》(北京:中華書局,1986年8月),頁740~741。

〔註293〕《清代臺灣大租調查書》,頁323~325、777~778。

〔註294〕《治臺必告錄》,頁249~251。

〔註295〕《清宮諭旨檔臺灣史料(四)》,頁3425。

〔註296〕柯培元,《噶瑪蘭志略》,臺灣銀行文獻叢刊第九二種,1961年1月,頁53~54。

〔註297〕鄧傳安,《蠡測彙鈔》,臺灣銀行文獻叢刊第九種,1958年1月,頁5。

〔註298〕徐宗幹,《斯未信齋文編》,臺灣銀行文獻叢刊第八七種,1960年8月,頁42~50。

　　咸豐元年（1851）再度出現熟番向後山遷徙的事件。這一次是居住於鳳山縣赤山、萬金一帶的力力社熟番，他們直接西行翻越中央山脈到達寶桑。〔註299〕由於此次是該社的單獨行動，所以對南路屯務影響有限。咸豐三年五月（1853.6）鳳山縣林恭豎旗作亂，各地烽火再起；北路股首王烏番、黃義、蔡南率百餘人響應滋擾。〔註300〕同年九月在臺灣道徐宗幹、臺灣鎮總兵官恆裕的指揮下，各地亂事漸被敉平。從敘獎名單來看，北路出力尤多的是竹塹大屯千總林鼎山、屯把總李天恩、屯外委王基。〔註301〕屯丁善戰的確是官方平亂的好幫手，但是之前佃戶抗租，以致餉源不繼的老問題，仍未徹底解決。《淡新檔案》難得的留下咸豐七年（1757）前後任淡水廳同知唐均、馬慶釗處理的經過。其中有四項重點值得留意：一為貢生、監生、生員等有功名之人，則是所有拖欠租粟中額度最多的；少則一百石，多則四、五百石。二為拖欠之地多集中在今桃、竹、苗一帶，並以五小庄、霄裡（桃園市八德區）、大姑崁（桃園市大溪區）、貓裡庄（苗栗縣苑裡鎮）、中港（苗栗縣竹南鎮）、大坑口（苗栗縣竹南鎮）、銅鑼（苗栗縣銅鑼鄉）、九芎林（新竹縣芎林鄉）為主。三為這些拖欠的佃戶，一致的藉口都是因路途遙遠，害怕運輸途中匪徒攔搶米穀。四為「義首」、差役從中阻撓以致官府徵收不順。〔註302〕

　　同治元年三月（1862.4）爆發的戴潮春事件，則是林爽文之後少見大規模的民變。亂初戴陣營連克彰化縣城、斗六門、梧棲港，並圍攻鹿港、大甲、嘉義縣城、笨港、鹽水港等要地。〔註303〕是役番屯全員出動，但不比往常，有戰功彪炳者，有誤事戰敗者，更有變節投敵者。始役屯丁表現並不理想，同年五月臺灣道洪毓琛派遣放索大屯千總龔朝俊率領屯丁 500 名，偕同義民首陸晉帶領的 200 名勇丁北上解餉。不料在嘉義縣境被股首向朝江偷襲，以

〔註299〕《清代臺灣後山平埔族移民之研究》，頁 127。

〔註300〕不著編人，《清實錄──文宗顯皇帝實錄（四一）》（北京：中華書局，1986年 11 月），頁 592。

〔註301〕軍機處錄副奏摺──農民運動類，案卷號：3336，膠片號：137，中國第一歷史檔案館藏。

〔註302〕淡新檔案校註出版編輯委員會，《淡新檔案（一）：第一編行政／總務類》（臺北：臺灣大學，1995 年 9 月），頁 131；淡新檔案校註出版編輯委員會，《淡新檔案（六）：第一編行政／財政類》（臺北：臺灣大學，2001 年 6 月），頁 207～224。

〔註303〕許毓良，《清代臺灣的海防》（北京：社會科學文獻出版社，2003 年 7 月），頁 154～156。

致全軍潰散，龔氏不得已收拾殘部退至安溪藔。〔註304〕不過隨後番屯扳回一城。六月的嘉義縣城決戰，守城官兵已困守三個月；幸賴蕭壠小屯把總段得壽率領麾下 300 屯丁，並配合各營兵馬馳援才能解圍。嘉義縣城攻防戰，官軍雖暫時取得勝利，但因洪毓琛催促臺灣鎮總兵官林向榮北進過急，反讓林部在七月攻入斗六門時陷入包圍。東螺大屯把總潘永壽久蓄異志，在林氏坐困斗六門時已密通戴陣營。九月十七日夜潘部屯丁倒戈相向，敵軍趁隙進攻官軍全營皆潰，林向榮仰藥自盡，段得壽亦力竭陣亡。〔註305〕

斗六門戰敗後官方一時陣腳大亂，臺灣鎮總兵官遺缺由北路協副將曾玉明護理，但總其事者還是遠在府城的臺灣道洪毓琛。稍早南路海防理番同知秦煦已調動南路三個屯赴府城防守，同年十月官軍謀思反攻，即在當中挑選 500 名番丁，又招募 500 名勇丁由義民首姚潼帶往嘉義。十二月洪氏再命義民首李成龍，率領剩餘的屯番趕赴鹽水港分守。隔年二月署福建水師提督吳鴻源率援軍進抵嘉義，然城西南方的南靖、二重溝（均在嘉義縣水上鄉）敵營堅固，吳部在屯丁的助陣下還是無法攻取，所以也株守在縣城中等待援軍。〔註306〕大抵在同治二年九月（1863.10）內地大軍援臺前，官軍仍以守勢居多；如同北路海防理番同知興廉能在鹿港死守年餘，全靠麾下番屯之功。〔註307〕爾後隨者攻守互易，番屯又活躍起來。從同治三年十月（1864.11）臺灣鎮總兵官曾元福的奏摺來看，番屯均反守為攻，並在彰化縣內山新城莊、大籃（均在南投縣魚池鄉）戰役中表現傑出。同治四年正月（1865.2）戴案已進入尾聲，當大軍圍攻敵陣最後據點——上、下茄荖（南投縣草屯鎮），屯丁被賦予最重要的任務，即在儘先補用守備陳雲龍的率領下，趕到龜仔頭（南投縣國姓鄉）堵截通番的要路。〔註308〕臺灣道丁日健在事後統計戴案官軍死傷人數，其中有 283 名屯丁陣亡，並以斗六門與水裏港（臺中市龍井區）戰役中犧牲最多。〔註309〕

〔註304〕吳德功，《戴施兩案紀略》，臺灣銀行文獻叢刊第四七種，1959 年 6 月，頁
　　　　16。
〔註305〕蔡青筠，《戴案紀略》，臺灣銀行文獻叢刊第二〇六種，1964 年 11 月，頁 21、
　　　　26、31～32。
〔註306〕洪安全主編，《清宮月摺檔臺灣史料（一）》（臺北：故宮博物院，1994 年 10
　　　　月），頁 449、471、491、626。
〔註307〕丁日健，《治臺必告錄》，臺灣銀行文獻叢刊第一七種，1959 年 7 月，頁 487。
〔註308〕《清宮月摺檔臺灣史料（一）》，頁 690～691。
〔註309〕《治臺必告錄》，頁 550～552。

　　剿平戴案的工作確實讓屯丁折損不少（陣亡率 7%），但還未獲得喘息遠在最南端的琅嶠又生事。同治六年（1869）發生的羅妹號船事件，因清廷外交交涉無方，致使美國逕自派兵入臺「處理」。美軍壓境自然引起南路一片緊張，臺灣道吳大廷即刻派遣卸任，但卻熟悉番事的放索大屯把總潘春暉前往哨探。並督令南路營、縣責成選派屯弁、屯丁直赴琅嶠。〔註 310〕該工作後來交由卸任的臺灣鎮曾元福，以及南路海防理番同知王文棨負責。曾、王二人得到相機辦理的指示，知道僅是外示兵威，並非眞的要和美軍作戰。〔註 311〕此次番屯開赴琅嶠的行動，最終以和平收場，而番屯的征戰也暫時劃下句點。同治十三年（1874）的牡丹社事件，雖事發地點也是琅嶠，且規模遠大於上次；但清廷派出更精銳的防軍應戰，番屯並未與役。不過當中卻發生一段插曲險些誤事。原來在同年八月發生屯丁鎗傷生番的事件。事情的原由是洪目社（屏東縣三地門鄉）生番強仔，聽聞臺灣鎮總兵官張其光在大路關（屏東縣高樹鄉）招撫，於是委託莊民邱貴才帶往。不料張氏赴內埔（屏縣內埔鄉）視察，強仔在回程途中被在茄蚋埔（屏東縣高樹鄉）打獵的阿猴社屯丁開鎗誤傷。由於正值中、日兩軍對峙，並且互爭生番拉攏之際，此案一出非同小可。幸賴臺灣道夏獻綸、江西即補道黎兆棠辦理得宜遂小事化無。〔註 312〕

　　同治朝留下不少僅見的提、鎮巡閱番屯奏摺。最早是在同治七年十～十二月（1868.11～1869.1）署臺灣鎮總兵楊在元的回奏，根據楊氏的觀察屯丁們均足數，並且器械也都完備。此外他還親往淡北硫磺產地──紗帽山、大黃港勘查，轉呈由福建巡撫英桂奏准封禁，飭令北投、毛少翁、圭北屯社屯丁就近守礦。同治十年十月（1871.11）臺灣鎮總兵林宜華的回奏巡閱結果，屯丁們還是「均皆足數、器械亦各完備」。同治十一年四月（1872.5）福建陸路提督江長貴的巡閱報告，屯丁們是「沿途迎接」；江氏照例賞以銀牌，但沒有提到足數、器械的問題。同年十～十一月林宜華再巡閱番屯，此次有提到嚴守淡水產礦諸山的重要，至於屯丁們的情況仍是「均皆足數、器械亦各完備」。〔註 313〕

〔註 310〕《清宮洋務始末臺灣史料（一）》，頁 326、353。
〔註 311〕《東瀛識略》，頁 73。
〔註 312〕《清宮洋務始末臺灣史料（二）》，頁 1066～1067；洪安全主編，《清宮廷寄檔臺灣史料（三）》（臺北：故宮博物院，1998 年 10 月），頁 1647、1653。
〔註 313〕洪安全主編，《清宮月摺檔臺灣史料（二）》（臺北：故宮博物院，1994 年 10 月），頁 1350、1372～1373、1472～1475、1503～1509、1549～1553。

　　從前文的奏報來看，屯務的運作好像都維持在最佳狀態，然實情還需詳查。至少在淡水廳方面不是如此，因為從咸豐朝拖欠下來的租粟仍未還清。同治二年（1863）淡水廳同知鄭元杰對此問題困擾不已，而抗租的村莊還是之前包括霄裡在內的幾個地方。〔註 314〕從這個案例來看，清廷對番屯制度設計大有問題。按番屯有職業軍人的身影，也正因為如此，該部的戰力才會堅強。不過他們在指揮、管理上卻無綠營一元化的運作，因此才會發生總兵官巡閱時，只在乎人數是否足額，器械是否精良。其他徵餉、放餉等問題，不是在他權責之內。即便乏餉有可能造成士氣低落，引發譁變的危機，但也不是總兵官可以過問。同治五年（1866）編纂的《臺灣府輿圖》，對該問題有較清楚的記載，歷經 78 年的發展，屯務管理如右：一切屯番詞訟等件，以及千把、外委應革與應補事宜，均歸南、北路海防理番同知專管；二同知在出具考語後，呈送臺灣道考驗做最後的定奪。屯租由所在地廳、縣負責徵收，然每年春、秋二季放餉時，需偕由南、北路海防理番同知一起發放。〔註 315〕

　　從屯餉徵粟、發放、巡閱的過程來看，至少需透過三個不同身份的職官才能完成，這種組織只能用疊床架屋來形容。雖然管理養贍地、界外埔地的辦法，已經被載入《則例》，就是要讓廳、縣知道這是重點施政之一〔註 316〕；但餉黜的形成是結構性的問題，更不是地方官發一張諭示，對佃戶、豪右曉以大義所能解決。〔註 317〕或許是屯餉徵收困難度太高，每位屯丁原本每年可領番銀 8 元，在同治時改發半餉成為 4 元。〔註 318〕常年扣剋餉銀、拖欠租穀還不會像引起兵變，只能說這群屯番的效忠程度真是太高了。

　　光緒元年（1875）番屯的管理有了改變，那就是因應開山撫番所需，南、北路海防理番同知分別改成南、中路撫民理番同知，移駐卑南與埔里。上諭還下達由於改制、移駐，以往屯餉由廳縣偕同同知發放的作業，直接由各縣負責即可。〔註 319〕不過從《淡新檔案》來看，該命令要到光緒二年二月

〔註 314〕《淡新檔案（六）：第一編行政／財政類》，頁 267～268、279～284。
〔註 315〕葉宗元，《臺灣府輿圖纂要》，同治五年抄本，北京大學圖書館藏。
〔註 316〕載齡等纂，《欽定戶部則例》，同治十三年刻本，北京國家圖書館分館藏。
〔註 317〕伊能嘉矩，《觀風蹉跎》，伊能文庫手稿及抄寫，編號：MO37，國立臺灣大學圖書館藏。
〔註 318〕蔡振豐，《苑裡志》，臺灣銀行文獻叢刊第四八種，1959 年 6 月，頁 32。
〔註 319〕中國第一歷史檔案館編，《光緒宣統兩朝上諭檔（一）》（桂林：廣西師範大學出版社，1996 年 10 月），頁 515。

（1876.3）以後才實施，因爲當時竹塹大屯把總、外委拔補，仍由北路海防理番同知、淡水廳同知署名（後該廳劃分成淡水與新竹縣）。〔註320〕有趣的是論旨並沒有說改制後的兩同知，到底還有沒有權力管理番屯。光緒九年（1883）福建巡撫張兆棟巡臺回奏做了肯定的解答。他說到現在爲止屯丁們仍分隸南、北同知鈐束，同知徒有管轄之名，卻因屯丁閒散難稽幾同虛設。所以建議平時擬由各縣經管，戰時可再調遣轉移。〔註321〕

　　張兆棟的建議是有道理，因爲光緒初年屯制的變化使得屯務大亂。光緒五年（1879）竹塹屯弁目錢登雲向臺灣道夏獻綸回稟，由於缺餉嚴重各屯逃丁增多全不足額，例如：竹塹、蔴薯二大屯額丁各四百名，現各存二百餘名；武羅（勝）灣小屯額丁三百名，現僅存二百餘名；日北小屯額丁三百名，現僅存一百餘名。〔註322〕光緒七年（1881）福建巡撫岑毓英巡臺時，也注意到這個現象。當時的情況是從屯千總以下的十八個屯弁缺，有五個缺久懸無人拔補。岑氏的解決之道傾向便宜行事，他在考拔補足這五個弁缺後，把原屬於北路的東螺、柴裡、蕭壠屯改歸南路千總管轄，遂變成南、北路個有二千名屯丁。另外派出委員管帶操防，以三個月爲期各屯輪操避免廢農；而整頓後的番屯，即刻投入開山撫番的行列。在北路方面，抽調屯丁 500 名派往大小南澳（宜蘭縣南澳鄉／花蓮縣秀林鄉）、新城（花蓮縣新城鄉）一帶開路以通花蓮港。在中路方面調北路屯丁 100 名入埔里廳，南路則調屯丁 200 名協勇駐防。冀望能在開山撫番中做到「以客勇（防軍）爲主、以屯番爲陪、以生番爲助」。〔註323〕或許是受到這股風氣的影響，時人在論及當時臺灣番屯時，竟然認爲番屯之設原爲了「以番制番」。〔註324〕如果說單從養贍地緊臨番界的標準來看，不排除清廷是有此想法；但從提供綠營之外的另一支武力來

〔註320〕淡新檔案，第一編行政，第七類撫墾，第四款屯務，案號：17416-17420，頁碼 125612～125614，國立臺灣大學圖書館藏。

〔註321〕洪安全主編，《清宮月摺檔臺灣史料（四）》（臺北：故宮博物院，1995 年 8 月），頁 3427。

〔註322〕淡新檔案，第一編行政，第七類撫墾，第四款屯務，案號：17416-17420，頁碼 125654～125660，國立臺灣大學圖書館藏。

〔註323〕臺灣銀行經濟研究室編，《劉銘傳撫臺前後檔案》，臺灣銀行文獻叢刊第二七六種，1968 年 6 月，頁 38～39；〔清〕劉璈，《巡臺退思錄》，臺灣銀行文獻叢刊第二一種，1958 年 8 月，頁 184。

〔註324〕吳子光，《臺灣紀事》，臺灣銀行文獻叢刊第三六種，1959 年 2 月，頁 68～69。

看，設置番屯的目的絕非僅止於此。

　　光緒十一年（1885）臺灣建省後，番屯的制度更有重大轉變——防軍化。臺灣多煙瘴，地形多險阻，各方言迥異，言語每不通。加上外地人常水土不服，就算承平無事，官軍駐防傷亡已不少，一旦交鋒對壘能保全軍無恙乎？這就是當時知兵者，對臺灣島內作戰的看法，而解決之道只有善用民番。〔註325〕清末熟番的戰力遠勝過綠營，則是當時普遍的認知。〔註326〕既然已有大批的防軍駐臺，綠營酌改防軍的經驗，給了主政者一個很好的參考。整個屯制改革可以從二個方面來討論。第一在制度上，之前提到張兆棟的建議並沒有准行，南路的屯務仍由遠調至卑南的撫民理番同知負責〔註327〕；北路的屯務仍交由應移署到埔里，但仍駐紮於鹿港的中路撫民理番鹿港海防總補分府（同知）負責。〔註328〕首任臺灣巡撫劉銘傳對於番屯的認識，或許可從光緒十二年九月（1886.10）候補道林朝棟，轉呈健勇營都司鄭有勤對酌留番丁的請示開始。當時的作法是以一百名番丁為度，編列營伍作為十棚；每棚挑選一名擔任什長，另派熟悉番情有職熟番者為正百長，曉暢營務者為副百長。〔註329〕光緒十三年七月（1887.8）劉氏飭令將武勝灣、竹塹、蔴薯、日北屯，共額設1,400名屯丁中挑選350名歸鄭有勤統帶。〔註330〕不過這還是屬於便宜行事的行政命令，真正改制還要奏請朝廷才行。

　　光緒十三年八月（1887.9）劉銘傳上〈整頓屯田摺〉，其作法是屯丁原額四千如數保留，每年按屯抽調分扼山內生番，半年輪防一次。屯營坐餉屯丁每月恢復到洋銀八元，屯弁則照營哨酌加；番屯的管理、指揮權全歸臺灣鎮總兵官，道臺、同知不再過問。〔註331〕該奏立即准行，隨後發抄各府縣為行

〔註325〕黃逢昶，《臺灣生熟番紀事》，臺灣銀行文獻叢刊第五一種，1960年4月，頁1。
〔註326〕陳澹然，〈建省略序六〉，《劉壯肅公奏議》，臺灣銀行文獻叢刊第二七種，1958年9月，頁29。
〔註327〕佚名，《安平縣雜記》，臺灣銀行文獻叢刊第五二種，1959年8月，頁37。
〔註328〕淡新檔案，第一編行政，第七類撫墾，第二款社租，案號：17210-17211，頁碼120540～120545，國立臺灣大學圖書館藏。
〔註329〕淡新檔案，第一編行政，第七類撫墾，第三款隘務，案號：17329，頁碼122348～122354、122407，國立臺灣大學圖書館藏。
〔註330〕淡新檔案，第一編行政，第七類撫墾，第四款屯務，案號：17421-17434，頁碼126304～126049，國立臺灣大學圖書館藏。
〔註331〕劉銘傳撰，馬昌華、翁飛點校，《劉銘傳文集》（合肥：黃山書社，1997年7月），頁243～246。

知事。檔案所見同年十二月恆春縣即收到抄文，可能其他各縣收到的時間亦不晚於此時。〔註332〕光緒十四年五月（1888.6）臺灣道發出的一張飭札對此事說的更清楚，內容寫道：

> ……現臺灣改建行省、添設郡縣，所有舊設之中路同知已奉裁撤，卑南同知改為臺東直隸州。其全臺屯丁，並奉每年按屯抽調，分班出防；**未調屯丁，各歸該縣營汛管帶，均歸臺灣鎮統屬在案。嗣後各屯遇有補革弁缺，即由該縣營汛照章遴選詳辦**，其番民交涉訟案並由該管之廳、縣就近審理，以專責成……。〔註333〕

上引文可知，番屯在某種程度上已和綠營結合；出調的屯丁按新編的屯制作戰，未出調的屯丁受各縣營汛管理。雖然在屯制中加入什長、百長、副百長等新職，但原職稱的屯外委、屯千把並無取消掉。光緒十九年（1893）方志所記，只是把「屯」字刪去而已。〔註334〕不過地方公文書有著不同的記載。光緒二十年（1894）一張發給淡水縣霄裡社頭目的飭文，上面署名「屯兵營前哨兼理總哨事竹塹屯防廳邵」。〔註335〕邵者就是竹塹屯外委邵長發，該營的編組就是上文所謂的「出調」。它說明了在劉銘傳的改制下，從番屯抽撥精銳組織「屯兵營」，以遂行防軍化的決心。另外原本南路放索大屯額丁為400名，但在方志中被記載著拆成二屯──放索屯統丁300名、尖山屯（屏東縣車城鄉）統丁100名，也算是制度上的改變。〔註336〕

第二在養贍地處理上，根據劉銘傳〈整頓屯田摺〉的內容，他認為屯制要改革成功，必須先從屯地下手。按屯地就是養贍地，乾隆朝授地時名為獎功，實資捍禦內山番眾。近百年的流變讓地權輾轉易手，早已失去照顧屯丁的美意。現在正值清丈之際，非改租為賦不足以匡弊端。〔註337〕而在劉氏的主持下所有養贍地一律陞科，做到以田歸民、按畝徵賦的目的。此時養贍地

〔註332〕《劉銘傳撫臺前後檔案》，頁136～138。

〔註333〕《劉銘傳撫臺前後檔案》，頁150～151、154～155。

〔註334〕諸家，《新竹縣志初稿》，臺灣銀行文獻叢刊第六一種，1959年11月，頁43～44。

〔註335〕王世慶輯，《臺灣公私藏古文書》，第一輯第一冊，總編號005、006、007，中央研究院民族學研究所藏。

〔註336〕盧德嘉，《鳳山縣采訪冊》，臺灣銀行文獻叢刊第七三種，1960年8月，頁148。

〔註337〕中國第一歷史檔案館編，《光緒朝硃批奏摺（第一一七輯民族）》（北京：中華書局，1996年12月），頁164～166。

從「官業民佃」轉變爲民業民佃。陞科後屯丁雖失去土地的管理權，但確保了餉源不會拖欠。不過屬於各縣銀米項下的田賦，雖直接徵收但非直接發放給屯丁。〔註338〕屯丁口糧發放的程序是，各縣在徵收完畢後會上繳到布政使司；再由各屯弁自行前往臺北府的布政使司衙門，從各縣稅契銀名目項下請領。〔註339〕

　　番屯的改革似乎都在掌握之中，至少養贍地的陞科比起墾戶租、番口糧租、正供租的糾紛爲少。爲什麼會如此，這是因爲後三者呈現複雜的租佃關係；尤其劉銘傳提出「減四留六」的政策後，使得大租戶的收益首當其衝。原養贍地的耕種者，多半是小租戶土地經營模式，大租戶基本上就是各個屯丁。所以陞科後扮演大租戶的角色，只不過從屯丁易位到官府而已，因此在徵賦上受的阻力較小。現存光緒十四～十六年（1888～1890）臺北府、臺灣府轄下各縣的告示，可說清一色都在爲了解決社租抗賦問題而發。〔註340〕養贍地改制後徵賦的數額，根據光緒十四年（1888）《光緒會計表》的記錄是23,932.8 兩，發給屯弁、丁的支出是 13,000 兩。〔註341〕收入大於支出，可見得劉籌給番屯新制是成功的。

　　建省後番屯投入戰場的記錄不多。除了上述的屯兵營外，南路在臺灣道劉璈的稟報下，知道在光緒十一年四月曾飭屯營管帶潘高陞，率眾開赴恆春縣牽芒、七家山社（均在屏東縣牡丹鄉）。〔註342〕1895 年臺灣割讓給日本後，殖民地政府曾主持詳盡的舊慣調查，其中對於南路把總的敘述是率部一千名；於「事變」之際，以總指揮官身份出兵。〔註343〕或許在官方的設計下，此時番屯安內的效用大於進行開山撫番戰爭。

　　生、熟番的武力本文歸類爲原住民武力。它的戰力可說是僅次於綠營、防軍等職業式武力。然爲什麼無法超越他們呢？人數是一個先天上的限制，

〔註338〕《劉壯肅公奏議》，頁 32、306；《臺陽見聞錄》，頁 63～64。
〔註339〕佚名，《新竹縣制度考》，臺灣銀行文獻叢刊第一〇一種，1961 年 3 月，頁16。
〔註340〕《清代臺灣大租調查書》，頁 1100～1102、1398～1399；臺灣銀行經濟研究室編，《臺灣私法物權編》，臺灣銀行文獻叢刊第一五〇種，1963 年 1 月，頁318～319、321～322。
〔註341〕劉嶽雲編，《光緒會計表》，光緒二十七年教育世界社石印本，北京國家圖書館分館藏。
〔註342〕《劉壯肅公奏議》，頁 434～439。
〔註343〕劉澤民等編譯，《臺灣總督府檔案平埔族關係文獻選輯》（南投：臺灣省文獻委員會，2001 年 3 月），頁 70。

其次生、熟番的強悍在於精於游擊戰,但不擅長大規模、持久性的團體戰鬥,針對此剛好是清廷所樂見。爾後在徵調熟番的過程中,知道該對象是一個可以長期合作的夥伴。所以設法讓他們組織化,在餉、械不缺的情況下,提昇一部分熟番的武力成為番屯。生番是一個有趣的個案,在原本羈縻政策之下,即便與官方有武力上的衝突也是零星。更何況在多起民變時,清廷也有借助他們的時候,兩者嚴格說來不算敵對。但清末的開山使得情況丕變,撫番政策代替羈縻,使得代表官方的職業式武力,有了與生番真正較量的機會。

現在可以提出一種假設,如果職業式武力加上原住民武力,有無可能成為清廷在穩定社會秩序的二股重要力量。從臺灣歷史發展的過程來看,它是有朝這個方向邁進的身影。不過別忘記還有漢人的武力沒有討論。再添入這個變數後,使得官番民在武力合作的縱橫捭闔變得更加複雜。

第三節　民人──契約、拜盟式武力的興起

一、民團

本節所要探討的是漢人,在當時社會所形成的各種武力類型。文中所舉出的四例──民團、隘、結首、會黨,則是按其重要性與史料多寡依次排列。有時它們僅出現在某一段時間,或者某個地區,但多數則存在於整個清代。美國學者麥斯基爾(J. M. Meskill)女士在研究清代臺灣中部霧峰林家時,注意到氏族、地緣組織、自衛隊、秘密社會、土豪的私人武力等,都是臺灣鄉村的政治結構。〔註 344〕這當中持有武力的團體或個人竟佔了半數。他們透過什麼樣機制,去整合自身的武力,本就是一個饒富趣味的問題;而對這六例的討論,或可解開其中的原委。

民團在《清史稿》的記述是屬於鄉兵性質,意思是「以民為團,不可以募勇塞責」。〔註 345〕清廷的原意就是要當地人抽丁習武,同時也讓它成為輔助官方最重要的地方性武力。然從臺灣歷史發展來看,它的成型是經過一段時間演變。本文歸納為:保甲→(地方頭人、義民首的號召)→清莊聯甲→團

〔註 344〕麥斯基爾(J. M. Meskill),王淑琤譯,《霧峰林家──臺灣拓荒之家》(臺北:文鏡文化事業有限公司,1986 年 11 月),頁 290。

〔註 345〕趙爾巽等著,《清史稿》(北京:中華書局,1998 年 1 月),頁 1052。

練→設局→防軍化。〔註346〕值得注意是每個階段名稱的改變，並不意謂以它為名的武力形成機制已經消失，只是代表又有一種新的機制出現而已。

在保甲方面，何謂保甲？戴炎輝認為：保甲係官為治安警察之目的，命街庄舉辦的組織。按照編制，十戶為牌，十牌為甲，十甲為保，各有所長，辦理戶籍之事。〔註347〕刻板印象都認為保甲是屬於鄉治的環節，它主要的功能是對轄下的人民監視、管束。以當時臺灣多動亂的背景來看，鄉治的編組著重治安民防，可視為功能論的觀點。〔註348〕然若想追溯民團的源頭，最好是從保甲開始的理由有二：其一，康熙六十一年（1722）福建生員藍鼎元的〈請行保甲責成鄉長書〉，提到由於臺灣保甲形同具文，所以在其基礎上，另設鄉長為捕盜之用。〔註349〕其二，乾隆三十四年（1769）彰化縣票簿記載官差持票緝捕人犯時，可協全鄉保甲前往拘拏。〔註350〕很顯然地保甲在運作時，雖沒有掌握絕對的武力，但它可以與各單位人等配合來執行公權力。

康熙二十二年（1683）根據靖海將軍施琅所記，臺灣早在鄭氏治理時已有保甲。〔註351〕隔年首任諸羅知縣季麒光，在〈再陳臺灣事宜文〉記錄該制仍持續被執行。不過此時的保甲，在運作中碰到了問題。原因是它只能行於街市，無法行於村落。其關鍵在於荒村僻野、身篁叢竹，難以互相糾結互保，所以當時「火兵」（托身班兵之家的莠民）潛踪草地，橫行鄉市罔知顧忌。〔註352〕康熙四十一年（1702）臺灣知縣陳璸也察覺出嚴重，遂力陳臺灣施行保甲時，首要目的就是清查兵民雜處的問題。〔註353〕可以很明確地說，康熙

〔註346〕臺灣慣習研究會原著，《臺灣慣習記事（中譯本）・第參卷上》（南投：臺灣省文獻委員會，1988 年 6 月），頁 217～224；同前註，《臺灣慣習記事（中譯本）・第參卷下》，頁 55～61。

〔註347〕戴炎輝，《清代臺灣的鄉治》（臺北：聯經出版事業公司，1992 年 5 月三刷），頁 79。

〔註348〕張研，《清代社會的慢變量——從清代基層社會組織看中國封建社會結構與經濟結構的演變趨勢》（太原：山西人民出版社，2000 年 1 月），頁 18。

〔註349〕藍鼎元，《東征集》，臺灣銀行文獻叢刊第一二種，1958 年 2 月，頁 60～62。

〔註350〕岸裡大社文書出版編輯委員會，《國立臺灣大學藏岸裡大社文書（三）》（臺北：國立臺灣大學，1998 年 3 月），頁 1080。

〔註351〕施琅，《靖海紀事》，臺灣銀行文獻叢刊第一三種，1958 年 2 月，頁 55。

〔註352〕陳文達，《臺灣縣志》，臺灣銀行文獻叢刊第一○三種，1961 年 6 月，頁 232。

〔註353〕陳璸，《陳清端公文選》，臺灣銀行文獻叢刊第一一六種，1961 年 11 月，頁 10。

朝臺灣續行保甲是失敗的。康熙五十九年（1720）《臺灣縣志》以府治爲例，記載著無賴之徒鑽充保長者至數十人，均過事生風、架局嚇騙，甚至窩藏匪類，肆害良民。〔註354〕

　　雍正三年（1725）福建巡撫毛文銓奏陳臺灣力行保甲，嚴查虛應故事者，頗有振作之志。〔註355〕雍正六年（1728）巡臺御史赫碩色、夏之芳認爲，業主實比保、甲長更貼近移民，於是奏請諭令業主之下的管事，充當各庄的保、甲長專稽「遊民」。〔註356〕然該議恐不准奏，因爲雍正十一年（1733）巡臺御史覺羅栢修再提業主、房主、鄰佑具結之事。〔註357〕值得注意的是二次奏請，流寓之人均取代兵民雜處，成爲保甲新的防治對象。這樣子的發展，到了乾隆二年（1737）更加清楚。《會典》記載臺地各官仿照內地設立十家牌，若奉行不力將以「失察偷渡例」議處。〔註358〕乾隆朝清廷可說高度運用保甲，做爲嚴堵偷渡過臺的時代。根據乾隆四年（1739）巡臺御史楊二酉所奏，保甲之法對付私渡來臺者還頗有成效。〔註359〕但其制不到十年又衰。乾隆十二年（1747）臺灣廩生董夢龍對此有深動的描述，他提及現鄉民入冊者十無二、三，縣官只按冊點名，匿者不問。入冊者家僅遣一人聽點，丁壯幾何不問。約保徇私，房族長隱庇；及有伏奸隱匿，寢息自若。〔註360〕

　　乾隆以後臺灣的保甲制肯定還是繼續施行，只是史料較少記載。例如：嘉慶十九年（1814）諭令收繳閩省牌甲保長，在緝拏人犯、催徵錢糧的權力，只留稽查戶口糾察之權。〔註361〕道光四年（1824）臺灣知府方傳稼議覆，欲在噶瑪蘭廳設立七個保。〔註362〕同治七年（1868）御史王書瑞鑒於大亂甫過，

〔註354〕《臺灣縣志》，頁60～61。
〔註355〕洪安全主編，《清宮宮中檔奏摺臺灣史料（一）》（臺北：故宮博物院，2001年11月），頁498。
〔註356〕洪安全主編，《清宮宮中檔奏摺臺灣史料（三）》（臺北：故宮博物院，2001年11月），頁1657。
〔註357〕臺灣銀行經濟研究室編，《臺案彙錄己集》，臺灣銀行文獻叢刊第一九一種，1964年1月，頁131～132。
〔註358〕臺灣銀行經濟研究室編，《清會典臺灣事例》，臺灣銀行文獻叢刊第二二六種，1965年5月，頁30。
〔註359〕不著編人，《清實錄──高宗純皇帝實錄（一〇）》（北京：中華書局，1985年11月），頁579。
〔註360〕六十七，《使署閒情》，臺灣銀行文獻叢刊第一二二種，1961年10月，頁88。
〔註361〕連橫，《臺灣通史》，臺灣銀行文獻叢刊第一二八種，1962年2月，頁76。
〔註362〕姚瑩，《東槎紀略》，臺灣銀行文獻叢刊第七種，1957年11月，頁64～65。

人口大幅減少，稽查較易奏請再行保甲。〔註363〕光緒三年（1877）閩浙總督
何璟在給朝廷的奏報中，仍稱實力奉行保甲之制；而臺灣府遠隔重洋，已遣
人催送到司另行辦理。〔註364〕光緒四年（1878）新設的臺北府，奉福建按察
使司之命實力編查保甲。〔註365〕

　　蕭公權研究清代的保甲制度，認爲該制在推行之初，就受到仕紳階層強
有力的抵制。尤其在中國南部地區，一些名不見經傳的保、甲長，可透過公
權力的行使，挑戰地方的紳權。〔註366〕臺灣當時是一個新開發的地區，即便
是有功名的仕紳存在，也還沒有壯大到形成「階層」。更何況請墾之初，飭行
鄉保、通事查明取結的程序是很重要。〔註367〕前述提到以管事做爲保、甲長
的建議，從清中、末葉的資料來看，可能在稍做變通後實施。道咸同光時期
新竹金廣福大隘的墾戶首，其工作內容就包括：保甲的編造、鄉職的保舉
等。〔註368〕福建是當時宗族、家族勢力極爲發達的地區之一，清廷在該地的
統治除保甲之外，也相當倚賴家族的配合。〔註369〕臺灣做爲一個移民社會，
宗族、家族的力量在短時間之內，還沒有達到維護社會秩序的條件。不過最
遲在乾隆四十八年（1783）清廷開始認眞思考此問題，愼選「族正」的建議
即是一個指標。〔註370〕《淡新檔案》收藏嘉慶二十五年（1820）淡防廳一張
甘結狀，裏面就有李氏族長的具文，可謂中葉以後家族成爲鄉治一環很好的
明證。〔註371〕

〔註363〕陳弢編，《同治中興奏議約編》，光緒元年匣劍囊琴之室刻本，北京國家圖書
　　　　館分館藏。
〔註364〕中國第一歷史檔案館編，《光緒朝硃批奏摺（第二十六輯內政）》（北京：中華
　　　　書局，1995年2月），頁212。
〔註365〕淡新檔案校註出版編輯委員會，《淡新檔案（三）：第一編行政／民政類》（臺
　　　　北：臺灣大學，1995年10月），頁358～359。
〔註366〕王先明，《近代紳士──一個封建階層的歷史命運》（天津：天津人民出版社，
　　　　1997年12月），頁79～80。
〔註367〕尹章義，《臺灣開發史研究》（臺北：聯經出版事業公司，1999年10月初版
　　　　三刷），頁96。
〔註368〕吳學明，《金廣福墾隘與新竹東南山區的開發1834～1895》（臺北：國立臺灣
　　　　師範大學歷史所，1986年2月），頁174。
〔註369〕陳支平，《近500年來福建的家族社會與文化》（上海：三聯書店，1991年5
　　　　月），頁107。
〔註370〕臺灣銀行經濟研究室編，《臺案彙錄丙集》，臺灣銀行文獻叢刊第一七六種，
　　　　1963年11月，頁322。
〔註371〕淡新檔案校註出版編輯委員會，《淡新檔案（一）：第一編行政／總務類》（臺

　　除了保甲之外，前文還增列了一個「地方頭人、義民首的號召」，這是什麼？它指的就是地方臨時性質的武力。原來在動亂之初，官軍無力彈壓，只能借助親官方的地方武力平亂。這些地方武力不是常備，通常都要靠頭人的號召才組得成。如果平亂有功，清廷認為實至名歸，除了追認這群人為義民，更會加封頭人為義民首來表揚。考「義民」該字最早見於康熙六十年（1721）朱一貴事件，且是自封而不是敕封。朱案之時南路下淡水粵民建「大清義民旗」，成為官軍平亂的股肱。〔註372〕不過以後對義民的解釋，倒呈現二種說法：一種仍以旗而得名，即古代所謂義旗（對應反旗）。另一種謂官府有事招募從軍，得稱義民。在道光朝以前，義民主要的事跡見於朱案、雍正九、十年（1731～1732）的大甲西社番亂與吳福生事件、乾隆五十一至五十三年（1786～188）的林爽文事件、嘉慶十、十一年（1805～1806）海盜蔡牽襲郡事件。〔註373〕

　　由於義民算是臺灣史上頗為特殊的現象，當時人也注意到此問題。乾隆四十六～嘉慶十年（1781～1805）在臺仕宦的翟灝，明白指出義民是不分閩粵。〔註374〕光緒三年（1877）粵籍文人吳子光認為全臺義民名氣最響者，首推淡水廳的義民。〔註375〕當代歷史學者延續該議題研究得出六點看法：其一，義民與官府的關係是隨軍出征，搜捕餘匪為主，不以保護官長、衛守城池為滿足。其二，義民與平民的關係有互助與矛盾的一面，其標準是同籍與非同籍的區別；尤其透過亂後的綏靖，對於不同祖籍別的人多有「假公濟私」的報復。其三，義民與亂民的關係本質類似，彼此的成員以遊民為多，所不同者在於領導人是反官方還是親官方。〔註376〕其四，義與不義、反清與不反清，並非用來詮釋義民的最佳標準。從維護社會治安的角度，來觀察義民的行為亦是另一種視野。〔註377〕第五，深恐義民是專制王朝的同路人，而被污

北：臺灣大學，1995年9月），頁25。

〔註372〕藍鼎元，《平臺紀略》，臺灣銀行文獻叢刊第一四種，1958年4月，頁20。

〔註373〕范咸，《重修臺灣府志》，臺灣銀行文獻叢刊第一〇五種，1961年11月，頁360～362；謝金鑾，《續修臺灣縣志》，臺灣銀行文獻叢刊第一四〇種，1962年6月，頁328～329；周璽，《彰化縣志》，臺灣銀行文獻叢刊第一五六種，1962年11月，頁261。

〔註374〕翟灝，《臺陽筆記》，臺灣銀行文獻叢刊第二〇種，1958年5月，頁3～17。

〔註375〕吳子光，《臺灣紀事》，臺灣銀行文獻叢刊第三六種，1959年2月，頁89～90。

〔註376〕陳孔立，《清代臺灣移民社會研究》（廈門：廈門大學出版社，1990年10月），頁215～220。

〔註377〕簡炯仁，《臺灣開發與族群》（臺北：前衛出版社，2001年10月三刷），頁72

名化。臺灣部分客籍人士認為粵籍義民指的是保護家鄉的義民，絕對不是清朝的義民。〔註378〕其六，乾、嘉朝以前義民首的出身，有功名者約佔一半，以後比例揚昇約佔有六、七成。〔註379〕

　　以社會治安穩定與否，來審視義民的出現，是一個不錯的思考方向。不過要注意的是清代臺灣社會存有「共犯結構」的問題。根據道光六年（1826）《問俗錄》記載，臺灣之所以難治，是因為頭家——賊友——逃人——大哥，界線不明，善惡難辨。頭家是有錢人的通稱，常結交幕友、長隨，虎嚇窮民狐假虎威。若遇賊強，則賄通其黨，擺飯斂錢；見賊敗，則變為義首，高舉義旗剿之。更有富戶，故意結交巨盜為賊友，意圖以毒攻毒；致使官差不敢驚動，小賊不敢打擾。再有命案兇手，身犯死罪，逃入內山，亡命於同鄉強族庇護間。然自知必死，幸災樂禍，聞某莊滋事，必起而搶掠，釀成巨案。最後還有漳、泉、潮、惠四府無賴，趁機偷渡臺灣與當地匪類結合，窩娼、包賭、搶劫、械鬥無惡不做。一旦豎旗，倡立者曰股頭，又被尊稱大哥；直到赴案，仍大言不慚、直言不諱。甚至錄供時，群惡爭稱大哥；囚車解京，無賴子弟，捧送檳榔羨慕之。〔註380〕鑒於臺灣有此惡習，平常的保甲與亂時的義民首，均無法有效維持治安。此時官府需謀思更好的解決方法才行。

　　在清莊聯甲方面，何謂清莊聯甲？根據日治初期臨時臺灣舊慣調查會解釋，它又名聯莊或清莊聯團（團練）。肇因於匪勢強人，以一街庄為主的保甲無法制服時，可進一步聯合各莊保甲，形成更大的保安單位對抗。〔註381〕不過按工作性質，清莊與聯甲是二種不同的內容。它們是何時被付諸實行呢？現可考年代最早在道光朝。道光四年（1824）鳳山縣民許尚滋事，亂平後閩浙總督趙慎畛奏行清莊之法，上諭依議所請遂為最早的記錄。〔註382〕道光十三年（1833）張丙事件過後，閩浙總督程祖洛籌酌善後事宜，其中一項就是再行清莊以防盜藪。原來之前臺灣辦理清莊，地方官赴鄉查辦全靠書役引路，

～75。

〔註378〕臺灣客家公共事務協會主編，《新个客家人》（臺北：臺原出版社，1993年2月二刷），頁98。

〔註379〕丁光玲，《清代臺灣義民研究》（臺北：文史哲出版社，1994年9月），頁38～43。

〔註380〕陳盛韶，《問俗錄》（南投：臺灣省文獻委員會，1997年11月），頁78～81。

〔註381〕《臺灣慣習記事（中譯本）‧第參卷下》，頁1。

〔註382〕洪安全主編，《清宮諭旨檔臺灣史料（四）》（臺北：故宮博物院，1997年10月），頁3350。

該人等憚於繁遠，指東話西，得規包庇，多虛應故事。〔註383〕廷議要程氏每年命令臺灣鎮、道於秋收後遴選幹員，代替書役赴鄉清查；如遇原冊無名之人，或去來人數與所報不符，立刻拏交地方官嚴訊。〔註384〕

現有記錄的清莊公約，能追溯最早的年代是道光十六年（1836），淡水同知婁雲頒佈的〈莊規禁約〉。該規內容有四則，包括：1.莊內總理、董事、莊正、莊副，恪遵公親與協調人之責，不能袒護子弟，黨同滋事；若擅自爭鬥，不論曲直，先拏送問官。2.力行清莊之法，總、董須把莊中歲產收入，取什一收入公所。不讓莊中男丁遊手好閒，可分配佃耕、巡守、手工恆業給予他們，不致因無業而爲匪利用。3.莊中不法子弟，該莊總、董有權力約束，惡行重大者可送官；若官府差人票拘者，總、董須協同拏送。4.總理、董事、莊正、莊副辦事得力，一年以上給予功牌，三年以上給予匾額獎勵。此外還有禁約八條，包括：1.閩、粵大小各莊歸好，不得聞風糾眾焚搶。2.大、小租依限完納不得抗欠。3.不許擄人勒贖、窩盜肆竊。4.墳墓、田園、水圳不得私相侵占。5.一切詞訟命盜等案，務須指控正兇、正犯。6.莊眾應完正供、錢糧充公租穀不得違例抗欠。7.生員、鄉職不得包攬詞訟。8.莊內不准收留外來者，不准私藏軍械。〔註385〕

至於現有記錄的聯甲公約，能追溯最早的年代是道光十八年（1838），彰化縣水裏崎腳新盛莊（臺中市龍井區）的文書。它的內容明顯與清莊公約不同，規定的事項不是「禁」而是「賞」。舉其大要者有：1.擒獲、殺斃盜匪賞銀的種類。2.出陣受傷、陣亡時撫卹銀的種類。3.出陣退卻、徇私窩盜罰銀的種類。4.通風報信的賞銀與招惹事端的處罰。這份文書還有特別之處，在於參加的份子有漳泉粵三籍人士，顯然官府欲化解分類的企圖，在部分區域仍有奏效。〔註386〕

清莊聯甲推行之初，聯莊的範圍有多大呢？《淡新檔案》收有道光二十三年（1843）淡水廳竹南三保（苗栗縣苑裡、通霄鎮）僉舉總理的請帖與莊

〔註383〕臺灣銀行經濟研究室編，《臺案彙錄甲集》，臺灣銀行文獻叢刊第三一種，1959年1月，頁108。

〔註384〕洪安全主編，《清宮諭旨檔臺灣史料（五）》（臺北：故宮博物院，1997年10月），頁3998。

〔註385〕諸家，《新竹縣志初稿》，臺灣銀行文獻叢刊第六一種，1959年11月，頁234～238。

〔註386〕許雪姬，《龍井林家的歷史》（臺北：中央研究院近代史研究所，1990年6月），頁86～88。

約，觀其區域大概是以一堡爲聯莊的基本單位。〔註387〕這不是北部獨有的現象，同年嘉義縣安定里西保的具僉文書中，也提到他們聯莊的區域是仔內、歐汪、仔藔、頭藔、鯤鯓、後港、中藔、大庭、竹仔腳、後港仔、檳榔林、公館、下藔、番仔藔、北埔、將軍、頂山仔腳、下山仔腳、頂藔、巷口、口藔、角帶圍、中社、過港仔莊（臺南市將軍區）。〔註388〕伴隨著聯莊的施行，在道光末期還出現「冬防」。臺灣匪訌的季節約在秋收到歲末。這是因爲秋收完畢每家貯穀豐裕，此時閒散男丁也變多，加上年關將近，若有人迫於生計，很容易鋌而走險。冬防可說是聯莊的一項重點工作，通常始於九月一日到十二月底，偶爾延至隔年一月底。〔註389〕討論到這裏，應該可以發現一有趣的事實。即清莊、聯甲雖都始於道光朝，但從疆吏的奏請與地方文書落款的時間來看，清莊可能早於聯甲幾年實施。再者，由於保甲已透過清莊聯甲更行強化，官府在緝捕要犯與應付動亂時，最常使出的二招——購線、堵禦。現在因鄉治網絡密集，地方耳目眾多，成功的機率可大爲提高。

到了咸豐朝，聯莊的態勢臺灣南、北有不一樣的發展。咸豐三年（1853）鳳山縣民林供（又稱林恭）豎旗，一時聲勢浩大亦陷鳳山縣城。此亂後來能平定，閩、粵義民出力頗多。但雙方畛域立隨撫綏時的不和而起。根據臺灣道徐宗幹的文示，粵堆總理曾史平等縱任手下焚搶閩莊；然閩人林萬掌也假義首之名，逕自剿捕粵人稱其「逆黨」。〔註390〕看來在南路，欲把閩、粵各莊結合在聯莊之下，是有一定程度的困難。不過在北部情況稍微好轉。咸豐七年六月（1857.7）淡水廳竹南一保閩粵各莊，深感該保中港地方爲南、北交通要道，向來爲匪徒所覬覦。該賊時常詐稱往過住宿，再趁機造謠分類、竊劫搶掠。所以閩粵莊總理、保正等，公議巡查規章，冀望團結彼此肅清匪類。〔註391〕同年八月淡水廳同知馬慶釗，再進一步結合「族正」的力量，諭示竹南一、二、三、四保（苗栗縣與臺中市大甲區、大安區）的巨姓，包括：王、陳、林、李、張、黃、郭、何、蔡、莊、曾等，僉舉一人爲族長並發給

〔註387〕《淡新檔案（三）：第一編行政／民政類》，頁94～97。

〔註388〕謝興堯供稿，〈臺人輿論〉：摘自中國社會科學院近代史研究所近代史資料編輯組編，《近代史資料》，總82號，1992年11月，頁14～15。

〔註389〕臺灣慣習研究會原著，《臺灣慣習記事（中譯本）・第壹卷下》（南投：臺灣省文獻委員會，1984年6月），頁244。

〔註390〕徐宗幹，《斯未信齋文編》，臺灣銀行文獻叢刊第八七種，1960年8月，頁14～15。

〔註391〕《淡新檔案（三）：第一編行政／民政類》，頁106～107。

論戳，令他們約束子姪休得犯禁。〔註392〕這一段時期官府也不忘「佈線」，尤其是徐宗幹對南路善後，聲稱趁火打劫之人，如願改過自新、作線緝捕可寬免其罪。〔註393〕

　　同治朝聯莊的運作也施行了十餘年，當中有幾點可以深入探討。首先是防治對象有所轉變。同治二年（1863）淡水廳海山保大料崁居民立的示禁碑，除盜匪不准私自窩藏外，賭徒、流丐不法者一律逐出莊外。〔註394〕其次是整頓聯莊必先清莊的問題。同治十年（1871）竹南二保（苗栗縣銅鑼、後龍鎮、公館、西湖、造橋鄉、苗栗市）總理彭繼生，以規殘俗敗爲由欲重新整頓聯莊。於是再立公約時，強調重賞重罰。〔註395〕其三是經費的問題。大抵如果聯莊失敗，經費無著佔相當重要的原因。同治十一年（1872）竹北二保（新竹縣湖口、新豐、關西鄉與桃園市觀音、新屋區、楊梅區）具稟提到，所用經費於田甲題派，按業四佃六匀出，每田甲出番銀一元。如地方有事，頭人先行墊用，事畢列出清單，稟官府出示諭佃完納。〔註396〕其四是隨同各保聯莊後，惟恐黨惡生事，小莊個別再向官府僉稟的問題。竹南一保三灣地區（苗栗縣三灣鄉）在咸豐七年（1857）已聯莊過，但到了同治十二年（1873）鑒於遊蕩之輩增多，又單獨向淡水廳衙門具稟聯莊。〔註397〕其五是冬防的問題。事實上聯莊並非一整年都保持高度警戒。最主要還是在初冬，防備生番出草、盜賊紮屋。此時各莊壯丁「把徑」與修築礮櫃就很重要。〔註398〕例如：同治十二年（1873）淡水廳桃澗保龍潭陂上、下各街莊（桃園市龍潭區），針對隆冬之際、竊劫頻傳，再度邀集各頭人另訂莊規。其內容就有卡緝該盜，搭蓋更寮等事宜。〔註399〕

　　光緒朝臺灣正值解除移民管制、進行開山撫番、以及建省之際。這些重大政策的改變對社會造成的衝激可想而知。光緒三年（1877）《申報》的一則

〔註392〕《淡新檔案（三）：第一編行政／民政類》，頁286～287。

〔註393〕丁日健，《治臺必告錄》，臺灣銀行文獻叢刊第一七種，1959年7月，頁361～363。

〔註394〕邱秀堂編，《臺灣北部碑文集成》（臺北：臺北市文獻委員會，1986年6月），頁28。

〔註395〕《淡新檔案（三）：第一編行政／民政類》，頁140～142。

〔註396〕《淡新檔案（三）：第一編行政／民政類》，頁292～293。

〔註397〕《淡新檔案（三）：第一編行政／民政類》，頁260～261。

〔註398〕林占梅，《潛園琴餘草簡編》，臺灣銀行文獻叢刊第二〇二種，1964年11月，頁168。

〔註399〕《淡新檔案（三）：第一編行政／民政類》，頁307。

報導，說明因辦理臺防，各路散勇、遊民冀圖投效，紛至沓來。窮無所歸者，難保不嘯聚為匪。臺灣各屬搶劫之案，亦層出不窮，捕治非嚴肅不可。〔註400〕此報導有一定的真實性。因為從《淡新檔案》資料發現，這一段時期重複聯莊的個案增多。光緒元年（1875）竹南三保吞霄莊，正為賊匪強牽牛隻所苦。新訂的公約載明拏獲搶牛賊，以及紮厝匪類的高額獎賞。〔註401〕光緒八年（1882）竹北二保楊梅壢莊除修建望寮，加強守備之外；亦規定莊民夜間穿墻盜竊財物、牛隻、所畜雞犬、池魚、栽種樹木什物等，莊眾可將其家拆毀，家物充公處罰。〔註402〕

　　光緒十一年（1885）臺灣建省，制度上的轉變也影響到鄉治。根據臺南知府唐贊袞所記，建省之初官府百務待舉；各州縣惜費縱馳，遇案鮮有破獲，以致匪膽鴟張。當時的彰化、雲林、嘉義、鳳山縣，強盜劫奪最為嚴重。十六年（1890）清賦告竣，在臺灣道唐景崧的主持下，再度辦理清莊。唐氏在作法上有一些創舉，包括：一、調派勇營（防勇）周歷四鄉，按名拏辦巨匪或責令族長紳耆綑送。二、遴選幹員，分路清查；跟究窩主，直搗處所。三、按莊結保存案，逐一清查包庇者，從重治罪。四、捕盜本為縣令專責，清莊費用也由該縣自籌；但為對付巨匪，必須廣覓眼線，所費不貲。若力難籌墊，應准稟請提結公款，以示體恤。五、分別勸懲印委各員，採重賞重罰策略。〔註403〕

　　在這股整頓的風氣下，各縣無不實心奉行，遂有以「縣」、「府」為單位的聯莊措施。例如：光緒十六年（1890）臺南知府方祖蔭籌得經費銀六百元，交由安平知縣陳步梯舉辦多防。隔年新任知縣范克承籌款苦無著落，遂查封大西門水仙宮旁的賭場，拍賣其房子充抵費用。〔註404〕光緒十八年（1892）恆春縣聯莊章程明訂，分界、巡丁、地保、修路、聯莊事宜。比較特殊的是該縣所要應付的對象，除了盜匪之外，生番也是大敵。最危險的地區是在縣

〔註400〕臺灣銀行經濟研究室編，《清季申報臺灣紀事輯錄》（南投：臺灣省文獻委員會，1994年7月），頁708～709。

〔註401〕《淡新檔案（三）：第一編行政／民政類》，頁274～276。

〔註402〕淡新檔案校註出版編輯委員會，《淡新檔案（四）：第一編行政／民政類》（臺北：臺灣大學，1995年11月），頁124～126。

〔註403〕唐贊袞，《臺陽見聞錄》，臺灣銀行文獻叢刊第三○種，1958年11月，頁77～78。

〔註404〕臺灣銀行經濟研究室編，《臺灣私法物權編》，臺灣銀行文獻叢刊第一五○種，1963年1月，頁155～157。

城西門至車城的路上。爲此該縣劃分統埔、新街、車城、保力四區，分別設置「團巡公所」嚴密巡查。〔註405〕光緒十九年（1893）臺南府北區自訂聯境條約，其內容獨特之處在於主其事者，不是一般的總、董與莊正、副，反倒是寺廟的爐主、簽首。事實上溫振華在研究臺灣中、北部的開墾史時，早已注意到地區信仰與墾民祖籍別的關係，並由此再衍生出地區自我防衛意識的問題。〔註406〕針對此點本文將會在下篇中進一步討論。同年嘉義縣大棟榔保的公約，則難得的記錄十莊一〇一分公費的均攤比例。它們是：大棟榔莊二十分、小棟榔莊八分、東勢藔莊十分、馬娟後莊三分、崙仔頂莊三分、三塊厝莊二分、橋仔頭莊二分、茄苳腳莊四分、春朱莊六分、德馨莊六分、埔心莊五分、溪潭莊十分、後溝尾莊六分、太保莊十六分（嘉義縣太保市、朴子市、鹿草鄉）。光緒二十一年（1895）淡水縣芝蘭三保（新北市淡水區、三芝區）聯莊規條則寫明，該約是從同治元年（1862）、光緒十年（1884）以來第三次重訂。其內容特別的地方是列出砲、銃、刀、鎗等武器，各壯丁必須常備。蓋因於光緒以前臺灣鐵禁甚嚴，以後雖官府管制較弛，但把武器的使用載入莊約亦不常見。〔註407〕

在團練方面，何謂團練？根據《安平縣雜記》的解釋，團練就是古代寓兵於農的意思。既然如此，它與前文提到義民首的軍隊相比有何不同？《雜記》認爲義民是團練的濫觴。〔註408〕作者認爲義民與團練的差別有三點：其一，前者的成員以遊民居多（前文已述），後者的組成份子雖不乏有遊民加入，但越到後期有職業者越占多數。其二，團練的成立有組織章程，義民則全靠義民首的號召，沒有制定任何章程。其三，團練到了後期有成立「局」或「總局」的機構，試圖要統合各地區的團練；義民首多各自爲政，幾乎沒有統合。

那麼清代臺灣的團練最早成立於何時呢？清末時人的看法，認爲是從同治元年（1862）圍剿戴潮春事件才開始。不過這是指施行「全臺」團練，並

〔註405〕屠繼善，《恆春縣志》，臺灣銀行文獻叢刊第七五種，1960年5月，頁130～133。

〔註406〕溫振華，〈清代臺灣中部的開發（第八十四回臺灣研究研討會記錄）〉，《臺灣風物》，第43卷第1期，1993年3月，頁127～145；溫振華，〈清代臺北盆地漢人社會祭祀圈之演變〉，《臺北文獻》，直字第88期，1989年6月，頁1～42。

〔註407〕《臺灣慣習記事（中譯本）‧第參卷下》，頁2～6。

〔註408〕佚名，《安平縣雜記》，臺灣銀行文獻叢刊第五二種，1959年8月，頁103。

非單指實施團練之意。〔註 409〕日治學者伊能嘉矩，在所著《臺灣文化志》裏
透露出端倪。若按上述的定義來解釋團練，則康熙六十年（1721）鳳山縣粵
籍人士，因朱一貴事件所成立的「六堆」，可視爲臺灣最早的團練。〔註 410〕
「團練」一詞無獨有偶也出現在康熙六十一年（1722），福建生員藍鼎元的
〈請行保甲責成鄉長書〉、〈請權行團練書〉。〔註 411〕不過這只是六堆異於其他
地方的特色，眞正在官方主導下所組的團練，始於道光二十年（1840）的鴉
片戰爭。

　　道光四年（1824）臺灣知縣的姚瑩，在與臺灣道孔昭虔討論鳳山許尙滋
事時，就提到應該多募鄉勇。他的理由是臺灣每遇動亂，遊民不待賊招而自
赴；如果先陰收此輩，則賊勢必不會因他們加入而壯大。〔註 412〕道光二十年
（1840）姚瑩已陞任臺灣道，此時正好遇上英艦擾臺，他之前的信念現可化
爲行動。同年十二月底，他巡視北路各海口時，沿途命令紳耆組織團練壯勇；
在他的努力下，總數約有一萬三千餘人的團練壯勇被組織起來。姚氏的作法
是一旦有警，半以守莊，半出聽候調用。〔註 413〕道光二十一年八月（1841.9）
臺灣的團練人數已激增至四萬七千餘名，其中淡水廳竹塹城貢生林占梅，出
錢出力表現傑出。〔註 414〕林氏的出頭使得他與官府的關係日漸緊密，數十年
之後仍見活躍於籌辦團練之中。然此時以義民首爲主的武力已經消失的嗎？
當然沒有。只是與團練規模相較，他們現變成爲「小型武力」。例如：道光二
十一年底，淡水廳金廣福大隘總理姜秀鑾接到同知曹謹命令，隨即帶領精練
鳥鎗壯勇一百名，以及擺接、八芝蘭保壯勇趕赴雞籠助戰。〔註 415〕不過單純
的義民首武力，越到清末越有被編成團練的跡象。蓋因於團練需按名造冊，
繳送官府，權宜操之長上。〔註 416〕這種情況是官方刻意主導的結果，亦可視

〔註 409〕許南英，《窺園留草》，臺灣銀行文獻叢刊第一四七種，1962 年 9 月，頁 220。
〔註 410〕伊能嘉矩，《臺灣文化志（中譯本・上卷）》（臺中：臺灣省文獻委員會，1985
　　　　年 11 月），頁 272～273。
〔註 411〕《東征集》，頁 60～64。
〔註 412〕姚瑩，《中復堂全集（東溟文外集）》（臺北：文海出版社，1983 年 10 月），
　　　　頁 200～201。
〔註 413〕文慶，《籌辦夷務始末》（臺北：國風出版社，1963 年 4 月），頁 361～362。
〔註 414〕《治臺必告錄》，頁 189～191。
〔註 415〕洪安全主編，《清宮洋務始末臺灣史料（一）》（臺北：故宮博物院，1999 年
　　　　10 月），頁 80、96。
〔註 416〕王之春著，趙春晨點校，《清朝柔遠記》（北京：中華書局，2000 年 4 月二
　　　　刷），頁 386。

爲清廷收編地方武力不露痕跡的傑作。

進至咸豐朝團練與官方依存日趨緊密。例如：咸豐二年（1852）淡水廳海山保發生業佃互控案件，敗訴的范姓佃戶引發同族人士不滿，揚言在押解途中劫囚。接獲消息的官府，立刻要求桃澗保中壢街總保王作霖等督率團練，護送人犯到案。〔註417〕對於收編地方武力的舉動，咸豐四年（1854）一時有「按戶抽丁」之議。閩浙總督王懿德對此抱反對的態度。他的理由是抽丁散處城鄉，稽查不易；有人遇事逃亡，則老弱充數，缺額虛名。如再徵調，吏胥一出，遂成擾民。〔註418〕看來團練已成地方官執行公權力時，一個重要的幫手。不過對於它的組成，大員寧願還是以招募爲主，藉此省卻再行編戶的麻煩。咸豐七年（1857）淡水廳同知馬慶釗，因大加蚋保錫口莊業戶張國珍、張廷玉所請，發給莊民林彩章諭戳，曉示他組織團練。〔註419〕該例子也顯示出當時團練的組成，應該還是由下而上的模式爲主。

現仍有一個問題亟待釐清。即清末爲統合各地團練所需，所成立的「局」是在什麼時候出現？日治時期存留迄今的看法，都認爲是從同治元年（1862）開始。不過在《淡新檔案》所看到的資料卻不是如此。最早的記錄可追溯至咸豐七年（1857）淡水廳同知馬慶釗給發淡南、淡北諭戳，並要他們設局團練的經過。〔註420〕至於在局務運作上，有二種作法收其經費：一是該地每百石抽穀四石，以業三佃一的方式鳩資。一是每百石仍抽穀四石，但以業六佃四的方式鳩資。

同治元年（1862）彰化縣民戴潮春豎旗，一時臺灣中部震盪不可扼抑。福建巡撫徐宗幹奏請竹塹仕紳林占梅爲全臺團練大臣，設籌勇、籌餉局於臺灣府。然所謂「全臺團練大臣」空名居多。因爲林氏設營駐紮大甲，權力還不及全臺；再者當時局設臺灣府，對於戰事有遠水近火之感。〔註421〕戴案能被抑制與平定，團練居功厥偉。但士紳們未必都以社會安定爲念。戴氏陣營中，如：林晟本身就是團練領袖。他們會對官府倒戈相向的原因，出自部分

〔註417〕陳世榮，〈清代北桃園的開發與地方社會建構 1683～1895〉，國立中央大學歷史研究所碩士論文，1999 年 6 月，頁 269。

〔註418〕陳衍，《臺灣通紀》，臺灣銀行文獻叢刊第一二○種，1961 年 8 月，頁 184。

〔註419〕劉枝萬，〈臺北平埔番印譜〉，《臺北文獻》，第 2 期，1962 年 12 月，頁 105。

〔註420〕《淡新檔案（三）：第一編行政／民政類》，頁 107～108、280～282、288～291。

〔註421〕《臺灣文化志（中譯本・上卷）》，頁 179；《安平縣雜記》，頁 104。

猾紳土豪，寅緣爲利。又怙其勢力互爭雄長，武斷鄉曲，無人能奈何。如果巨奸積匪再藏之宇下，浸成游俠之風，官更不敢過問。〔註422〕此弊病亟需被整頓，而把提調團練的權力，交付綠營將領是一個好的辦法。例如：同治二年（1863）臺灣水師協副將，就有提調彰化縣團練之權。〔註423〕同治十三年（1874）牡丹社事件發生，給了臺灣團練發展一個極大的轉變，就是成立了全臺團練總局。他的倡議者是來臺的欽差大臣沈葆楨。按沈氏的構想就是命各地仕紳爲局首，以首尾相應之策統合全臺團練。〔註424〕爲了遵照沈的命令，想必臺灣的團練有一番更動。《淡新檔案》裏的資料證實了此點。同年八月竹南二保後壠街莊團練分局總理杜和安，給予轄內二十四莊正副諭戳，而後壠分局則是受大甲團練總局約束。〔註425〕

　　光緒朝是臺灣團練發展成熟的階段，同時也保留了許多章程可做細部討論。光緒七年（1881）臺灣道劉璈抵任後，改全臺團練總局爲培元總局。局中辦公經費由洋藥（鴉片）稅釐支付，業務總類不限於軍事，連開道、賑濟也包括在內。〔註426〕這樣的運作勢必要受到考驗。光緒十年（1884）爆發的中法戰爭，是少見以臺灣爲主戰場的大型禦外戰爭，更是檢驗臺灣之前興辦團練成果的機會。遺憾的是開戰之初，官方還在爲臺灣兵勇不足大傷腦筋。爲此朝廷還特別諭令臺灣鎮、道，將臺屬水、陸民團（團練）妥速察辦，期能眾志成城。〔註427〕在當時來臺督辦臺灣事務的欽差劉銘傳眼中，臺灣團練的戰力不佳。他認爲狡桀之士，乘風而起，雖請募數千百人，但無器無法終不能助官軍。況且法軍裝備精良，非昔日寇盜所能比擬。大批團練的出現，只會造成餉黜，更憂慮事平後他們聚眾爲盜。〔註428〕遠在北京的京官們不察，在談到招募臺勇組織團練時，總是覺得人數多多益善，並且希望淡水縣富戶林維源出面助軍。〔註429〕這當然是書生之見，不過上諭還眞的要林

〔註422〕《臺灣通史》，頁377～478。
〔註423〕劉澤民等編譯，《臺灣總督府檔案平埔族關係文獻選輯》（南投：臺灣省文獻委員會，2001年3月），頁143。
〔註424〕《臺灣文化志（中譯本・上卷）》，頁179。
〔註425〕《淡新檔案（三）：第一編行政／民政類》，頁158～160、161～163。
〔註426〕《安平縣雜記》，頁105。
〔註427〕洪安全主編，《清宮洋務始末臺灣史料（三）》（臺北：故宮博物院，1999年10月），頁1469。
〔註428〕陳澹然，〈獎賢略序九〉，《劉壯肅公奏議》，臺灣銀行文獻叢刊第二七種，1958年9月，頁37。
〔註429〕洪安全主編，《清宮月摺檔臺灣史料（五）》（臺北：故宮博物院，1995年 8

維源捐款二十萬兩。〔註 430〕即便林對此避匿，還是沒有辦法抗拒聖意。光緒十年八月旨放全臺團練大臣由林維源擔任，直接受劉銘傳節制。〔註 431〕同年十二月劉銘傳上奏朝廷，褒揚林助餉的功蹟，上諭給他四品京堂候補做爲獎勵。〔註 432〕

除了劉銘傳在臺北大展身手之外，劉璈在南部也力求表現。中法戰爭爆發後他立即把培元總局，再改回原名全臺團練總局。光緒十年二、八月完成〈全臺團練章程〉與〈全臺漁團章程〉。對於前者，劉璈計劃每縣設一總局，總彙各地團務。在特殊的地方，如粵籍聚居之處則設「粵團」，如閩籍族大聚居者設「族團」。所有團練勇丁依操練次數分成三級。義勇常日駐團，每天操練；練勇十天赴局操練一次，團勇則每月赴局點名一次即可。局內經費一改以往提動公款的作法，現由各戶按財力規模捐貲養勇。劉尤忌諱辦團內鬥，他認爲之前團練常藉公報私，每釀成械鬥、搶奪重案。爲此他行連坐法，採重賞重罰的方式一掃前弊。對於後者，主要是練水勇以濟水師之不足。不過觀其內容，劉璈把漁團看成是水上保甲而已。主要還是聯名造冊，避免敵軍收買探子混入偵查。如果眞有敵軍搶灘上岸，漁團奉命在水淺處發動攻擊，而陸上兵勇則在險處設計誘敵。〔註 433〕

劉璈的計劃連廷議也相當關心。〔註 434〕它落實到地方，所呈現出的執行面爲何呢？現有二份當時的古文書，難得的透露出當時的訊息。一份爲光緒十年二月（1884.3）張貼在臺灣府城的告諭，內容幾乎跟上述一樣。其中還標定出招募勇丁的年齡須在 16～40 歲，並且由團勇中選出練勇，再由練勇中選出義勇，期能挑選精壯之才。〔註 435〕另一份是光緒十年八月（1884.9）擺接保十三莊（新北市板橋、土城、永和、中和區）所立的團練公約。該約詳述

月），頁 3692、3785、3851～3852、3878。

〔註 430〕洪安全主編，《清宮廷寄檔臺灣史料（三）》（臺北：故宮博物院，1998 年 10月），頁 1833、1853、1880。

〔註 431〕《清宮洋務始末臺灣史料（三）》，頁 1585～1586。

〔註 432〕中國第一歷史檔案館編，《光緒宣統兩朝上諭檔（十）》（桂林：廣西師範大學出版社，1996 年 10 月），頁 193。

〔註 433〕劉璈，《巡臺退思錄》，臺灣銀行文獻叢刊第二一種，1958 年 8 月，頁 246～252、271～283。

〔註 434〕洪安全主編，《清宮諭旨檔臺灣史料（六）》（臺北：故宮博物院，1997 年 10月），頁 5015～5016。

〔註 435〕曾振名、童元昭主編，《噶瑪蘭、西拉雅族古文書》（臺北：國立臺灣大學人類學系，1999 年 9 月），頁 73～74。

在接獲道臺諭令後，於同年三月二十二日（1884.4.17）該保開局辦團。其主要內容包括：預防匪徒、游勇橫行，如遇此輩進入我莊，立刻鳴鑼告警，再由本局義勇堵禦擒獲送官。每月練勇應點三期，茲因農事繁忙，可以不用來局聽點，但須局傳必到。各莊勇出隊定用旂袂（軍裝制服），免得臨陣莫認混淆誤傷。團內常費理當應公勻議，按家貲多寡捐銀等差；但現可由林本源暫墊，事平之日統即繳還。〔註436〕

擺接保團練公約的內容其實很有趣。它證實了林維源（林本源是其家號）擔任全臺團練大臣所肩負的責任。同時對於臺灣道臺的命令，以「因地制宜」的方式稍打折扣；讓練勇們各自忙於農事，又隨傳隨到不妨礙團務。但在對付的敵人上，匪徒、游勇似乎比法軍還更重要。中法戰爭的基隆戰役，團勇們確實出力很大，要不是如此戰局可能要全面改觀。〔註437〕光緒十一年三月（1885.3）戰爭結束，同年九月臺灣進入建省的籌備階段。此時的團練已有「防軍化」的傾向，但設局團練並無消失。光緒二十一年（1895）甲午戰爭署臺灣巡撫唐景崧奏行全臺團練，並且仍以林維源為團練大臣。同年四月臺灣民主國成立，改以進士邱逢甲為團練使。〔註438〕

傳統團練（不管有無設局）與所謂「防軍化」的團練，最大的差別是在前者仍有寓兵於農的深意，但後者作風上已有職業軍人的身影。上一節已提到過，在臺招募的勇丁一律統稱為「土勇」，只是防軍化的團練因為都以「營」為單位，所以有時也稱他們為「土勇營」。土勇營最早出現的時間在同治十三年（1874），也是跟牡丹社事件有關。當時成立的土勇營，較為著名的有二軍，一是卸任臺灣鎮總兵曾元福在鳳山所招募五百人，由山東烟臺稅務司博朗（又名薄朗）練成洋鎗隊。這一支軍隊被沈葆楨命名為安撫軍。〔註439〕跟內地第一支洋鎗隊——咸豐十年（1860）由美國人華爾（Frederick Townsend Ward）指揮的常勝軍相比，臺灣洋鎗隊的成立晚了十四年。〔註440〕但它也標

〔註436〕 高淑媛，〈罕見的團練公約〉，《臺灣風物》，第44卷第3期，1994年9月，頁8～12。

〔註437〕 許毓良，〈清法戰爭中的基隆之役——兼論民族英雄墓的由來〉，《臺灣文獻》，第54卷第1期，2003年3月，頁295～325。

〔註438〕 《臺灣通史》，頁379；《安平縣雜記》，頁106。

〔註439〕 王元穉，《甲戌公牘鈔存》，臺灣銀行文獻叢刊第三九種，1959年6月，頁98、107。

〔註440〕 R. J. 史密斯（Richard Joseph Smith）著，汝企和譯，《十九世紀中國的常勝軍（The Ever-Victorious Army of Nineteenth Century China）》（北京：中國社會

示著臺灣軍事史一個重要的里程碑。另一個是同年七月，清廷諭令沈氏可在淡蘭招募土勇二營。〔註441〕九月噶瑪蘭廳閩籍頭人陳輝煌，帶領該地土勇，跟隨福建陸路提督羅大春開山撫番。二年之後敘功，清廷特命陳氏統領蘇澳南二營、叭哩沙（宜蘭縣三星鄉）臺勇營專防生番，並獎勵他的辛勞。〔註442〕

在光緒元年至九年這一段期間，臺灣防軍化的團練舉其大要者不多，當時重要的戍臺武力還是以防軍爲主。不過光緒十至十一年的中法戰爭打破了這個局面。在戰爭爆發之初，臺灣的兵力根據大員們的奏報是相當不足。這有二種解決之道。一是由內地調撥援軍，一是在臺招募。於是就發生一個有趣的現象，即各將領們除下轄的部隊之外，新募的土勇營也歸他們調度。例如：淮系福寧鎮總兵曹志忠指揮慶、祥營外，還指揮五堵土勇二營。淮系記名總兵劉朝祜指揮銘軍二營與土勇一營。淮系記名提督蘇得勝指揮水返腳土勇二營。提督銜留閩差委總兵桂占彪指揮土勇一營。營官蘇樹森指揮土勇一營。營官鄧長安指揮土勇一營。當然臺灣本地的頭人也有親率土勇營的例子，像武舉王廷理、捐職周玉謙的暖暖土勇營，在防守暖暖上就有不錯的表現。〔註443〕不過一戰成名的，恐怕非彰化縣霧峰士紳同時也是捐貨監生、郎中的林朝棟莫屬。

林朝棟率領的土勇營何時成軍呢？從彰化縣發給的札飭來看，應是在光緒十年九月十一日（1884.10.29）。當時臺灣道劉璈聽聞霧峰林家子弟擅長火器，林朝棟、林文欽叔姪素服鄉里，遂命他們招募五百名壯丁，編成「禮」、「義」二字號營，按楚軍營制一體訓練。〔註444〕林朝棟後來率勇增援基隆，投入劉銘傳的麾下；在同年十月至隔年三月的戰事中，於月眉山、大水窟、大牛埔與淮軍各路並肩作戰，深受劉銘傳倚重。〔註445〕戰爭結束臺灣建省，

科學出版社，2003年2月），頁24～96。

〔註441〕洪安全主編，《清宮洋務始末臺灣史料（二）》（臺北：故宮博物院，1999年10月），頁856。

〔註442〕廖風德，《清代之噶瑪蘭》（臺北：正中書局，1994年11月二刷），頁153。

〔註443〕劉銘傳撰，馬昌華、翁飛點校，《劉銘傳文集》（合肥：黃山書社，1997年7月），頁123～124；《清宮月摺檔臺灣史料（五）》，頁3870、3994～3996。

〔註444〕臺灣銀行經濟研究室編，《劉銘傳撫臺前後檔案》，臺灣銀行文獻叢刊第二七六種，1968年6月，頁53～54。

〔註445〕許毓良，〈清法戰爭中的基隆之役──兼論民族英雄墓的由來〉，頁314～319。

林朝棟的土勇營受到重用且被擴編；改以「棟」字號，仿淮軍營制編成六營。他們包括：1.駐紮東大墩（臺中市南屯區）的棟字正營。2.駐紮橋仔頭（臺中市南區）、南北投、葫蘆墩（臺中市豐原區）的棟字副營。3.駐紮平和厝（雲林縣虎尾鎮）的棟字前營。4.駐紮彰化的棟字隘勇副營。5.駐紮東大墩（臺中市南屯區）的棟字衛隊營。6.駐紮大湖（苗栗縣大湖鄉）的棟字隘勇營。更甚者巡撫劉銘傳還把駐防在中部的防軍，如：駐紮在埔裏的屯軍正營、彰化的定海後營，交由已陞任二品頂戴選用道員的林朝棟指揮。〔註446〕

　　林朝棟的棟字營在臺灣建省後，的確活躍了一陣子；尤其在苗栗、臺中的開山撫番，棟字營是與當地生番戰鬥的主力。至於其他土勇營的表現，《淡新檔案》收藏有一份臺東安撫軍成軍的飭文頗為難得。光緒十四年（1888）署埔裏社通判吳本杰，經過劉銘傳的認可在新竹縣招募土勇三百名，命名為「臺東安撫軍」。成軍經費二千兩由臺北府函請新竹縣照撥庫平銀發給。〔註447〕以上就是光緒十七年（1892）以前，臺灣防軍化團練的經過大要。美國學者芮瑪麗（Mary Clabaugh Wright）在研究同治朝中國的內政時，提出了一個觀念──「地方軍隊國家化」。當然她指的是逐漸取代綠營的湘、淮二軍，不過發生在臺灣的例子，可做為一個有趣的比較。〔註448〕前述提到防軍化團練，使得臺灣出現職業軍人的身影。這一點是官府跳過了地方仕紳的位階，直接收編民人的武力的高招。因為以往不管是保甲、地方頭人或義民首的號召、清莊聯甲、設局或非設局團練，在組織過程與編遣指揮中，官府不可能不與地方領導階層接觸。這個時候這些地方領導階層，就有了與官府「議價」的空間，其結果是功名、利祿、特權，須隨平亂腳步下放給他們。但現在可不是如此。官府在組織土勇營的過程裏，它對地方領導階層是有高度的選擇性。再加上規定營制、武器需仿湘、楚軍營制；這使得並不熟悉此點的臺灣領導階層，對官府唯命是從的態度大增。

　　另一位美國學者孔飛力（Philip A. Kuhn）在研究清末中國的社會時，認

〔註446〕洪安全主編，《清宮月摺檔臺灣史料（七）》（臺北：故宮博物院，1995 年 8 月），頁 6141～6147。

〔註447〕吳密察主編，《淡新檔案（七）：第一編行政／財政類、建設類》（臺北：臺灣大學圖書館，2001 年 6 月），頁 114、123～124。

〔註448〕芮瑪麗（Mary Clalaugh Wright）著，房德鄰等譯，《中國保守主義的最後抵抗──同治中興 1862～1874（The T'ung-Chih Restoration）》（北京：中國社會科學出版社，2002 年 1 月），頁 242～273。

爲軍事化帶給地方政府一定程度的影響。他的結論之一是仕紳領導的團練，已轉變成地方政府的正式機構。特別是在平定太平天國以後，團練開始做爲縣以下的行政機關，用來行使保甲的職能。〔註449〕從臺灣的例子來看，若僅從設局的個案審視，確有此跡象（擺接保的公約）。不過在土勇營活動較強的地區，特別是在中部棟字營的防區，傳統團練力量到底能發揮多少作用，恐怕對此要有所保留。雖然臺灣建省以後，對於傳統團練的設立，仍不乏有人大聲疾呼。〔註450〕但可以看出一個趨勢是團練的重要性日漸降低，土勇營的重要性日漸提高。例如：光緒十七年九月（1891.10）淡水縣大嵙崁內山討番戰爭進行激烈，護理巡撫沈應奎新募勇丁一千五百名，長夫三百名，編爲勁勇、捷勇、新隘勇三營投入戰場。同年十一月苗栗縣五品軍功貢生黃南球，也新募勇丁五百零五名編成臺勇營。〔註451〕光緒十八年臺灣巡撫邵友濂奏糾林朝棟，責他所部營官勇額延曠，漫無察覺且處置未盡允協，然亦無解編棟字營的構想。〔註452〕

　　光緒二十年（1894）的甲午戰爭是團練與土勇營效力清廷的最後一戰。同年八月邵友濂的奏文中提到，在臺北除新募勇丁十五營外，再募六營交由道員林朝棟與藩司唐景崧管帶；在臺南新募勇丁七營，交由臺灣鎮總兵官萬國本、都司邱啓標管帶。總共二十八營的兵力，若以一營五百人計算，約有一萬四千名之眾。〔註453〕隔年二月，臺南團練總局行知鳳山縣招募義勇，分別在閩莊募得二千人，粵莊募得五千人。前者編爲昌字前、後、左、右四營；後者編爲儀字正中、正前、正左、正右、正後、副中、副前、副左、副右、副後十營。並且該局再奉上諭亦籌辦漁團。〔註454〕整體來看，臺灣十年建省當中有一個有趣的現象；即是臺北、臺灣府多組土勇營，臺南府仍續行設局辦團（即便是採用營制）。作者認爲開山撫番戰爭是決定性的因素。前面所提

〔註449〕孔飛力（Philip A. Kuhn）著，謝亮生等譯，《中華帝國晚期的叛亂及其敵人（Rebellion And Its Enemies In Late Imperial China）》（北京：中國社會科學出版社，2002年1月二刷），頁217～220。

〔註450〕代表人物是前任兵部尚書彭玉麟。參閱洪安全主編，《清宮月摺檔臺灣史料（六）》（臺北：故宮博物院，1995年8月），頁4531。

〔註451〕洪安全主編，《清宮月摺檔臺灣史料（八）》（臺北：故宮博物院，1995年8月），頁6535～6536、6566。

〔註452〕中國第一歷史檔案館編，《光緒朝硃批奏摺（第四十二輯軍務）》（北京：中華書局，1995年2月），頁853～854。

〔註453〕《清宮月摺檔臺灣史料（八）》，頁6983～6984。

〔註454〕《劉銘傳撫臺前後檔案》，頁241～244。

到土勇營的領導人，包括：陳輝煌、林朝棟、黃南球，他們率領的部隊都是駐紮在桃園、臺中、彰化、苗栗、叭哩沙，剛好都跟防軍錯開（參閱二章一節）。爲了執行討番，他們可是該地重要的武力。但南部則不然，臺南府、嘉義縣與恆春縣本來就駐守一定數額的防軍，而此地討番的工作甚少交由土勇營擔任。經過對番戰爭的區隔，使得臺灣南、北民團武力的發展，至此呈現出二種不同的風貌。

　　建省前後的開山撫番實不能小覷，因爲隨之而來的討番戰爭，把半個臺灣帶入烽火當中。中央山地與花東實不在話下，就算前山的府縣，只要與生番毗鄰之界，亦不時要保持備戰狀態。這當中就要談一談專爲防番而設的隘，是不是也有相類似的發展。

二、隘

　　何謂隘？簡單地說就是防番之地。〔註455〕更早的說法是巡防野番（生番）出沒之隘口，跟它相關的事物包括：官隘、民隘、隘首、隘丁、隘地、隘租、隘糧、隘寮。乾隆年間由官遴選壯丁，把守扼要巡邏防禦，其人稱作隘丁。如果在通事或隘丁中公舉熟諳隘務者，則稱他爲隘首。隘丁們平日所需的口糧、鉛藥、酬勞，以准許他們在附近山麓墾種的方式代給，其地被稱作隘地，其隘被稱作官隘。如果是民隘，則由承耕各佃或樵夫來選舉隘首、隘丁；每年按田園收成鳩資支給穀石或番銀，謂之隘糧或隘租。隘丁們在隘旁搭寮而居則名爲隘寮。〔註456〕同、光時期臺灣已到了深山必有隘的地步，此時隘寮也被稱爲「銃櫃」或「銃庫」。〔註457〕根據日治時期文人連橫的考證，臺灣設隘最早始於鄭氏，其年代在永曆十九年（1664）。〔註458〕連氏的說法僅是一個參考。清代的隘才是本文要討論的重點。

　　對於隘的研究，有三位學者的成果不能不提。第一位是日治學者伊能嘉矩。在他的著作《臺灣番政志》中，首度把隘制演變與防番的關係做一清楚的論述。〔註459〕第二位是戴炎輝，一九五〇、六〇年代戴氏大量運用《淡新檔

〔註455〕連橫，《臺灣語典》，臺灣銀行文獻叢刊第一六一種，1963 年 3 月，頁 21。

〔註456〕丁紹儀，《東瀛識略》，臺灣銀行文獻叢刊第二種，1957 年 9 月，頁 48。

〔註457〕吳子光，《臺灣紀事》，臺灣銀行文獻叢刊第三六種，1959 年 2 月，頁 4。

〔註458〕連橫，《臺灣通史》，臺灣銀行文獻叢刊第一二八種，1962 年 2 月，頁 369。

〔註459〕伊能嘉矩，溫吉編譯，《臺灣番政志》（臺北：臺灣省文獻委員會，1957 年 12 月）。

案》的資料，詳細討論淡水廳治下各隘運作與官府行政控制等問題。〔註460〕第三位是王世慶，再繼伊能嘉矩之後，成功地把清代與日治隘制的變遷與發展，做一連貫性的討論。〔註461〕本文在這既有的基礎上，還要討論哪些問題呢？其實就是被防軍取代的過程。隘與民團都是清代民人的二大武力，雖然最後都被官方收編，但結果卻極不相同。因此有必要再做深論。

清代臺灣的隘最早出現於何時，伊能嘉矩認為是雍正十三年（1735）彰化縣的柳樹湳隘（臺中市霧峰區）。〔註462〕不過官方有記錄的時間，卻是在乾隆元年（1736）淡水廳後壠、中港生番出草，北路協副將靳光瀚帶兵彈壓時，提到「緊要隘口」嚴加防範一語。〔註463〕或許是這件事情的影響，乾隆五年（1740）清廷命令彰化縣岸裡大社熟番守隘。乾隆十年（1745）福建布政使高山，亦提出在淡防廳日南、嘉志（臺中市大甲區、苗栗市）增隘的構想。〔註464〕乾隆十三年（1748）淡水廳擺接保石門（新北市中和區）的一張古契，忠實反映出設隘的經過。其原委是招夥約字人李成向雷裡社土目東義乃贌墾山場，當務之急就是建造隘寮請丁把守。〔註465〕熟番守隘的代表性個案就是岸裡大社。雍正末年由於平定大甲西社番亂有功，靠著清廷的賞賜與拉拔，該社成為中部熟番勢力最大者。然與官府維持穩定關係之餘，隨著而來就是聽調。乾隆二十年（1755）他們負責把守的隘口有四處──校栗林（臺中市潭子區）、舊社崗仔頭（臺中市后里區）、朴仔籬（臺中市東勢區）、大坑口（臺中市東區）。〔註466〕守隘可不是一件輕鬆的工作。由於番丁連年守隘，沒有多餘的時間力農，因此常把近隘的埔地贌給漢人耕種。但這些土地常被差役訛詐為界外之地，藉此向熟番們需索規禮。〔註467〕爾後隘的數量有明顯

〔註460〕戴炎輝，《清代臺灣的鄉治》（臺北：聯經出版事業公司，1992年5月三刷）。

〔註461〕王世慶，〈臺灣隘制考〉，《清代臺灣社會經濟》（臺北：聯經出版事業公司，1994年8月），頁373～414。

〔註462〕黃富三，《霧峰林家的興起──從渡海拓荒到封疆大吏（1729～1864）》（臺北：自立晚報，1987年10月），頁95。

〔註463〕乾隆朝漢文錄副（軍機處錄副），檔號：0522-021，微縮號：036-1045，中國第一歷史檔案館藏。

〔註464〕施添福，《清代臺灣的地域社會──竹塹地區的歷史地理研究》（竹北：新竹縣文化局，2001年9月），頁134。

〔註465〕林德喜主修，《重修中和鄉志》（中和：中和鄉公所，1977年12月），頁94。

〔註466〕潘大和，《平埔巴宰族滄桑史》（臺北：南天書局有限公司，1998年4月），頁246～247。

〔註467〕陳秋坤，《清代臺灣土著地權──官僚、漢佃與岸裡社人的土地變遷 1700～

增加。乾隆二十五年（1760）單淡水廳即設隘十八處，彰化縣也有十處，二
處共徵熟番 937 名。〔註 468〕

　　乾隆二十六年（1761）縱貫臺灣南北的土牛溝完成，一條在地圖的「番
界」也確定。這條人為的界線對隘的影響極大，因為所到之處都是險要。雖
徵調熟番守隘，但畢竟人數有限。於是本文大膽推測，至此才開始有漢人守
隘，例如：這一段時間出現在楊梅、竹北、平鎮的隘口寮。〔註 469〕乾隆三十
一、二年（1767～1768）淡水同知段玠招募鄉勇分隘防守等等。〔註 470〕不過
這並不表示熟番已被取代，事實上他們對此工作的表現，總是讓官方印象深
刻。就像巡臺御史六十七命人繪製的《番社采風圖考》，也收錄「守隘」一
則，提及臺灣各縣緊鄰生番之地，通事、土目每日均派撥番丁，各帶鏢鎗弓
箭以防生番出沒。〔註 471〕

　　再者南路的隘仍是以熟番把守為主。較早的記錄是乾隆二十七年（1762）
鳳山縣六張犁（高雄市旗山區）由大傑顛社番守隘。〔註 472〕乾隆四十二年巡
臺御史覺羅圖思義、孟卲的一份奏報，透露出南路隘務的變遷。該縣山豬毛
（屏東縣三地鄉）地方屆至目前為止，已有二百餘莊沿山落戶。從前為防止
傀儡番出草，共設有隘藔六座把守，派撥熟番巡守。但今昔情況不同，前此
山番易出沒之區，今已遠颺；前此番跡罕到之處，今易出沒。於是有改弦易
轍的必要。經臺灣知府蔣元樞詳明，新建隘藔十六座，亦派撥熟番把守；並
飭令該丁攜眷同住，就近給發埔地讓其耕食。更重要的是仿照北路一體築牛
挑溝，使番界清楚可知，兵役不難稽查。〔註 473〕隔年臺灣鎮總兵官董果，會
同臺灣道張棟、蔣元樞悉心辦理，且在各隘口再蓋望樓，讓各莊聲勢互聯以
茲守禦。〔註 474〕

　　1895》（臺北：中央研究院近代史研究所，1994 年 12 月），頁 202。
〔註 468〕李桓編，《國朝耆獻類徵（138）》（臺北：明文書局，1985 年 5 月），頁 647
　　～664；《清實錄──高宗純皇帝實錄（一六）》，頁 968。
〔註 469〕《清代臺灣的地域社會──竹塹地區的歷史地理研究》，頁 94。
〔註 470〕臺灣銀行經濟研究室編，《臺案彙錄己集》，臺灣銀行文獻叢刊第一九一種，
　　1964 年 1 月，頁 297。
〔註 471〕六十七，《番社采風圖考》，臺灣銀行文獻叢刊第九〇種，1961 年 1 月，頁 69。
〔註 472〕《臺灣番政志》，頁 89。
〔註 473〕乾隆朝漢文錄副（軍機處錄副），檔號：1459-013，微縮號：099，中國第一
　　歷史檔案館藏。
〔註 474〕乾隆朝漢文錄副（軍機處錄副），檔號：0447-005，微縮號：030-1537，中國
　　第一歷史檔案館藏。

若說重要性，南、北路的隘在官方眼中都是一樣，其標準在於地方大員巡閱的記錄。乾隆十年（1745）閩督馬爾泰、閩撫周學健議覆藩司高山的奏摺時，再次聲稱生番隘口一直是稽查的重點。〔註475〕乾隆二十五年（1760）巡臺御史覺羅實麟、湯世昌的奏報中，提及所過汛防除考校弁兵外，內山隘口尤須加意防範。〔註476〕而且不止是御史巡閱要注意，連總兵官巡閱時，也要一體稽查，例如：乾隆三十九年十月（1774.11）顏鳴皋、五十一年四月（1786.5）陸廷柱上任之初，隨即往生番交界處所視察。〔註477〕

乾隆末期以後疲態開始出現，其癥結在於口糧常不發放，導致丁逃隘懸的怪象。隘口空虛的結果，生番就趁機出草。乾隆四十一年（1776）貓羅保民（彰化縣芬園鄉、彰化市、臺中市霧峰區、烏日區）因隘番失守，以致被戕殺多命，迫使北路隘番的直屬長官——理番同知出面善後。〔註478〕除了一般百姓因隘懸喪命外，官員有時亦不能免。乾隆五十年底（1786）淡水同知潘凱在夜間行抵老衢崎（苗栗縣竹南鎮），遭到直加未南、目懷二社生番伏擊殺害，他是清代殞命於生番之手最高的文官。事後調查原來是樹林隘口疏忽，遂被生番偷襲成功。朝廷除先命竹塹巡檢楊馨、北路協右營守備李希仁往拏外，還飛飭臬司李永祺赴臺查辦，並偕同臺灣鎮總兵官柴大紀、臺灣道永福三路進剿。〔註479〕

根據柯志明的研究，乾隆二十五年（1760）是「隘番制」開始執行的一年。在該政策下熟番們均被擴大動員，要求做爲守邊與治安的助力，確立了清廷與熟番彼此的結盟。柯氏認爲該結盟有它積極的一面，並非可用熟番守隘導致無法力農；或者清廷對熟番保護地權之餘，要求他們以守隘做爲回報所能解釋。〔註480〕這樣的積極性，到了乾隆五十三年（1788）林爽文事件被

〔註475〕乾隆朝漢文錄副（軍機處錄副），檔號：1096-048，微縮號：076-2015，中國第一歷史檔案館藏。

〔註476〕乾隆朝漢文錄副（軍機處錄副），檔號：0443，微縮號：030，中國第一歷史檔案館藏。

〔註477〕乾隆朝漢文錄副（軍機處錄副），檔號：0445-037，微縮號：030-1224，中國第一歷史檔案館藏；同前註，檔號：0451-037，微縮號：030-2143。

〔註478〕岸裡大社文書出版編輯委員會，《國立臺灣大學藏岸裡大社文書（三）》（臺北：國立臺灣大學，1998年3月），頁1172。

〔註479〕洪安全主編，《清宮廷寄檔臺灣史料（一）》（臺北：故宮博物院，1998年10月），頁227～240；洪安全主編，《清宮諭旨檔臺灣史料（一）》（臺北：故宮博物院，1996年10月），頁257～279。

〔註480〕柯志明，《番頭家——清代臺灣族群政治與熟番地權》（臺北：中央研究院社

弭平後，因實施番屯制而有更進一步的發展。例如：以岸裏大社爲主所組成的蔴薯舊社大屯，該屯轄下的屯丁四百名，就是負責中部沿山一帶的防戍工作。〔註481〕並且還規定社番輪撥守隘，恐不暇自耕，可暫贌給漢人代耕，二、三年限滿取回。若贌約無通事蓋戳，即以違例私贌論。〔註482〕此外亦不要忘了漢人仍持續守隘的事實。乾隆五十五年（1790）閩浙總督覺羅伍拉納、軍機大臣、兵部官員，甚至臺灣知府楊廷理，都對漢隘抱持繼續運作的看法。〔註483〕當時重要的漢隘有四處，全都在淡水廳，包括：蛤仔市（苗栗縣公館鄉）的 60 名隘丁、銅鑼圈（桃園市龍潭區）的 25 名隘丁、芎蕉灣雞籠山（苗栗縣銅鑼鄉）的 30 名隘丁、九芎林（新竹縣芎林鄉）的隘丁 10 名。每年應發給口糧穀 1,680 石，折合佛銀 1,680 元。〔註484〕同年該廳拳山保萬順寮、深坑仔莊，感於「番害」嚴重，蒙同知袁秉義批准以高槐青爲隘首，招佃同隘丁分墾以資糧食。〔註485〕

　　隘丁除了防番之外，也是官方隨時徵調的地方武力，乾隆五十六年（1791）的一個案例就是臺灣鎮、道，風聞彰化縣南投地方有天地會死灰復燃。然礙於內山密菁捉拿不便，遂命令社丁首黃漢率領熟悉當地地形的隘丁多人，深入群山緝捕脫逃的逸匪。〔註486〕另外熟番守隘著名者，淡水廳竹塹社的衛氏家族，也繼彰化縣岸裡社的潘氏家族而崛起。最遲在乾隆六十年十月（1795.11）衛阿貴就爲連際盛墾號，在美里莊（新竹縣關西鎮）擔任隘首的工作。該家族在嘉、道時期一直在此扮演重要的角色。〔註487〕

　　進至嘉慶朝，隘制的發展已超過半世紀。有幾項重點頗值得注意：第

　　　　會學研究所，2001 年 3 月），頁 184～189、359。

〔註481〕洪麗完，《臺灣中部平埔族——沙轆社與岸裡大社之研究》（臺北：稻鄉出版社，1997 年 6 月），頁 306。

〔註482〕臺灣銀行經濟研究室編，《清代臺灣大租調查書》，臺灣銀行文獻叢刊第一五二種，1963 年 4 月，頁 768。

〔註483〕臺灣銀行經濟研究室編，《臺案彙錄甲集》，臺灣銀行文獻叢刊第三一種，1959 年 1 月，頁 14、26、44。

〔註484〕臺灣銀行經濟研究室編，《臺案彙錄壬集》，臺灣銀行文獻叢刊第二二七種，1966 年 5 月，頁 28。

〔註485〕溫振華，《清代新店地區社會經濟之變遷》（臺北：臺北縣政府文化局，2000 年 12 月），頁 120～121。

〔註486〕中國第一歷史檔案館、人民大學清史研究所合編，《天地會（五）》（北京：人民大學出版社，1986 年 5 月），頁 376。

〔註487〕陳運棟等，《斗葛族人——道卡斯族研究導論》（苗栗：苗栗縣立文化中心，1998 年 6 月），頁 113。

一是熟番守隘與給賑的問題。嘉慶二年（1797）岸裡社在總通事潘亮慈的協調下，一改隘番守隘無酬的方式，每名每日可支給食米一升五合做爲口糧。〔註488〕不過改善隘番的待遇後，能提高他們的士氣嗎？看來未必。嘉慶五年（1800）北路理番分府的一張貼示，告知了隘番深受漢佃霸耕所苦的事情。加上漢人還屢次私越南勢坑、烏牛欄、東勢角、投標埔、蔴薯舊社（臺中市豐原區、東勢區、后里區）的番界，一旦被生番鹹首反誣熟番守隘不力，抬屍訛索不勝其擾。〔註489〕再者，新支的隘丁口糧是從番社的公費撥給，若公費的收取出了狀況，口糧的發放也勢必拖欠。《岸裡社文書》就收錄了嘉慶十八、二十一年（1813、1816），總通事潘集體向萬興頭家商借白米的借據。〔註490〕

同樣在嘉慶二年衛阿貴出任新興莊墾戶隘首後，事業做的更大。轄下的九個隘首必須向他繳納隘租，包括：彭玉鄉、姜殿邦、衛壽宗、眾佃、鄭國良、衛國賢、金萬成、徐炳成、連日昌。〔註491〕時至嘉慶二十五年（1820）爲止，淡水廳竹北二保的九鑽頭、山豬湖、猴洞、十股林、石壁潭、水坑、南河、燥坑、上下橫坑、山豬湖洞、新興莊（新竹縣芎林鄉、橫山鄉、關西鎮）生番猖獗，於是更需要設隘防番。〔註492〕此時衛壽宗就向淡水同知胡振遠，稟舉竹塹殷戶陳長順爲合興莊業戶。胡氏答應請求並給予陳長順諭戳，准許他就地設隘建造砲櫃。〔註493〕到了這裏可以發現二件事，其一，隘因爲本身擁有武力，爲怕它有太阿倒持的可能，官府對它是處於管控的狀態。其二，與岸裡社潘氏相比，竹塹社衛氏掌理隘務就順利許多。其中的關鍵就在於前者類似服勞役般必須守隘，而後者是把它當成事業在經營。

第二是漢人守隘與墾墾的問題。理論上隘的設立必須得到官方的許可，

〔註488〕《清代臺灣土著地權──官僚、漢佃與岸裡社人的土地變遷 1700～1895》，頁 136。
〔註489〕《清代臺灣大租調查書》，頁 769～770。
〔註490〕岸裡大社文書出版編輯委員會，《國立臺灣大學藏岸裡大社文書（二）》（臺北：國立臺灣大學，1998 年 3 月），頁 857、858。
〔註491〕張炎憲、李季樺，〈竹塹社勢力衰退之探討──以衛姓和錢姓爲例〉，《平埔研究論文集》（臺北：中央研究院臺灣史研究所籌備處，1995 年 6 月），頁 180、194。
〔註492〕吳學明，《金廣福墾隘與新竹東南山區的開發 1834～1895》（臺北：國立臺灣師範大學歷史所，1986 年 2 月），頁 27。
〔註493〕張炎憲、王世慶、李季樺主編，《臺灣平埔族文獻資料選集──竹塹社（上）》（臺北：中央研究院臺灣史田野研究室，1993 年 5 月），頁 68～69。

但也有例外。嘉慶元年（1796）吳沙入蘭就是一個很好的例子。在清廷還沒有把噶瑪蘭納入版圖時，漳籍頭人吳沙即帶墾民入蘭開墾。但蘭地生番勢強，於是吳氏在沿山設隘寮十一處，取名「民壯寮」，而這些隘肯定是沒有經過官方核准的。〔註494〕不過這畢竟是個「例外」，至少在前山的隘，大部分還在官府的掌控。嘉慶二十二年（1817）有三個案說明，一是淡水廳同知徐景揚准許擺接保石門設隘防番，隘丁首林開成除負責招募隘丁外，還要招佃墾耕抽收口糧。〔註495〕二是噶瑪蘭廳通判陳蒸發給大里簡隘首吳宋諭戳，准其督率隘丁開墾隘寮附近的埔地。〔註496〕三是淡水廳拳山保青潭地方（新北市新店區）的古文書，其內容十分有意思，涉及的相關人士有隘丁、結首、墾戶、番目。大意是說前一年蒙同知張學溥給諭，准予在此設隘；但因公費浩繁鳩用維艱，致隘丁瓦解佃眾星散。現在要重新來過，雇請鄉勇防堵生番。此觸及到一個很重要的問題，就是漢隘只要經營不善就有瓦解的可能。青潭原本是雷朗社的社域，但他們卻不用守隘；反把這塊地贌給漢人開墾，呈現出與臺中、新竹都不一樣的發展。〔註497〕當然贌墾隘口附近的土地，也不一定都是賠本的生意。例如：霧峰林家向隘丁首鄭萬祿、隘丁苗秀等二十五人，承贌黃竹坑隘旁邊柴坑社的土地，就是一項有利可圖的事業。〔註498〕

　　第三是漢人因隘防壯大武力的問題。官府怕太阿倒持不是沒有原因，因為就曾發生這樣的案例。嘉慶十九年（1814）水沙連隘丁首黃林旺，勾結嘉義、彰化縣民人陳大用、郭百年，以及臺灣府門丁黃里仁。詐稱生番願意獻出土地與漢人耕作，知府准其申請，郭百年等蜂擁進入埔里，藉口為高官侵佔番地虐殺番人。〔註499〕嘉慶二十二年（1817）淡水廳發生一起訴訟案，隘首廖科第、業戶郭陳蘇控告貢生林特魁，責他意圖強佔金山面厚力林（新竹市東區）的土地。透過這卷案宗附的繪圖，得知當時在廳城竹塹附近共有雙溪、大崎（新竹縣寶山鄉）、金山面隘，招募隘丁六十人，以及員山仔（新竹縣竹東鎮）廢隘。該案纏訟至道光五年（1825）才判林特魁敗訴。不過這當

〔註494〕廖風德，《清代之噶瑪蘭》（臺北：正中書局，1994年11月二刷），頁166。
〔註495〕臺灣銀行經濟研究室編，《臺灣私法物權編》，臺灣銀行文獻叢刊第一五○
　　　　種，1963年1月，頁478～479。
〔註496〕陳進傳，《宜蘭傳統漢人家族之研究》（宜蘭：宜蘭縣立文化中心，1995年5
　　　　月），頁309。
〔註497〕清代新店地區社會經濟之變遷》，頁42～43。
〔註498〕《霧峰林家的興起——從渡海拓荒到封疆大吏（1729～1864）》，頁103。
〔註499〕《臺灣番政志》，頁140。

中發生案外案，有人具告業戶郭陳蘇以設隘，得有武力之便霸佔他人田產，且率「黨眾十餘猛，各執器械鳥鎗」恃強凌弱。〔註500〕

　　道光朝是全臺隘數與名稱，首次有較完整記載的時期。從表五十七來看，雖然只有臺、鳳二縣與噶瑪蘭廳的記錄，但可以發現其中幾個重點。其一，論興建年代，南路的隘都是在乾隆朝所建，到了道光朝還持續運作。其二，論守隘的人，南路是以熟番爲主，但在宜蘭是以漢人爲主。其三，論隘的數目，屏東平原有十七座，蘭陽平原有二十座。其四，論防禦與保護的對象，南路防禦的傀儡番，就是今日的魯凱、排灣族；宜蘭防禦的王字番，就是今日的泰雅族。二地的隘保護的對象都包括民番。不過稍微有點疑問的是，編號 2～5 均記爲臺灣縣，其實應屬鳳山縣才對。道光二十七年（1847）擔任臺灣知府全卜年幕友的丁紹儀，記下了當時全臺隘數總額。即臺灣縣不設隘，鳳山縣民隘十二座，隘丁 186 名。嘉義縣官、民隘共八座，隘丁 120 名。彰化縣官、民隘共十六座，隘丁 218 名。淡水廳官、民隘共二十七座，隘丁 528 名。噶瑪蘭廳官、民隘共二十座，隘丁 72 名。還說淡、蘭二廳各隘如故，鳳、嘉、彰三縣各隘半已不知去向。〔註501〕

　　丁氏的記錄僅做參考，但他提到了一個重點；就是只有淡、蘭二廳各隘還再運作，其他的地方都維持不力。然而爲什麼會維持不力，除了隘務乏人管理外，當地的生番已不具有威脅，可能也是原因之一。所以說越是隘務運作越佳的地方，當地的番害越大。此點可以再往後證明。另外丁氏還提到「官隘」、「民隘」，雖然前文已做過解釋，但根據戴炎輝的研究，官、民隘的區分可以用隘費的負擔，再做更細緻的討論。大抵官隘可分爲四種，包括：1.全官隘，只有二個——上述提到的九芎林隘，以及道光六年（1826）淡水廳的石碎崙隘（新竹縣關西鎮）。2.官四民六隘，上述提到的蛤仔市、銅鑼圈、苳蕉灣雞籠山隘就是屬於此。3.屯隘，道光六年成立的三灣隘（苗栗縣三灣鄉）即是。4.隘丁團體隘，其代表性就是噶瑪蘭廳的隘。民隘可分爲二種，包括：1.公隘，上述提到楊梅、平鎮、竹北的隘屬於此。2.墾戶隘，其代表性就是新竹的金廣福。〔註502〕按照丁、戴二氏的分法，只要是熟番把守的隘，就一定是官隘；但漢人把守的隘，官、民隘皆有。然而不管是官、民隘，或者是漢、

〔註500〕淡新檔案，第一編行政，第七類撫墾，第三款隘務，案碼 17301-17303，頁碼 121214～121680，國立臺灣大學圖書館藏。

〔註501〕《東瀛識略》，頁 48～49。

〔註502〕《清代臺灣的鄉治》，頁 543～548。

番隘，他們是與官方呈現出的互動，才是本文所關心。以下就以該階段資料存留最多的宜蘭、新竹、苗栗為例，說明隘制在該地的發展。

在宜蘭方面，道光十二年（1832）編纂的《噶瑪蘭廳志》，對於隘的記錄有別於之前。對照表五十七、五十八的內容，得知被廢掉的隘有烏石港、大里簡、遠望坑、二結、三結、旱溪、清水溝隘；新設的隘有枕頭山、穎廣莊、內湖、三鬮仔、大埤、擺燕山、葫蘆堵、泉大湖隘。這當中可以發現到一點是，從嘉慶十五年（1810）噶瑪蘭設廳開始，至此已有二十餘年的時間。漢人入墾的勢力迫使位於今頭城鎮、宜蘭市地方的生番不得不遠颺。所以廢掉當地的隘，再改設於番害較嚴重的地區，例如：員山、礁溪、冬山、三星鄉。早在道光四年（1824）噶瑪蘭廳通判呂志恆就記錄，該廳隘丁總共有 226名。不過計算表五十八的隘丁為 181 名，比之前人數少了一成多。這個變化應該與隘費的維持有關。第二任通判翟淦就曾提出，可以把隘地旁的土地，撥給隘首招佃墾耕的構想。但由於與原奏不符遂被否決。爾後在臺灣知府方傳穟的支持下決定照辦。於是從以往責令附近諸佃，按田園甲數鳩給隘費的作法；改為由官府丈量隘旁土地，發給墾照由佃首募墾。〔註503〕道光十七年（1837）該廳隘丁總人數再降為 176 人。〔註504〕然而道光二十三年（1843）該廳人數有了大幅度的成長。按福建巡撫劉鴻翱奏報，由於生番傷人案件增多，隘丁人數已增募至四百名，通計動用口糧銀 5,142 兩。〔註505〕施添福對宜蘭的隘防與聚落關係，有著獨到的看法。他認為早期隘丁口糧是由附近民莊田甲勻給，隘丁只負責守隘，並未參與土地開墾。後期雖有隘地，但地狹丁少。因此總的來說隘防與隘墾，對於蘭陽平原社會基層自治空間領域的形成，並未造成明顯的影響。〔註506〕

在新竹方面，道光十四年（1834）墾戶隘的代表作——金廣福成立。根據吳學明的研究，淡水廳同知李嗣業在同年十二月示諭姜秀鑾，在塹南橫崗頂建隘防番是金廣福的開始。〔註507〕那麼要問的是金廣福的隘務跟他處相比

〔註503〕姚瑩，《東槎紀略》，臺灣銀行文獻叢刊第七種，1957 年 11 月，頁 49～51。
〔註504〕柯培元，《噶瑪蘭志略》，臺灣銀行文獻叢刊第九二種，1961 年 1 月，頁 25
　　　　～27。
〔註505〕臺灣銀行經濟研究室編，《臺案彙錄乙集》，臺灣銀行文獻叢刊第一七三種，
　　　　1963 年 6 月，頁 239。
〔註506〕施添福，《蘭陽平原的傳統聚落——理論架構與基本資料（上冊）》（宜蘭：宜
　　　　蘭縣立文化中心，1997 年 5 月修訂版），頁 46～47。
〔註507〕《金廣福墾隘與新竹東南山區的開發 1834～1895》，頁 36。

有何不同？也就是說何謂墾戶隘？「金廣福」實際上一個墾戶的名稱，不是一個隘的名稱。墾戶是一個開墾團體，以它來說之下有二個總墾首（墾戶首）負責業務，一為粵籍的姜秀鑾，一為閩籍的林德修。〔註508〕「廣福」之名，也是二人戶名合串。當時李嗣業有感於竹塹之前的隘寮建設未周，所以先提撥番銀一千元（約690兩），交給姜秀鑾建隘樓十五座，招募隘丁160名；其餘不敷部分，再向各股戶鳩捐番銀一萬餘元融資。隘務運作之初，官府又怕重蹈費盡隘廢的覆轍；亦允許可把山中鹹籐椊料賣予軍工匠，所得款項用來貼補。〔註509〕可見金廣福的成立，官府是背後重要的推手。為了使墾務能夠順利推動，防番的隘是必須設立，所以金廣福之下才有許多隘。

中央研究院臺灣史研究所籌備處典藏不少跟金廣福相關的古文書，其內容有助於了解這一連串的過程。早在金廣福設立之前，竹塹山區就有不少隘。其中一部分是竹塹社熟番錢氏所有。道光十五年（1835）的一份合約，透露該社通事錢旺富跟金廣福取得妥協，在員山仔莊（新竹縣竹東鎮）界址堆做土墩，界內田園租穀歸錢氏所有，界外不管是隨墾隨拋、未墾未開山園歸金廣福所有。〔註510〕道光十七年（1837）金廣福又與九芎林、南勢山、三重埔、四重埔（新竹縣竹東鎮、芎林鄉）眾佃達成協議。後者願意割四重埔草地一塊給前者，代價是前者必須來此設隘保護莊民，且將周圍舊有官、民隘盡付移交由金廣福承接。〔註511〕這項交易以番銀八十大元成交，又批明三重埔以外，以及銃櫃之下外泥橋、內窩一帶未分田園，待日後按股劃分不得冒爭。〔註512〕當然加入了舊隘，使得金廣福的武裝力量更大；但此時有一個隱憂浮現，就是截至道光二十年（1840）為止，金廣福仍呈現入不敷出的狀態。同年的一份地契載明，除官給外尚不敷隘糧千餘元，其解決之道就是再集資挹注。〔註513〕道光二十九年（1849）金廣福已是一個下轄四十餘座隘，

〔註508〕《臺灣私法物權編》，頁475～476。
〔註509〕姜重烈文書——金廣福文書（一），編號：T035D035.482，中央研究院臺灣史研究所籌備處藏。
〔註510〕姜重烈文書——金廣福文書（一），編號：T035D035.003，中央研究院臺灣史研究所籌備處藏。
〔註511〕姜重烈文書——金廣福文書（一），編號：T035D035.104，中央研究院臺灣史研究所籌備處藏。
〔註512〕姜重烈文書——金廣福文書（一），編號：T035D035.100，中央研究院臺灣史研究所籌備處藏。
〔註513〕姜重烈文書——金廣福文書（一），編號：T035D035.070，中央研究院臺灣

招募隘丁一百五十餘名的墾戶，但是隘費不繼的問題始終沒有解決。〔註514〕隔年發生佃戶抗繳隘糧的情事，這些佃戶以上員山、下員山、二重埔、三重埔、企林南隘、寶斗仁、新城仔、中隘、大二抔、茄苳湖（新竹縣竹東鎮、寶山鄉）最多。迫使淡水廳同知史密不得不曉諭各佃，勸他們放棄頑抗否則扭稟行轅嚴懲。〔註515〕

　　吳學明的研究顯示，竹塹山區因金廣福的出現，使的隘線有了連貫。從竹東鎮的樹杞林開始，向西連接荳仔埔──三重埔──員山仔──新竹市金山面──寶山鄉大崎──雙溪──新竹市青草湖──寶山鄉茄苳湖。〔註516〕這條隘線是有實際的功能。道光十五、十七、二十九年進入南興莊（新竹縣北埔、寶山、峨嵋鄉）的墾民，靠著它與生番激戰數次，彼此死傷百人以上。〔註517〕但最後還是漢人取得勝利，生番退入今五峰、尖石山區。有過之前隘丁難制的經驗，現在金廣福壯大至此，官府難道不怕嗎？上述提到的致命傷，就是隘務經費乏源的問題。這也就是官府為什麼在它勢盛時，還一直要當它後盾的原因。靠著對經費的監視或支持，金廣福勢大也始終在官方的掌握下。

　　在苗栗方面，主要是討論隘首舉充人選的問題。淡水廳竹南三保日北火焰山南勢林坑口隘（苗栗縣苑裡鎮），是一個擁有六名隘丁編制的隘。道光七年（1827）總理郭銓錐保舉郭桃充當隘首，期間還算勝任愉快；但十六年（1836）郭桃對隘務有了怠惰，屢讓生番出草得逞遂被撤換。眾佃此時公舉溫隆伯為新隘首，但郭桃心有不甘，興訟誣指溫氏為棍徒，冀望能奪回隘首職位。道光十八年（1838）淡水廳同知龍大惇判決溫隆伯勝訴。爾後溫氏取得公議，把隘丁從六人減成五人。原本應該盡心盡力才是，孰料在道光二十一年（1841），以「思念老母欲回銅鑼灣（苗栗縣銅鑼鄉）奉養為由」自行辭退，另舉日北社熟番阿莊自代。後來經總理梁媽成狀告，才得知溫氏也是辦隘不力；無奈此人真是棍徒之流，隔年又回莊瞞充撞騙。道光二十二年（1842）眾佃再公推林福為隘首，然二十四年（1844）因林福的疏失，導致

　　　　史研究所籌備處藏。
〔註514〕《臺灣平埔族文獻資料選集──竹塹社（上）》，頁70～71。
〔註515〕姜重烈文書──金廣福文書（一），編號：T035D035.266，中央研究院臺灣史研究所籌備處藏。
〔註516〕《金廣福墾隘與新竹東南山區的開發1834～1895》，頁37。
〔註517〕《清代臺灣的地域社會──竹塹地區的歷史地理研究》，頁107。

莊民鄭呈六被番馘首，鄭譽被銃傷。〔註 518〕

　　從這一個案中不難發現，隘首是一個吃力不討好，但又可能潛藏無限利益的工作。所以一旦被人辭退，通常都會想辦法復位。而隘首除了要堵禦生番出草外，對於漢人番割私自與生番交易者，也要留心防止。〔註 519〕至於隘丁在守隘的過程中有無獎賞和處罰？道光九、十年（1829～1830）青潭地區的二份契字，告訴了我們答案。前者規定若能截殺兇番頭顱五顆以上者，每顆賞銀四十元；五顆以內，每顆賞銀十元。但是巡邏鬆弛導致莊民被害，每一名隘丁要罰收埋銀十二元（約 8.28 兩）。後者的罰款更高，每一名隘丁要罰收埋銀十二兩五錢。〔註 520〕道光十二年（1832）張丙之亂過後，閩浙總督程祖洛所列的善後事宜中，內有一條就是整復隘口以杜勾番滋事。蓋因於「番割」日眾，漢番糾紛激增。大學士曹振鏞議覆時，對此表示嚴辦，並建議列入刑律成爲臺灣專例，上諭裁示許可。〔註 521〕

　　咸豐朝隘務的資料還是以新竹居多。道光末期金廣福對於北埔東面迤南，至峨嵋一南直達三灣的區域，開墾積極性降低。於是欲深入內山的墾民，只能採自組墾號，向金廣福申請墾權，最重要的是還向它借調隘丁，形成所謂的「抱隘」。〔註 522〕抱隘又稱贌隘，意思是將一切隘務責成承抱人辦理，由承抱人募丁建隘防守，但必須稟請官方發給隘首諭戳。〔註 523〕其實抱隘的對象有時並不是只有金廣福而已，咸豐六年（1856）的一份契約寫明整個過程的原委。當時佃戶金聯昌向金廣福抱得隘丁 48 名，銅鑼圈墾戶溫克讓抱得隘丁 12 名，三灣山塘背墾戶金東和抱得隘丁 13 名，總共有 73 名，每年支付丁糧穀共 2,365 石。抱隘期限二年，期間隘丁不測，金聯昌悉照舊例而行；若遇緊急公務，各墾戶可呼喚調用，募隘人不得抗違。〔註 524〕再者還有以「借隘」的形式行抱隘之實。例如：咸豐七年（1857）佃戶金福成向金廣福借出隘丁

〔註 518〕淡新檔案，第一編行政，第七類撫墾，第三款隘務，案碼 17301-17303，頁碼 121508～121677，國立臺灣大學圖書館藏。

〔註 519〕淡新檔案，第一編行政，第七類撫墾，第一款社務，案碼 17101-17115，頁碼 119553～119554，國立臺灣大學圖書館藏。

〔註 520〕《清代新店地區社會經濟之變遷》，頁 147～149。

〔註 521〕《臺案彙錄甲集》，頁 119～120、135；洪安全主編，《清宮諭旨檔臺灣史料（五）》（臺北：故宮博物院，1997 年 10 月），頁 4034～4036。

〔註 522〕《金廣福墾隘與新竹東南山區的開發 1834～1895》，頁 132。

〔註 523〕《清代臺灣的鄉治》，頁 592。

〔註 524〕姜重烈文書——金廣福文書（一），編號：T035D035.479，中央研究院臺灣史研究所籌備處藏。

14 名，樹杞林墾戶金惠成借出隘丁 20 名，總共有 34 名，由墾戶首姜榮華幫理隘務，借隘期限八年。比較特別的是期滿之日，佃戶在墾地修築的堵陂水圳，亦任由金廣福主宰。〔註 525〕咸豐九年（1859）的一張契據說明除了別人向金廣福抱隘之外，金廣福也有向別人抱隘的記錄。原委是當年金廣福向金廣和抱得隘丁 16 名，金泰和抱得隘丁 28 名；結果人數似嫌不夠，金泰和又向鍾盛興、黃慶興、蕭鳴皋三墾戶募得隘丁 22 名。人數總共 76 名，每名隘額工食鉛藥穀 33 石，一共是 2,508 石（一石值番銀一元，所以是 2,508 元，約 1,730.52 兩）〔註 526〕

　　抱隘的出現使得隘丁的招募，變得有更像「雇傭兵」；原本是該地自己設法的隘防，現在全都委託給專業守隘團體負責。針對於此隘丁首角色的扮演就非常重要。其隘防的成敗，不再是以往隘費不繼所能搪塞了事。咸豐六年（1856）咸菜甕莊的一份契字，內容載明欲更換隘丁首，則是全庄 122 名佃戶都要出面的大事。事情經過是竹塹社熟番衛榮宗，因與羅、彭二姓佃戶構訟自行稟退。經眾佃同意後，新舉墾戶姜殿邦為隘丁首，並帶領原隘 60 名的隘丁。不過姜的首要任務不是如何防番，而是處理衛氏留下的爛攤子——二千八百餘石的隘費虧空。〔註 527〕另外還有官府介入主導的個案。例如：咸豐十年（1860）彰化縣龍眼林隘（南投縣中寮鄉）隘丁首張榮，因年邁目瞽、隘務廢弛遂被革職。理番同知姚鴻諭令管下各莊董、通土等人，協同隘番剋日邀集僉舉壯番一名為新隘首。〔註 528〕

　　一個隘的建造要花多久時間呢？如果把旁邊土地開墾的過程一併算入，多則十餘年，少則二年（上文抱隘的期限）。淡水廳拳山保屈尺（新北市烏來區）的一張契約，記錄從咸豐七年（1857）設隘到同治十三年（1874）墾畢分管，竟然歷時十四年才告終。〔註 529〕即便是隘建立之後，受到雨淋日曬養護也很困難。《淡新檔案》收有咸豐七年（1857）淡水廳的一份稟文，提到竹南二保義首張進生督建的大坑隘櫃（苗栗縣公館鄉），才建好一個月就被洪水

〔註 525〕姜重烈文書——金廣福文書（一），編號：T035D035.427；同前註，編號：T035D035.479，中央研究院臺灣史研究所籌備處藏。

〔註 526〕姜重烈文書——金廣福文書（一），編號：T035D035.438，中央研究院臺灣史研究所籌備處藏。

〔註 527〕姜重烈文書——金廣福文書（一），編號：T035D035.520，中央研究院臺灣史研究所籌備處藏。

〔註 528〕《臺灣私法物權編》，頁 488～489。

〔註 529〕《清代新店地區社會經濟之變遷》，頁 141～145。

沖壞；結果眾佃不願意再繳公費，引發官府對張氏辦事不力的誤會。〔註 530〕
上文提到在道光二十九年（1849），金廣福因隘租收繳費時的問題，事實上同
知黃開基還特別把樹杞林墾戶金惠成，須繳納的屯租轉給金廣福以求挹注。
這數目是多少呢？咸豐二年（1852）的契據透露出是番銀 34.8 元（約 24.01
兩）。從乾隆朝崛起的竹塹社衛氏，在咸豐朝顯得後繼乏力。除了上面提到的
訟案之外，咸豐四年（1854）衛榮宗竟積欠隘丁 465 元（約 320.85 兩），迫使
同知丁日健不得不出面提訊到案。〔註 531〕而隘除了是武力組織，也是一個吸
金的單位。上文所列舉的例子，隘費的總額少則數十兩，多則上千兩。這些
數目總會讓一些有心人覬覦。大概從咸豐以後，隨著臺灣開墾腳步漸入內山，
隘數的增多使得侵吞隘租的案件也跟著增多。〔註 532〕

　　同治朝是臺灣隘務發展一個關鍵性的階段，因爲它正處於開山撫番策執
行的前夕。從表五十九來看，雖然標題是臺灣府的隘數，但表列的內容只有
淡水廳、噶瑪蘭廳。如此表示中、南的隘已經都消失了嗎？消失倒是沒有，
只是隨著山林日闢，防番功能早已降低，因此不列入登錄。例如：彰化縣
轄下的 16 座隘即是。〔註 533〕同治六年（1867）臺灣縣羅漢門的一塊石碑，上
面亦明白寫著該地隘丁墾耕的範圍，包括：木棟仔園、菁茉埔、芋仔園、茱
頭園、苦苓埔、埤湖內、外湖等（高雄市內門區），其收成每年提粟 276 石以
充公用。〔註 534〕至於在噶瑪蘭廳方面，廳轄的 20 座隘，不論地點與數目都
和道光十二年（1832／表五十八）相同，僅在守隘的人數上有所增減。隘丁
人數的增加肯定是跟番害爲患程度有關（例如：擺燕、金面山、穎廣莊、外
員山、大湖隘），但下降不一定是跟番害有關，也有可能是跟隘費不繼有關
（例如：白石山、鹿埔隘）。由於本文欠缺各隘細部的資料，因此只能做推測
到止。

　　不過在淡水廳方面卻不是這樣，表列雖然只有到編號 39，但在計算編號

〔註 530〕吳密察主編，《淡新檔案（六）：第一編行政／財政類》（臺北：臺灣大學圖書
　　　　館，2001 年 6 月），頁 213～214。
〔註 531〕姜重烈文書——金廣福文書（一），編號：T035D035.268，中央研究院臺灣
　　　　史研究所籌備處藏。
〔註 532〕淡新檔案，第一編行政，第七類撫墾，第三款隘務，案碼 17305-17328，頁
　　　　碼 121681～122248，國立臺灣大學圖書館藏。
〔註 533〕葉宗元，《臺灣府輿圖纂要》，同治五年抄本，北京大學圖書館藏。
〔註 534〕臺灣銀行經濟研究室編，《臺灣南部碑文集成》（南投：臺灣省文獻委員會，
　　　　1994 年 7 月，頁 496～497。

30～36 隘數後，得知廳轄隘數至少有 74 座之多。這跟道光二十七年（1847
／見上文）丁紹儀記錄的 27 座隘數相比，差距接近三倍之多，可見該廳向內
山開墾時，所遭到生番的抵抗是多麼強烈。而在所有隘數中，以大姑嵌地方
（桃園市大溪區）集中了 46 座最為特別（編號 23、30～36）。《淡水廳志》提
到同治初年采訪時，該區墾地最多，且可以直達山後（花東）；但隘丁良莠
不齊，土地漸闢的結果，盜賊也日漸增加。《廳志》忠實地記載當時的現況，
告訴我們招募隘丁來防番，不一定能夠維持當地社會的秩序，有時也要冒
著「引狼入室」的風險。甚至隘丁首本身就充任番割，已破壞清律不准私下
與生番貿易的規定。地方官苦於鞭長莫及，於是與隘防地區治安日壞。〔註535〕
同治十二年（1873）淡水廳同知陳星聚終於痛下決心整頓，作法有二：一為
再進行大規模聯莊以廓清此輩，另一為諭示各墾戶不得濫與番割充當隘丁
（首）。〔註536〕

有理由相信同治朝臺灣的隘數已突破百座。表五十九淡、噶二廳隘數總
合已達 94 座，但不要忘了還有金廣福的事業。編號 13 的金廣福「大隘」應
是指金廣福所轄各隘的總稱。上述提到道光二十九年（1849）金廣福就轄下
40 座隘，這些隘在同治甚少變化。同治元年（1862）抱隘的事業仍在進行，
除了抱隘前雙方需要訂立合同外，如果中途退隘更需要再訂合同。不過遇
到這種情形，金廣福通常就會把山林地領回自行辦理墾務。〔註537〕在金廣福
鄰近的三灣地區（苗栗縣三灣鄉），同治十年（1871）所簽訂的一份契字十分
有趣，大意是墾號賴福安向李逢春「總爺」承募地方隘務，後來拋荒認廢
由金協成墾號接手。總爺原本指綠營兵（見二章一節），但在這指的是屯把
總。由於此地是竹塹大屯的轄區，隘務發起由屯弁先開始，則是相當少見的
特例。〔註538〕

同治六年（1867）南路琅嶠發生羅妹號船（Rover）事件，導致一連串涉
外糾紛。清廷善後工作之一，就是在風港（屏東縣枋山鄉）、琅嶠（屏東縣恆

〔註535〕陳培桂，《淡水廳志》，臺灣銀行文獻叢刊第一七二種，1963 年 8 月，頁 50
　　　　～51、458。
〔註536〕淡新檔案校註出版編輯委員會，《淡新檔案（三）：第一編行政／民政類》（臺
　　　　北：臺灣大學，1995 年 10 月），頁 256～259。
〔註537〕姜重烈文書──金廣福文書（一），編號：T035D035.481，中央研究院臺灣
　　　　史研究所籌備處藏。
〔註538〕三田裕次文書（一）──北中南地區文書，編號：T020D020.035，中央研究
　　　　院臺灣史研究所籌備處藏。

春鎮）各招募閩粵番三籍人士，選舉正副隘首一，隘丁五十名，做爲救助海難之人。〔註 539〕不過這二處官隘顯然沒有發揮實效。例如：同治十三年（1874）日本興兵牡丹社，仍托詞琉球海難船民遭生番殺害即爲明證。但當時閩浙總督李鶴年卻辯稱，前年該隘曾搭救過中州（琉球八重山貢船）難民，所以並非隘務鬆弛導致戰火。〔註 540〕牡丹社事件的問題，本文將在四章三節談到，只是此個案透露了同治朝官、民對建隘的急切。潮流所趨定會有迎合時局的人出現，同治二年（1863）年方 24 歲的淡水廳竹北二保楊梅壢人黃南球，組織金萬成墾號拓墾三灣南坪。〔註 541〕金萬成設隘後，便與北面的三灣隘、金廣福大隘聯成一氣，成爲中港地方的屏障。同治十年（1871）金萬成墾業大致完成，此時黃氏再湊股創辦金協成，向屯把總李逢春抱隘（見上）。〔註 542〕黃南球事業的企圖心，將在往後活躍於桃竹苗山區。

光緒朝臺灣隘務發展可以分爲二個時期——建省前後。光緒元～十一年九月（1875～1885.10）是隘丁全面防軍化前最後一個時期。由於此時臺灣正執行開山撫番，一些不同於以往的情況隨著發生。首先是生番的抵抗更趨激烈。光緒元年（1875）淡水廳拳山保番仔寮坑（新北市坪林區）的一張契約，寫明該年生番大舉出草，山民被殺斃三十一命後才亟思設隘。〔註 543〕光緒初，新竹縣鹹菜甕（關西）也建立起 26 座隘，鞏固了金廣福北面的隘防。〔註 544〕其次是舊隘遷徙的事情。這一點在金廣福看的最明顯。但徙隘畢竟是費時費錢的工作，光緒十、十一年二月（1884 / 1885.3）的兩張契字，說明了眾人還得大費周章重新立據的經過。〔註 545〕其三是有興趣參與隘務的人士增

〔註 539〕洪安全主編，《清宮月摺檔臺灣史料（二）》（臺北：故宮博物院，1994 年 10 月），頁 1227～1233。

〔註 540〕王元穉，《甲戌公牘鈔存》，臺灣銀行文獻叢刊第三九種，1959 年 6 月，頁 44。

〔註 541〕邱彥貴、吳中杰，《臺灣客家地圖》（臺北：城邦文化事業股份有限公司，2001 年 5 月），頁 48。

〔註 542〕黃卓權，〈黃南球先生年譜初稿（一）〉，《臺灣風物》，第 37 卷第 3 期，1987 年 9 月，頁 142；黃卓權，〈黃南球先生年譜初稿（二）〉，《臺灣風物》，第 38 卷第 1 期，1988 年 3 月，頁 58～61。

〔註 543〕《清代新店地區社會經濟之變遷》，頁 28。

〔註 544〕邱瑞杰，《清末關西地區散村的安全與防禦》（竹北：新竹縣立文化中心，1999 年 6 月），頁 69。

〔註 545〕姜重烈文書——金廣福文書（一），編號：T035D035.535；同前註，編號：T035D035.536，中央研究院臺灣史研究所籌備處藏。

多。例如：黃南球在光緒二年（1876）承抱竹南二保陸成安的隘務，並入墾獅潭、下撈地區（苗栗縣獅潭鄉）。光緒十年（1884）大坑口隘首張益安、中隘隘首黃福安、佃戶張玉昆等聯名保舉黃氏抱隘，開墾八角林、下湖仔（苗栗縣獅潭鄉）。〔註546〕抱隘的工作無獨有偶地也在三灣一帶進行。總爺李逢春仍把管轄之地招人開墾。光緒七年（1881）墾戶黃旺麟因守隘不力，自願把向李氏抱隘的業務轉給金萬昌墾號經營。同樣的例子二年後也上演，光緒九年（1883）黃富章、黃福章兄弟也是守隘不力，遂自願把向李氏抱隘的業務轉給黃錦章經營。〔註547〕值得注意的是有二個家族，也這波浪潮中尋求表現；一是竹塹鄭家，另一是龍潭蕭家。前者正是「開臺進士」鄭用錫的族系，光緒初年由其姪鄭如磻出面，與鐘石妹、徐廷勝組織金全和墾隘，開發橫山莊大山背地區（新竹縣橫山鄉）。〔註548〕後者本是霄裡社熟番，早在乾嘉之時對於銅鑼圈的開墾就具有影響力。從道光三年（1823）蕭東盛主持該區明興莊隘務開始，到光緒十年（1884）已是一個擁有隘丁三百名的大隘。〔註549〕

　　光緒十一年九月（1885.10）臺灣籌備建省，首任巡撫劉銘傳清楚隘制之後，進行史無前例的大改革──收編全島之隘成為官隘。不僅如此還裁撤隘糧名目，解散隘丁，並以淮軍隘勇取代（參閱表五十一編號 25）。〔註550〕與民團相較，隘做為民人另一股重要的武力，最後的結果卻不是「防軍化」，反而是被防軍所取代。這是為什麼呢？事實上若明白繼中法戰爭之後，還有更大一場戰爭將要展開（長達十年的開山撫番戰爭），就不難了解劉銘傳所做的決定。有三點原因以茲說明：其一，對隘的性質來說，建省以前的隘側重的是防禦面，但現在官軍強調的是主動出擊。加上先前民隘呈現疲態的記錄，使得全面改制是必要的。其二，對成員的組成來說，之前隘丁良莠不齊、隘

<hr>

〔註546〕黃卓權，〈黃南球先生年譜初稿（二）〉，《臺灣風物》，第 38 卷第 1 期，1988年 3 月，頁 71；黃卓權，〈黃南球先生年譜初稿（三）〉，《臺灣風物》，第 38卷第 2 期，1988 年 6 月，頁 62～64；黃卓權，〈黃南球先生年譜初稿（四）〉，《臺灣風物》，第 38 卷第 3 期，1988 年 9 月，頁 82～83。

〔註547〕三田裕次文書（一）──北中南地區文書，編號：T020D020.037；同前註，編號：T020D020.039，中央研究院臺灣史研究所籌備處藏。

〔註548〕黃朝進，《清代竹塹地區的家族與地域社會──以鄭、林兩家為中心》（臺北：國史館，1999 年 6 月二版），頁 78～79。

〔註549〕張素玢，〈龍潭十股寮蕭家──一個霄裡社家族的研究〉，《平埔研究論文集》（臺北：中央研究院臺灣史研究所籌備處，1995 年 6 月），頁 109～112。

〔註550〕《清代臺灣的鄉治》，頁 539。

丁首充任番割，已讓官方充滿了戒心。這也是爲什麼官方寧願解散原有的隘丁，也不對他們進行防軍化的重要原因。其三，對指揮調度來說，先前隘的經營者，都是各地的頭人。假若官府要役使他們進行討番，能否在短時間內整合彼此的戰力頗有疑問。何況臺灣建省後，已是淮軍獨大的局面，劉氏在調兵遣將的過程中，當會選擇與自己兵將最相習的隊伍。

先前的看法認爲建省後劉銘傳改革隘制，只是建立「上層的指揮系統」，舊的官、民隘人員並未改變；也就是說以往的隘丁全部保留，僅更動上頭的領導者。〔註551〕此看法實有待商榷。在此要先釐清一本質性的問題，那就是隘勇等不等於隘丁？從前文的敘述來看，兩者的本質完全不同；前者是統治者的武力——防軍，後者是被統治者的武力——隘丁。由這個問題再衍生出，懷疑隘丁人數頗眾，官方不可能把原有一大批人裁撤，然後再招攬一批新的人，就顯得站不住腳。實際上清廷就是這樣去執行。上文提及同治朝臺灣的隘數已突破百座，若以每隘 10～15 名隘丁估算，未改制的臺灣隘丁人數約在 1,000～1,500 名。改制後的淮軍隘勇三營（參閱表五十一編號 25），人數也在 1,500 左右，完全可以取代既有的隘丁，而不會造成戰力眞空。

另外亦有把臺灣建省隘勇的發展嘗試分期，定名爲鄭有勤（1886～1889）、淮軍隘勇（1890～1892）、五營隘勇（1892～1895）、割臺（1896 以後）四時期。〔註552〕這樣的分法有弄混臺灣防軍發展之嫌。蓋因爲所謂的「五營」，就是林朝棟的「棟字營」，本質屬於土勇營而非防軍。其實從都司鄭有勤開始，臺灣就是進入淮軍獨大的局面，不必等到第二期所謂淮軍隘勇營的出現。如果執意在防軍前面冠上「隘勇」字眼，才表示在執行守隘的工作，那就太不了解建省後隘勇的任務。事實上隘勇根本無「隘」可守，他們入山討番固守的據點都是碉、哨、營盤；他們在營伍前會冠上隘字，僅是表示他們專責區域是防番之地（見標題釋義）。北京國家圖書館珍藏二張臺灣地圖證實了此看法。一張是光緒十一年（1885）初繪製的《臺灣山水圖》，清楚標明在宜蘭、淡水、新竹縣還有不少隘；但另一張光緒十三年（1887）繪製的《臺灣內山番社地輿全圖》，上面的隘全部消失，改成碉卡、屯地、營

〔註551〕李文良，《中心與周緣——臺北盆地東南緣淺山地區的社會經濟變遷》（臺北：臺北縣立文化中心，1999 年 6 月），頁 92。

〔註552〕楊慶平，〈清末臺灣的「開山撫番」戰爭（1885～1895）〉，政治大學民族研究所碩士論文，1995 年 6 月。

盤。〔註553〕更何況非隘勇營的防軍也可以加入討番,例如:光緒十二年
(1886)進入新竹山區的武毅副營,光緒十五年(1889)敉平呂家望番的鎮
海後軍。〔註554〕所以實不必拘泥於隘勇的字義,甚至於還用它來說明隘改制
後的發展。

伊能嘉矩在日治初期調查認爲,當時的隘勇營分佈有四大區域:北路隘
勇下轄五營,包括甘指坪中營(新竹縣關西鎮)、外奎輝前營(桃園市復興
區)、五指山左營(新竹縣尖石鄉)、三角湧右營(新北市三峽區)、水流東後
營(新北市新店區)。中路隘勇下轄二營——大湖營(苗栗縣獅潭鄉與卓蘭
鎮)、北港溪營(臺中市新社區、南投埔里鎮與國姓鄉)。宜蘭隘勇轄叭哩沙
營(宜蘭縣三星鄉),恆春隘勇轄恆春營(屏東縣枋山、車城鄉)。〔註555〕不
過根據光緒十八年(1892)臺灣官員自己的記錄,雖然淡水、新竹二縣內山
碉堡總數已達 266 個,但任務界定不明,反而爲富紳土豪的腦寮、茶寮提供
免費的保護,徒糜高額的防餉。〔註556〕

當然本文也不排除,被解散的隘丁最後都流入土勇營中,呈現出換湯不
換藥的結果。但審視民團的發展,最後能有防軍化的出現,還是要歸功於在
團練階段中,有了「設局」的官紳共同經驗。隘的發展普遍欠缺這段歷史,
因此它被劉銘傳以「取代」收場實不讓人感到意外。

三、結首

何謂結首?王世慶對此有獨到的研究。它是一形成在嘉慶朝噶瑪蘭(宜
蘭)的特殊開墾方式。所謂結者,係具結於官,約束眾佃,通力合作,從事
拓墾,維持秩序。因此結可說是一種拓墾的組織單位,同時也是一個具有
界址的空間單位;而負責帶領的人,依結的大(小)規模被稱爲大(小)結
首。大抵合十佃爲一結,公推辦事能力強又富財力者爲小結首;再合數十
小結,公推有能力者擔任大結首。然爲何結首制在清中葉才出現,而且還是
從蘭地先開始呢?這跟噶瑪蘭的開拓史有關,原因是漢移民進入該地,面

〔註553〕佚名,《臺灣山水圖》,色繪,不註比例,清光緒年間繪本,北京國家圖書館
　　　　藏;佚名,《臺灣內山番社地輿全圖》,墨印,清光緒年間印本,北京國家圖
　　　　書館藏。
〔註554〕洪安全主編,《清宮月摺檔臺灣史料(六)》(臺北:故宮博物院,1995 年 8
　　　　月),頁 4895～4897;同前註,《清宮月摺檔臺灣史料(七)》,頁 5432～5435。
〔註555〕《臺灣番政志》,頁 491～492。
〔註556〕《清代臺灣社會經濟》,頁 383～486。

臨熟番強大的抗拒，爲了應付時局，武力開墾有其必要性。所以結首制之下，有其分層嚴密的壯勇的組織，它是勞動力的來源，更是武力凝聚的機制。〔註 557〕

　　清代臺灣西半部地區多數實施的土地制度，跟大陸東南省分流行的相同，那就是把土地經營細分成「田皮」與「田骨」的永佃制。〔註 558〕但噶瑪蘭可不一樣，因爲在嘉慶十五年（1810）被併入版圖時，官府就不打算在此地續行這種制度，它想要的是招墾──形成小農制。其實自康熙中期以後，土地兼併現象產生的社會問題逐漸浮現。在道光二十年（1840）鴉片戰爭爆發前，東南地區地權集中情況最爲嚴重。〔註 559〕清廷不再此地續行永佃制，更不願意見到土地再度集中於地主手中（業戶）有關。在此還有一個問題需要釐清的是，結首制的租佃關係是不是眞如傅衣凌所言，附有「極嚴重的封建依附性質」；即地主階級通過大、小結首，把農民束縛在土地上面。〔560〕從本文對蘭地小農制的敘述，再對照傅氏所言，可知他對結首的理解是錯誤，因爲各結、各佃的本質就是小農。

　　針對噶瑪蘭結的組織，施添福在田野調查的過程中，再歸納出一重點。他認爲結上還有「圍」的單位，只是一圍包括多少結，因缺乏完整的資料不得而知。但推測圍所包括的結，應在十個以上；而且有時不以結稱，另有股、鬮等名。〔註 561〕以武力開墾的結，適合應付開墾過程中生、熟番的挑戰，爾後又被流傳到桃竹苗的山區，形成臺灣北部特殊的現象。至此可以對結的武力效應做一分析。嘉慶十年（1805）噶瑪蘭五圍的一張契字寫明，立杜賣盡根埔地人李仁，自己充當鄉勇。經眾結首議定後給予埔地一塊，但現今李氏要賣掉它；經眾結首議立，交付鄉勇首郭三元收存。〔註 562〕嘉慶二十三年

〔註 557〕王世慶，〈結首制與噶瑪蘭的開發〉，《中國海洋發展史論文集（第七輯‧下冊）》（臺北：中央研究院中山人文社會科學研究所，1999 年 3 月），頁 476、495。

〔註 558〕方行、經君健、魏金玉主編，《中國經濟通史──清代經濟卷（下）》（北京：經濟日報出版社，2000 年 2 月），頁 1567。

〔註 559〕史志宏，《清代前期的小農經濟》（北京：中國社會科學出版社，1994 年 10月），頁 28～30、41。

〔註 560〕傅衣凌，《明清封建土地所有制論綱》（上海：上海人民出版社，1992 年 6月），頁 70～71。

〔註 561〕施添福，《蘭陽平原的傳統聚落──理論架構與基本資料（上冊）》（宜蘭：宜蘭縣立文化中心，1997 年 5 月修訂版），頁 40～41。

〔註 562〕邱水金主編，《宜蘭古文書第伍輯》（宜蘭：宜蘭縣立文化中心，1998 年 5

（1818）淡水廳拳山保青潭（新北市新店區），首度有蘭地以外結首開墾的記錄。該契約載明由於先前設隘失敗，所以墾戶特招佃人結首前來公議堵禦生番。佃眾自備工食，築造土圍僱募鄉勇，約中議定土地拓墾四年以內，眾佃以收成的米穀中抽出十分之一給予墾戶，第五年抽五分之一給予墾戶。迨第六年期滿，墾戶與佃眾對於土地的持分均分一半。〔註563〕

　　由以上二張不同時期、不同地點的契約，可以勾勒出結的軍事運作。噶瑪蘭的經驗告訴我們，各結佃墾地的取得是先與熟番發生衝突得勝後，才按比例分配土地開墾。包括結首在內的各佃，平常仍以拓墾務農為主，但一遇戰事即可轉變為金字塔結構的軍事組織。因此可謂先戰後農。不過結與各佃畢竟人數有限，因此又想到了另招鄉勇以壯大勢力，而蘭地的鄉勇在土地墾成後，也可得一分做為報酬。然傳入淡水廳的結首制有些許不同。該廳山區的開墾事前不一定都與生番衝突過，反而是在開墾過程中不斷受到生番的出草，因此才引進結首剿番。但是此時的結首卻不若在蘭地一樣，身份屬於自耕性質的小農，遂變成主佃關係濃厚的佃人。就是因為這層關係，使得結首在招募鄉勇的過程中是與蘭地一樣，但土地墾成後這些鄉勇是分不到土地。既然這樣淡水廳的結首與隘制又有何不同？二者的差別就是前者的報酬是均分墾地，而後者單純是招募來給薪的壯丁。

　　咸、同時期結首有較多的資料可以討論。李文良在研究臺北盆地東南緣淺山的拓墾時，發現咸豐年間金福成墾號下，有七位結首協助開墾。不過他認為結首制是墾號內的開墾組織，而非防衛組織。〔註564〕李的看法和上文的敘述有點扞格，有無可能結首制到了咸豐再度「變質」了呢？此點還需要進一步探討。不過《淡新檔案》收有一份咸豐七年（1857）稟文，內容是說竹北一保九芎林有強盜突入莊民張添才家，鄰眾、結首聞喊互相圍救。〔註565〕證實了結首制在嘉慶以後繼續南傳至新竹。該地的結首制發展，使得結首逐漸成為地方頭人的角色。例如：同治七年（1868）結首范阿富、傅德華，跟

　　月），頁12。
〔註563〕溫振華，《清代新店地區社會經濟之變遷》（臺北：臺北縣政府文化局，2000年12月），頁42～43、136～137。
〔註564〕李文良，《中心與周緣──臺北盆地東南緣淺山地區的社會經濟變遷》（臺北：臺北縣立文化中心，1999年6月），頁24～25、40～43。
〔註565〕淡新檔案，第三編刑事，第三類財產搶劫，第三款強盜，案碼33301-33307，頁碼308231～308232，國立臺灣大學圖書館藏。

著甲首、莊耆、童生們，聯名僉舉徐安邦爲竹北一保的總理。〔註566〕同治九年（1870）桃澗保山仔頂莊（桃園市龍潭區）結首池丙興、鍾寶龍，亦充當公親調解莊民鄧、陳二人鬥毆事件。〔註567〕

　　光緒朝是結首資料最多的時代，它有幾個發展值得注意：其一，地方頭人的角色更行強化。光緒四年（1878）竹南一保南隘結首潘媽送、潘金蛟，跟著墾戶、莊耆具稟，嚴懲夫首黃文繡化身地棍、魚肉鄉民。〔註568〕光緒九年（1883）竹北二保大溪墘（桃園市大溪區）結首徐敬海等，壯告惡棍葉阿固、葉阿立，假藉奉鹽館派撥緝私，無風鼓浪莊眾含怨，希望能將葉氏二人解請訊究。〔註569〕光緒十四年（1888）竹北二保頭重坑（桃園市楊梅區）結首陳文彬等，具稟因淡水縣中壢鹽館兵丁，常以查緝私鹽爲名越界進入新竹縣騷擾，懇求劃定界線以安生業。〔註570〕

　　其二，結首議行聯莊。光緒八年（1882）竹南一保三灣莊（苗栗縣三灣鄉）結首陳上雲等，鑒於該莊近日盜患嚴重，公議約束章程以防拏盜解究之用。〔註571〕其實結首制在新竹部分山區已被廣泛推行，有記錄顯示同年竹北一保樹杞林莊，大小民家計有一千戶，每十家有一人爲結首，合計有一百多個結首。〔註572〕光緒十年七月（1884.8）桃澗保山明興莊（桃園市龍潭區）結首四十七人，合議莊規六條以靖地方事，觀其內容不脫清莊範圍。〔註573〕光緒十三年（1887）竹北二保鹿鳴莊（新竹縣新埔鎮）遇盜襲擊，幸賴聯莊約墾、結首、莊鄰聞喊相救。〔註574〕

　　從光緒朝結首的發展得知，越到清末其防番的功能越是降低。甚至在臺

〔註566〕淡新檔案校註出版編輯委員會，《淡新檔案（三）：第一編行政／民政類》（臺北：臺灣大學，1995年10月），頁132。

〔註567〕淡新檔案，第三編刑事，第三類財產搶劫，第三款強盜，案碼33308-33312（B），頁碼308387～308388，國立臺灣大學圖書館藏。

〔註568〕《淡新檔案（三）：第一編行政／民政類》，頁171。

〔註569〕吳密察主編，《淡新檔案（八）：第一編行政／建設類》（臺北：臺灣大學圖書館，2001年6月），頁40。

〔註570〕《淡新檔案（八）：第一編行政／建設類》，頁251。

〔註571〕《淡新檔案（三）：第一編行政／民政類》，頁277。

〔註572〕淡新檔案，第三編刑事，第三類財產搶劫，第三款強盜，案碼33319.28-33319.31（D），頁碼308992～309099，國立臺灣大學圖書館藏。

〔註573〕連昭光文書（四）——彰化、桃園地區文書，編號：T062D062.008，中央研究院臺灣史研究所籌備處藏。

〔註574〕淡新檔案，第三編刑事，第三類財產搶劫，第三款強盜，案碼33326.28-33330（H），頁碼309665，國立臺灣大學圖書館藏。

灣建省前後，逐漸帶有聯莊的色彩。那麼此時它還算不算是防衛組織呢？答案是肯定的。當然結首的出現，並不代表完全已取代隘制。兩者的利弊，端看地方需要而定；就如同中、南部山區，從來也沒出現結首一樣。如此也彰顯了臺灣區域發展彼此特殊性之所在。

四、會黨

何謂會黨？若從清代官方檔案中「結會樹黨」的意思解釋，就是由下層社會的異姓結拜團體，發展而來的秘密組織。〔註575〕近代學者在研究的過程中，提出學術性的用語——秘密社會來囊括它。其定義是一種具有秘密宗旨和儀式，並且從事特殊的宗教、社會、政治活動的秘密團體。〔註576〕對於會黨形成的原因，學者看法不一：陳旭麓認為，會黨的發展同城鄉社會矛盾激化，以及反清復明的思想有關，但主要還是人口過多造成的結果。〔註577〕秦寶琦認為，會黨同農村商品經濟的發展有密切關係。蓋因於農村商品經濟的發展，必然造成農民內部分化加劇，不善經營者被排除於農村湧入市坊，謀食維艱之餘自然會透過結會以求互助。〔註578〕莊吉發認為閩粵移墾社會的形成，與會黨的發展有莫大的關係。其原因是當地宗族組織，大都已從血緣衍化為地緣紐帶，再衍化以經濟利益為紐帶。在各宗族彼此競爭過程中，常會激起小姓聯合抵制大姓的情形，遂興起異姓結拜的風氣。〔註579〕

清代的會黨可分為二大系統，一為閩粵天地會系統，另一為川楚哥老會系統。兩者都曾在臺灣活躍過，但並無繼承的關係。〔註580〕天地會是清代會黨史研究的重點對象，它是清代才出現已無疑問。只是出現於康熙還是乾隆朝，現有二派不同的看法，亦牽涉到對創立宗旨的歧異。赫治清是康熙說的代表，他認為天地會的源流可追溯至清初的萬五道宗。根據天地會「會簿」考證，創立的時間、地點是在康熙十三年（1674），福建省漳州府漳浦縣雲霄

〔註575〕莊吉發，《清代秘密會黨史研究》（臺北：文史哲出版社，1994年11月），頁4。
〔註576〕蔡少卿，《中國秘密社會》（臺北：南天書局有限公司，1996年8月），頁1。
〔註577〕陳旭麓，《近代中國社會的新陳代謝》（上海：上海人民出版社，1992年12月），頁47。
〔註578〕秦寶琦，《中國地下社會（清前期秘密社會卷）》（北京：學苑出版社，1994年1月），頁2～3。
〔註579〕莊吉發，〈盛清時期臺灣會黨起源及其性質〉，《淡江史學》，第11期，2000年6月，頁186～187。
〔註580〕連立昌，《福建秘密社會》（福州：福建人民出版社，1993年6月二刷），頁158～208、254～266。

鎮高溪鄉的高溪廟。〔註581〕秦寶琦是乾隆說的代表，他認爲天地會源流只能追溯至萬提喜和尙的結社。根據清宮檔案的考證，創立的時間、地點是在乾隆二十六年（1761），福建省漳州府漳浦縣雲霄鎮高溪鄉的觀音亭。〔註582〕因此前者認爲天地會是一政治團體，目的在「反清復明」；後者認爲天地會是一社會團體，目的僅在「互助合作」。本文不打算持續考證源頭，因爲不管是政治還是社會團體，都有一共同的本質——武力。該武力與上述最大的不同，則是反官方色彩鮮明，筆者稱之爲「拜盟式武力」。這一點特徵在天地會是如此，甚至道光朝後起的哥老會亦復如此。〔註583〕

從1851年荷蘭學者施列格（Gustave Schlegel）首次在爪哇以天地會爲名著書開始〔註584〕，會黨史研究有幾個重要的命題，包括：釐清洪門就是天地會的別稱、天地會與各種變名的支派、司法對會黨的箝制、民間信仰與會黨的關係、人口流動與會黨的發展等等。〔註585〕本文在這研究基礎之上，除了還要深究武力的問題之外，亦要討論清廷對臺灣民間普通結社的看法。這些神明會、祖公會、共祭會、父母會，早在臺行之有年。〔註586〕不過官方對他們的了解非一開始即是，而是要經過無數個案的處理，最後終於確定他們並非等同於會黨。然這也是歷經了不少大獄才換來的結果。

康熙十九年（1680）福建總督姚啓聖鑒於漳州秘密結社嚴重，同一年中發佈了〈禁結社黨〉、〈訪禁結盟〉、〈申禁結盟〉三件文告，是爲清初少見官

〔註581〕赫治清，《天地會起源研究》（北京：社會科學文獻出版社，1996年2月），頁210～278。

〔註582〕秦寶琦，《清前期天地會研究》（北京：中國人民大學出版社，1998年8月二刷），頁85～106。

〔註583〕周育民、邵雍，《中國幫會史》（上海：上海人民出版社，1995年12月二刷），頁223～227。

〔註584〕施列格（Gustave Schlegel），《天地會（Thian Ti Hwui, The Hung League, or Heaven-Earth League: A Secret Society with the Chinese in China and India）》（臺北：古亭書屋，1975年8月）。

〔註585〕秦寶琦，《洪門眞史》（福州：福建人民出版社，2000年8月二刷）；莊吉發，《清史論集（一）》（臺北：文史哲出版社，1997年12月），頁149～164；莊吉發，《清史論集（二）》（臺北：文史哲出版社，1997年12月），頁369～407；莊吉發，《清代臺灣會黨史研究》（臺北：南天書局有限公司，1999年5月），頁203～239。

〔註586〕梶原通好著，李文祺譯，《臺灣農民的生活習俗》（臺北：臺原出版社，1998年1月五刷），頁24～28；金關丈夫原編，林川夫主編，《民俗臺灣（第三輯）》（臺北：武陵出版有限公司，1995年7月），頁138。

府掃蕩秘密結社的史料。〔註587〕但是姚的努力恐沒有多少成效，因爲康熙二十三年（1684）首任諸羅知縣季麒光即撰文〈嚴禁結拜示〉，警告漳泉移民結拜爲首者必處以絞刑，爲從者杖一百、流三千里。季氏的文章透露出官方對結社份子的看法，他們都是「奸之媒也、貧之基也、盜之門也、爭之階也。」〔註588〕值得注意的是不管是姚啓聖，還是季麒光，都沒有提到任何結社的社名或會名。可見得當時結社，不見得有名稱存在。爾後臺灣結社仍時有耳聞，只是府縣城中較少，但鄉村習以爲常。康熙五十九年（1720）臺灣府歲貢生陳文達就提到：

> 臺顯聚族，集異姓之人，結拜爲兄弟，推一人爲大哥，不論年齒；
> 餘各以行次相呼，勝於同胞，妻女不相避，以伯叔稱之。〔註589〕

康熙六十年（1721）朱一貴事件的導火線，就是臺灣知府王珍濫捕結會及私伐山木者二百餘人才爆發。〔註590〕雍正三年（1725）巡臺御史景考祥奏報時，提到三年前的臺灣，是一個「兵民立社結盟，作盜爲奸無分晝夜；官員見其難治，惟苟且彌縫而已」的局面。〔註591〕此言若屬實，那臺灣在當時可謂秘密結社的天下。劉平注意到會黨與土匪的關係，他指出會黨與股匪都是游民的聚集地，雖前者不乏「互助」的宗旨，但從互助到進行打家劫舍僅在一線之隔。〔註592〕時至康熙朝結束，臺灣的秘密結社風氣盛行，但嚴格地說還沒有形成會黨，因爲仍找不到立有名稱的團體。不過該局面很快就要被打破。

雍正六年四月（1728.5）臺灣鎮總兵官王郡奏報，在諸羅縣芝仔林（嘉義市）訪拏一個秘密結社團體，追捕到陳斌等14人。據這些人供稱，他們拜盟除了序齒之外，還有歃血、立誓、焚表（書寫盟書）等儀式，並有銀班指爲號，亦雇請鐵匠打造軍器。〔註593〕此案經福建總督高其倬，密飭臺灣道吳昌

〔註587〕胡珠生，《清代洪門史》（瀋陽：遼寧人民出版社，1996年5月），頁103。

〔註588〕陳文達，《臺灣縣志》，臺灣銀行文獻叢刊第一○三種，1961年6月，頁234～236。

〔註589〕同上註，頁58～59。

〔註590〕汪榮寶，《清史講義》（臺北：文海出版社，1983年10月），頁89。

〔註591〕洪安全主編，《清宮宮中檔奏摺臺灣史料（一）》（臺北：故宮博物院，2001年11月），頁389。

〔註592〕劉平，〈略論清代會黨與土匪的關係〉，《歷史檔案》，總第73期，1999年2月，頁96～102。

〔註593〕洪安全主編，《清宮宮中檔奏摺臺灣史料（三）》（臺北：故宮博物院，2001

祚、諸羅知縣劉良璧嚴查，才發現他們在早在同年正月於「大哥」湯完家，就以父母會爲名結社。這件案子對清廷來說頗爲震驚，因爲它是首次破獲立有會名的結社，而且還有多種秘密儀式，至此史料所見臺灣史上第一個會黨終於出現。

　　無獨有偶在雍正六年六月（1728.7）於諸羅縣蓮池潭（嘉義市），訪拏一個也叫父母會的團體。經偵訊得知他們早在四年五月（1726.6）就成立。會中21 人以蔡蔭爲大哥，有序齒但無歃血，亦無器械。清廷對於二者的處理：以湯完爲首的父母會，首犯杖斃，從犯流放或發配。以蔡蔭爲首的父母會，首犯也是杖斃，從犯重枷後逐水原籍。〔註594〕雖然二案的首犯都以死刑結案，但從犯的量刑差別很大。前者一干人等是被遣送到三千里外的邊疆，但後者只送回原籍由地方官監管。由此可知清廷已察知會黨與結社的差異，然後者破案的時間與前者相近，所以首犯就以殺一儆百的方式處置。

　　雍正七年（1729）清廷仍密切監視臺灣會黨的發展。根據福建總督史貽直的奏報，臺灣的會黨以子龍會較爲著名，其成員都是專尚勇力、角逐鬥勝少年爲主。〔註595〕隔年福建南澳鎮總兵官許良彬奏報，在營中發現竟有一錢會活動。〔註596〕這二案說明二件事，臺灣會黨發展武力的成分漸升；另外福建綠營已被會黨所滲透，加入會黨的兵丁有可能成爲班兵被調往臺灣。不過官方防備還是很嚴，雍正十三年（1735）臺灣道張嗣昌在府城拏獲散帖請會者十餘人。事實上這些人連秘密結社的程度都談不上，只是以蘭亭爲名請酒聚錢，以爲鄉鄰公事之用。不過官方對此已有草木皆兵之感，仍枷號逐水遣回原籍。〔註597〕

　　乾隆九年（1744）閩浙總督那蘇圖接獲廷寄，要他嚴禁兵民結盟的惡風。原來兵科給事中胡定奏報，漳州鎮所轄的雲霄營兵膽敢結立小刀會。〔註598〕之後小刀會已闖出名號，在日後訪拏的各會黨名目中，小刀會的再現

　　　　　　年 11 月），頁 1575。

〔註594〕國學文獻館主編，《臺灣研究資料彙編（第一輯・第七冊）》（臺北：聯經出版社，1993 年 9 月），頁 2675～2691。

〔註595〕《清宮宮中檔奏摺臺灣史料（三）》（臺北：故宮博物院，2001 年 11 月），頁2135。

〔註596〕中國第一歷史檔案館編，《雍正朝漢文硃批奏摺彙編（第十九冊）》（上海：江蘇古籍出版社，1991 年 3 月），頁 396。

〔註597〕張嗣昌，《巡臺錄》，乾隆元年刻本，北京大學圖書館藏。

〔註598〕中國第一歷史檔案館編輯部、上海師範大學歷史系中國近代史研究室編，

總是時有耳聞。例如：乾隆四十七年（1782）臺灣道楊廷樺挐獲彰化（王爺）小刀會一案。原來該縣武舉許國梁倡議立會，身帶小刀爲記，自稱「小刀會」；遇有鬥毆即拿小刀相幫，眾人害怕亦稱他們像「王爺」一般。〔註599〕此案經上諭嚴加查辦後，把首犯林阿騫正法、許國梁抄家外，其餘從犯以發遣結案。〔註600〕有趣的是同樣以神明的名稱命名，另外結社的團體有著不一樣的命運。《岸裡大社文書》收有乾隆三十六年（1771）「關老爺會」契字一張，乾隆五十年（1785）「媽祖會」契字二張，乾隆六十年（1795）「媽祖會」契字一張。〔註601〕這些全都是神明會募集資金的契據，而從檔案不見舉報的情形來看，清廷已認清楚臺灣民間的結社（神明會）與會黨的不同。甚至在林爽文事件過後，亦不見官方風聲鶴唳的取締行動。

　　談到林爽文事件，乾隆五十一年十一月（1787.1）由他以天地會爲名的舉事，可謂會黨在臺灣發起民變最大的一次。一般的看法認爲天地會這一次舉事是有前奏，那就是同年六月在諸羅縣發生的「添弟會」與「雷公會」互鬥案。〔註602〕但筆者認爲彼此涉案程度不高。從福建水師提督黃仕簡的奏報來看，該案是兄弟鬩牆鬧分家產未遂的結果。只是與以往不同的是，兩會的互鬥造成的燒殺搶掠，波及到石榴班（雲林縣斗六市）的汛兵，且驚動北路協副將赫生額親自率兵彈壓。審視添弟會、雷公會立會的目的，簡言之就是以「互助」爲主。然他們不似之前破獲的任何一個秘密結社或會黨，其引發動亂的規模實在太大（共 102 人參與／38 名被正法），才讓人因「添弟會」與「天地會」的諧音而有政治企圖的聯想。這樣的懷疑先從高宗身上開始，在他一聲令下展開了前所未見的搜捕行動。〔註603〕包括：一、繼續捉拏添弟會

　　　《福建・上海小刀會檔案史料匯編》（福州：福建人民出版社，1993 年 9
　　　月），頁 11～12。
〔註599〕《福建・上海小刀會檔案史料匯編》，頁 13～12。
〔註600〕中國第一歷史檔案館編，《乾隆朝上諭檔（第十冊）》（北京：檔案出版社，
　　　1991 年 6 月），頁 917。
〔註601〕岸裡大社文書出版編輯委員會，《國立臺灣大學藏岸裡大社文書（二）》（臺
　　　北：國立臺灣大學，1998 年 3 月），頁 834；岸裡大社文書出版編輯委員會，
　　　《國立臺灣大學藏岸裡大社文書（一）》（臺北：國立臺灣大學，1998 年 3
　　　月），頁 288、305、468。
〔註602〕中國第一歷史檔案館、人民大學清史研究所合編，《天地會（一）》（北京：人
　　　民大學出版社，1980 年 11 月），頁 162～177。
〔註603〕臺灣銀行經濟研究室編，《臺案彙錄己集》，臺灣銀行文獻叢刊第一九一種，
　　　1964 年 1 月，頁 317～325。

與雷公會逃往福建的「漏逆」。〔註604〕二、釐清天地會是從福建漳州傳來，並非臺灣原生的會黨。〔註605〕三、搜集天地會內部的文件。四、修改則例以地方鄉保來查訪會盟，並協同地方官、營員一塊捉拏。〔註606〕

　　清廷的行動中，以搜集天地會內部的文件，對其了解最爲重要。現藏中國第一歷史檔案館的《天地會盟書誓詞》，就是在乾隆五十二年（1787）從林爽文麾下大將林水身上搜查到。詳閱該書內容對天地會充滿傳奇性的記錄，其中最特殊的是有「明主傳宗」一段話。並於結尾處提到「有善相勸、又過相規，緩急相濟□，犯□相扶」。〔註607〕結尾處的話語，則是映證了會黨是互助團體的說法；但「明主傳宗」很像反清復明的政治性口號。本文無意藉此考證天地會，是否與明末清初抗清運動有關。但「明主傳宗」的口號提出，使得臺灣的會黨從一社會團體，逐漸摻入政治色彩，而更帶有反官方的成分。

　　天地會與臺灣之前各會黨不同之處，除了高舉政治大旗外，傳承與擴大吸收會員是其特色。舉其大要包括：入會者每人發一腰牌做爲識別，名字則登記於會簿成爲名冊，最重要的是要取得「花帖」，才有資格進行傳會。〔註608〕乾隆五十三年（1788）林爽文事件結束後，五十六年（1791）在彰化縣虎仔坑（南投縣名間鄉）又有張標、謝志準備復興天地會的案件。〔註609〕不過該案有些複雜，原因是張標隸籍漳州，素與泉籍移民不睦，天地會份子謝志此時鼓動張氏，可以結會對抗泉人，因此招得49人入會。〔註610〕審訊後共有28人被正法，其餘流放雲、貴極邊充軍。此案亦株連甚廣，在同年六月至五十九年三月（1792.4）的搜捕中，至少有98人被正法。〔註611〕

〔註604〕洪安全主編，《清宮諭旨檔臺灣史料（一）》（臺北：故宮博物院，1996年10月），頁305、380。

〔註605〕洪安全主編，《清宮諭旨檔臺灣史料（二）》（臺北：故宮博物院，1996年10月），頁1115～1119。

〔註606〕沈書城，《則例便覽》；摘自四庫未收書輯刊編纂委員會編，《四庫未收書輯刊（貳輯‧貳拾柒冊）》（北京：北京出版社，2000年1月），頁426。

〔註607〕赫治清，〈「天地會盟書誓詞」辨正〉，《清史研究通訊》，總11期，1985年3月，頁21～26。

〔註608〕《清前期天地會研究》，頁153～163。

〔註609〕臺灣銀行經濟研究室編，《臺案彙錄庚集》，臺灣銀行文獻叢刊第二〇〇種，1964年8月，頁340～343。

〔註610〕中國第一歷史檔案館編，《乾隆朝上諭檔（第十六冊）》（北京：檔案出版社，1991年6月），頁148。

〔註611〕中國第一歷史檔案館、人民大學清史研究所合編，《天地會（五）》（北京：人民大學出版社，1986年5月），頁385～402。

　　再者除了天地會之外，臺灣仍有其他會黨繼續存在。例如：乾隆五十四年（1789）嘉義縣下加冬（臺南市後壁區）就拏獲「遊會」。原來同縣崎內（臺南市白河區）莊民李效素不安分，竟然異想天開仿游戲創名遊會，招夥 16 人凡遇打架拒捕各出幫護。〔註 612〕乾隆五十九年五月（1792.6）鳳山縣民鄭光彩，長於勒索結仇甚多，因思從前天地會眾皆畏懼，遂起意結會。然恐天地會過於招搖，遂改小刀會名目招夥 33 人。〔註 613〕乾隆朝臺灣會黨屢除屢起，從功能論的觀點來看，一定是環境的因素，迫使官方所稱的莠民鋌而走險。然所謂的功能是什麼呢？各會黨立會的目的，已把答案說的很明白。可說都是為了以縣為範圍的小團體衝突，所興起的一種武力聚合。

　　嘉慶六年（1801）淡水廳中港（苗栗縣竹南鎮）的一張契據，寫明為伯公廟而成立伯公會（伯公，客家人所稱的土地公）。〔註 614〕它顯示出神明會的運作，到了清中葉已被約定成俗，官方基本上與會黨分開處理。嘉慶七年（1802）嘉義縣民白啓又倡立小刀會，這一次官府量刑特別嚴厲，僅有 4 名發往黑龍江，其餘 36 名被凌遲、斬梟。〔註 615〕為何這一次對會黨有別於以往的懲創，據推測可能跟同一時期東南海盜猖獗有關。繼安南夷匪之後，福建海盜蔡牽逐漸嶄露頭角，成為東南海疆一大患。嘉慶八～十四年（1803～1809）是清廷水師與蔡牽，在海上進行追逐戰最激烈的時期。〔註 616〕這一段時期據被俘的海盜供稱，蔡牽亦設置天地會勒索商艘。〔註 617〕嘉慶二十一年（1816）當海盜寇氛稍息時，清廷即研擬修例，把命盜、洋匪、會匪合一處理。這當中提到兵役、眼線實心辦公訪查弋獲者固多。雖然不乏挾嫌誣害，但也明了之前欲運用鄉保來懲治會黨，發揮了一定的實效。〔註 618〕

〔註 612〕國立故宮博物院，《宮中檔乾隆朝奏摺（第五十三輯）》（臺北：故宮博物院，1988 年 5 月），頁 523。
〔註 613〕《福建・上海小刀會檔案史料匯編》，頁 19～20。
〔註 614〕陳運棟文書（一）——竹塹社、貓裡社地契簿，編號：T005D005.101，中央研究院臺灣史研究所籌備處藏。
〔註 615〕中國第一歷史檔案館編，《嘉慶道光兩朝上諭檔（七）》（桂林：廣西師範大學出版社，2000 年 11 月），頁 55。
〔註 616〕穆戴安（Dian H. Murray）著，劉平譯，《華南海盜 1790～1810（Pirates of South China Coast 1790～1810）》（北京：中國社會科學出版社，1997 年 9 月）；許毓良，《清代臺灣的海防》（北京：社會科學文獻出版社，2003 年）。
〔註 617〕軍機處錄副奏摺——農民運動類，案卷號：3671，膠片號：145，中國第一歷史檔案館藏。
〔註 618〕佚名，《福建省例》，臺灣銀行文獻叢刊第一九九種，1964 年 6 月，頁 1000。

　　道光六年（1826）律例又有一番修訂，異姓結拜弟兄為從者，事發或未發而自行投案，經減刑後再復犯罪加一等，應從極邊煙瘴改發新疆。另外閩粵不法匪徒，潛謀糾結以復興天地會做為名目；但平日並無為匪，僅止一次入會者，仍照原例發往新疆。〔註619〕然趨嚴的法律並無法阻止會黨的興起。道光二十一年（1841）鳳山縣民陳頭、陳沖結青龍會，趁鴉片戰爭之時焚搶滋事。使得下淡水閩粵各莊互相驚疑，紛紛搬避有分類械鬥的前兆。〔註620〕道光二十八年（1848）彰化縣草湖莊（臺中市大里區）土豪林和尚，勾結匪徒歃血為盟自組「關爺會」。〔註621〕這二個個案說明會黨在步入清末時的發展：其一，地方滋事份子懂得運用會黨的名號，引發大眾疑懼的心理；再藉由謠言的傳播，製造閩粵械鬥的衝突，並趁機坐收漁利。其二，彰化的案例，不排除地方滋事份子，利用神明會的名號私組會黨，魚目混珠藉此以規避官府的查緝。

　　咸豐元年（1851）清廷首次在新頒的《聖諭廣訓》，加入「結會傳徒，糾盟黨惡，使我良民，受其愚惑」一語。〔註622〕廣訓對會黨的憂慮是可以理解，因為太平天國如燎原之勢撲來，預料會黨將會有一番做為。果不其然，兩廣天地會、上海小刀會隨後趁機而起。〔註623〕但從官方檔案追索來看，粵、桂、滬的天地會舉事與臺灣無關，反倒與廈門小刀會有關。咸豐二年（1852）臺灣道徐宗幹提到招盟結會惡習，近年始於北路。今嘉義縣最盛，不久可能延及臺灣縣境。〔註624〕同年徐氏拏獲鳳山縣豎旗匪徒二百餘名。當中有已革水師營兵，供認前入小刀會；並和在廈門舉事的小刀會眾取得聯絡，計劃秋天時襲臺。〔註625〕咸豐四年（1854）淡水廳雞籠、噶瑪蘭廳蘇澳洋面，真有小刀會船隻來襲，但在官紳的合擊下均被殲滅。〔註626〕父母會在

〔註619〕《嘉慶道光兩朝上諭檔（三十一）》，頁399～406。

〔註620〕姚瑩，《東溟奏稿》，臺灣銀行文獻叢刊第四九種，1959年6月，頁53～55。

〔註621〕黃富三，《霧峰林家的興起——從渡海拓荒到封疆大吏（1729～1864）》（臺北：自立晚報，1987年10月），頁118。

〔註622〕中國第一歷史檔案館編，《咸豐同治兩朝上諭檔（一）》（桂林：廣西師範大學出版社，1998年8月），頁226～227。

〔註623〕參閱郭毅生主編，《太平天國歷史地圖集》（北京：中國地圖出版版社，1989年6月）。

〔註624〕徐宗幹，《斯未信齋文編》，臺灣銀行文獻叢刊第八七種，1960年8月，頁112。

〔註625〕陳衍，《臺灣通紀》，臺灣銀行文獻叢刊第一二〇種，1961年8月，頁181。

〔註626〕《霧峰林家的興起——從渡海拓荒到封疆大吏（1729～1864）》，頁168。

咸豐朝似乎頗爲興盛，收錄臺灣社會百態的《雜詠》，特別把父母會列爲一項。〔註627〕

　　弔詭的是咸豐中期以後，名列淡水廳案卷的會黨案件，多不見清宮檔案的記載。例如：咸豐七年嘉志閣（1857／苗栗縣苗栗市）陸成安隘首謝大傳，被控勾結會匪。〔註628〕咸豐八年大溪墘莊（1758／桃園市大溪區）「虎佃」姜阿順等，被控糾會拜盟意圖抗租。〔註629〕同年東勢莊（新竹市）監生鄭希康指控林福順等，糾結會匪百餘猛，趁他去祭坟時攔路搶劫。〔註630〕這些控案有一共通的特點，就是原告指控被告時，都沒有說明被告會黨的名稱。因此很有可能是原告，爲爭取勝訴的機會，意圖做不實指控。這個推測應可以被接受，因爲每案卷宗之後，再也沒有捉拏會黨的記錄。所以極有可能官府在查明後，亦得知和會黨無關。不過在彰化縣倒有「眞正的」會黨出現。那就是揀東保四張犁（臺中市北屯區）的戴家。根據學者黃富三的研究，鑒於當盜賊橫行戴萬桂曾組織土地公會以自保。之後他又與莊民張水組織八卦會，約定有事相援，特別是與他人起田事紛爭時。〔註631〕戴萬桂身故後其弟戴潮春繼起，但有別於兄所組之名稱，咸豐十一年（1861）他竟倡立了天地會。戴潮春持有傳會花帖嗎？現已不得而知。但他豎立起朱一貴、林爽文的「先賢牌」，又以立誓、隱語做爲入會儀式，大有復興天地會之志。〔註632〕

　　從上述可以發現，所謂的會黨時至清末，其功能還是以「互助」居多。當然互助的意思是負面的示範，均指打家劫舍、製造衝突、擾亂社會秩序等；但就是沒有提出政治性的訴求，挑戰清廷的統治權力。直到戴潮春的天地會一出，乾隆以來摻有政治色彩的會黨，又重新再現。不過官方對戴倡立的天地會，一開始仍有迷惑。同治元年（1872）戴潮春豎旗時，閩浙總督慶端奏報

〔註627〕諸家，《臺灣雜詠合刻》，臺灣銀行文獻叢刊第二八種，1958年9月，頁11。

〔註628〕淡新檔案，第一編行政，第七類撫墾，第三款隘務，案碼17305-17328，頁碼121835，國立臺灣大學圖書館藏。

〔註629〕淡新檔案，第二編民事，第二類田房，第二款抗租，案碼22201-22202，頁碼200996～201218，國立臺灣大學圖書館藏。

〔註630〕淡新檔案，第一編行政，第七類撫墾，第四款屯務，案碼17401-17404，頁碼124016～124017，國立臺灣大學圖書館藏。

〔註631〕《霧峰林家的興起——從渡海拓荒到封疆大吏（1729～1864）》，頁216。

〔註632〕蔡青筠，《戴案紀略》，臺灣銀行文獻叢刊第二〇六種，1964年11月，頁1～2。

時，還稱他結立「添弟會」。〔註633〕此外哥老會也首度出現在臺灣。哥老會是流行長江流域的會黨，其淵源可溯至四川的嘓嚕。〔註634〕他們原本和東南省分沒什麼關係，但咸同圍剿太平軍時，不少哥老會份子混入湘、楚軍中，再趁防軍轉戰南北的機會，四處傳播哥老會。〔註635〕大抵從同治五年（1876）開始，福建綠營也出現哥老會的蹤跡，同治八年（1869）閩浙總督英桂奏報，根據臺灣鎮總兵官楊在元、道臺梁元桂稟稱，在臺灣府始獲哥老會匪黃得潤等四名。原來黃等人先加入湘軍，嗣後調赴臺灣入靖海營充勇；結有旗布，稱爲老冒，名曰行堂。〔註636〕這些散勇即被正法處決，但哥老會滲透到臺灣營伍，也成爲不可挽的事實。同治九年（1870）福建陸路提督羅大春訪聞有臺灣遣散勇丁，潛回內地勾結游勇，暗立八卦爲記，在興化、漳、泉一帶散佈。按挐獲匪徒供稱，是因爲臺灣訪查嚴緊，不敢招人如入會，所以才暗渡回閩。爾後又在彰化縣、澎湖廳捕獲哥老會份子亦供認不諱。〔註637〕

除了哥老會之外，同治六年（1867）在彰化縣仍有挐獲太子會、白旂會，嘉義縣銃會的記錄。〔註638〕當然神明會中的媽祖會在此時仍持續運作，例如：彰化縣二林保的一張契約，就提到媽祖會的田產。〔註639〕而「誣控」被告糾結會匪，恣行逞兇的案件，也可以在淡水廳的公文中發現。〔註640〕同治朝清廷平定太平天國、捻軍、回變、各路會黨的舉事，終能取得最後的勝利。事後免不了又要修改法律，參考過先前的經驗，更加強地方鄉保對稽查盟黨的要求。同時也區分失察盟黨、逞兇結黨的歧異，以便在判決量刑上做出區別。〔註641〕

〔註633〕洪安全主編，《清宮月摺檔臺灣史料（一）》（臺北：故宮博物院，1994年10月），頁442。

〔註634〕王純五，《袍哥探秘》（成都：巴蜀書社，1993年6月），頁13～19。

〔註635〕彭先國，《湖南近代秘密社會研究》（長沙：岳麓書社，2001年9月）。

〔註636〕中國第一歷史檔案館，〈同治年間哥老會史料〉，《歷史檔案》，總73期，1998年11月，頁39。

〔註637〕洪安全主編，《清宮月摺檔臺灣史料（二）》（臺北：故宮博物院，1994年10月），頁1416。

〔註638〕莊吉發，《清史論集（八）》（臺北：文史哲出版社，2000年11月），頁286。

〔註639〕陳慶芳文書（三）——臺中、彰化地區契字，編號：T107D107.003，中央研究院臺灣史研究所籌備處藏。

〔註640〕淡新檔案，第二編民事，第二類田房，第五款爭界，案碼22501-22506，頁碼200972，國立臺灣大學圖書館藏。

〔註641〕佚名，《兵部處分則例·卷三雜犯》，光緒抄本，北京國家圖書館分館藏。

　　光緒朝是清廷統治臺灣最後一個階段，臺灣會黨的發展到此稍有不同，其中最重要的是天地會的活動銷聲匿跡，多是哥老會、小刀會的記錄。光緒元年（1875）新竹縣腳踏港發生一件劫案，案由是竹南四保莊民陳乞市，指控彰化縣水裡港（臺中市龍井區）總理張玉榮糾結「王爺會」，招夥三十餘猛在苗栗、臺中沿海劫掠。該案拖至光緒七年（1881）還未結案，顯得疑點重重。〔註642〕光緒十年（1884）新竹縣新埔街廩生藍彰、監生劉爲嚴等，指控惡棍統帶盟結百餘猛，持械衝入藍、劉的茶園恣意破壞。隔年兩造爭執不休無法結案。〔註643〕以上二案可發現「眞、假會黨」的差別。經過百年辦案的經驗傳承，告訴了官方在訪拏的會黨份子的過程中，需要清楚地辨視誰眞是具有序齒、歃血、立誓、焚表、隱語的會黨，誰僅是逞兇結黨型的一般結社。如果是前者，那官方絕對是迅速捉拏。例如：光緒十一年十二月（1886.1）臺灣建省後，臺灣鎮總兵官章高元親率大隊人馬，馳赴嘉義縣魚寮莊（嘉義縣六腳鄉）圍剿小刀會。〔註644〕同年臺灣道陳鳴志於臺南府拏獲哥老會匪首、王春華、易子林二名，均立刻被斬梟。〔註645〕光緒十七年（1891）上諭各省嚴捕哥老會份子，這應該是臺灣受清廷統治，所收到最後一份緝拏會黨的諭令。〔註646〕光緒二十一年四月（1895.5）割臺之際，淮軍兵痞哥老會首李文魁趁時局紛亂，在臺北府製造譁變，戕殺巡撫行營中軍管帶方良元，搶劫府庫焚燒撫署，飽颺後至廈門伏誅。〔註647〕

　　清代民人的武力，從本文茲舉的四例，可以分成二大型式──契約式武力、拜盟式武力。在契約式武力方面，其最大的特色就是武力聚合的過程中，多有契約充作依據。以民團爲例，它的發展過程從義民首的號召──清莊聯甲

〔註642〕淡新檔案，第三編刑事，第三類財產搶奪，第三款強盜，案碼 23308-33312
　　　　（B），頁碼 308674，國立臺灣大學圖書館藏。

〔註643〕淡新檔案，第二編民事，第二類田房，第五款爭界，案碼 22507-22512，頁
　　　　碼 206914～208022，國立臺灣大學圖書館藏。

〔註644〕劉銘傳，《劉壯肅公奏議》，臺灣銀行文獻叢刊第二七種，1958 年 9 月，頁 388
　　　　～389。

〔註645〕洪安全主編，《清宮月摺檔臺灣史料（六）》（臺北：故宮博物院，1995 年 8
　　　　月），頁 4705。

〔註646〕沈桐生，《光緒政要（2）》（揚州：江蘇廣陵古籍刻印社，1991 年 8 月），頁
　　　　913。

〔註647〕諸家，《割臺三記》，臺灣銀行文獻叢刊第五七種，1959 年 10 月，頁 2、38；
　　　　洪棄生，《瀛海偕亡記》，臺灣銀行文獻叢刊第五九種，1959 年 10 月，頁 2、
　　　　4。

——團練——設局——防軍化，都可以找到契據的記錄。至於隘、結首更是如此。而從個案平亂或戰鬥的表現來看，它應是僅次於「職業式武力」——綠營、防軍，以及原住民武力——番社、番屯，屬於戰力次強的武力。它趕不上綠營、防軍的原因，最主要的因素都是臨時或短期組成。除了設局團練和防軍化團練（土勇營）外，成員幾乎都沒有受過訓練，加上餉、械沒有綠營、防軍充足，所以戰力始終不及於此。但它這樣的弱點反是官方所樂見，也正因爲如此才，不會造成清廷武力統治上的危機，並且供其選擇合作的對象大增。當然事後的發展，清廷也可以隨著政策的調整而轉變，譬如隘就被防軍整個取代，不似民團還有「防軍化」的階段。而北部的結首、中部的土勇營、南部的設局團練，則是民團在光緒朝發展已步入尾聲時，所呈現出來的結果。至於它不及番社、番屯的原因，最主要的因素是生、熟番擅長山地戰與叢林戰。再者番屯成立後，雖常受欠餉所苦，但畢竟已成立規制性的指揮系統。使得該部在部署、調遣上，比契約式武力更能有效且迅速地投入戰場。

在拜盟式武力方面，本文認爲唯一的武力——會黨，仍遜於契約式武力一籌。原因是它對於餉、械、訓練的要求，完全談不上。唯一能讓人興起「恐懼」的感覺，則是不公開的活動和以武犯禁的勇氣。但所謂的犯禁，事實上少有政治色彩，乾隆朝的林爽文事件、同治朝的戴潮春事件，則是少數的二例。其他會黨的組成，仍以「互助」的功能居多，包括：打家劫舍、製造衝突、擾亂秩序等。不過官府在肅清他們的過程中，也漸漸區分出民間傳統的神明會、父母會與他們的不同。更能細緻到區分會黨與秘密結社、逞兇結黨的不同而分開量刑。如此顯示出清廷對臺灣社會的控制與了解，並非刻板印象中帶有消極的一面。

十九世紀末西方人觀察了中國軍隊的情況後，通常以嘲笑的口吻批評他們素質低落，包括：毫無訓練、衣著不整、不講衛生、沒有紀律、匹夫之勇。〔註648〕不管用哪一種形容詞形容，總讓人有一群烏合的感覺。這樣的形容或許沒錯，但要問的是這樣子的軍隊，還能讓清廷倚靠做爲支撐政權的工具，其中必有原因。透過協力者的幫忙，則是不可忽視的因素。以臺灣的經驗來說，職業式、原住民、契約式、拜盟式等四大武力，就是建構出武力治臺的重要基礎。

〔註648〕麥高溫（？～1922）著，朱濤、倪靜譯，《中國人生活的明與暗（Men and Manners of Modern China）》（北京：時事出版社，1998年1月），頁33～46。